# Klaus Tennstedt

## Besessen von Musik

Selbstverlag

Klaus Tennstedt als jungerSolist

Foto: Bühnen Halle/Theater, Oper und Orchester GmbH Halle

## Impressum


Erscheinungstermin: 13. März 2023

Fotos sind meist privat:
© Georg Wübbolt, © Judy Grahame, © Edith Albrecht,
© Dr. Janos Kollmann. Weitere siehe Bildnachweis.
Zeichnungen/Grafik: Georg Wübbolt
Lektorat: Judith Webb
Korrektorat: Dr. Joachim Draheim
Umschlaggestaltung: Guter Punkt, München, Kim Hoang,
unter Verwendung eines Fotos von © Minneapolis Tribune/
University of Minnesota Performing Arts Archive
Buchlayout: Georg Wübbolt, Emily J. Marx
Schriftfont: Carlito
Druck und Vertrieb: Kindle Direct Publishing, tredition

Adresse des Autors:
Georg Wübbolt
Faschweg 40
DE – 21382 Brietlingen
Email: g.wuebbolt@t-online.de

Besuchen Sie unsere Website www.klaus-tennstedt.com
und unseren YouTube-Kanal. Podcast demnächst.

ISBN Gebundenes Buch: 978-3-910736-00-9
ISBN Taschenbuch: 978-3-910736-01-6
ISBN E-Buch: 978-3-910736-02-3
ISBN Großschrift: 978-3-910736-07-8

# Inhalt

# Einleitung

„Niemand hat die Absicht, eine Mauer zu errichten." Also sprach der DDR-Staats- und Parteichef Walter Ulbricht am 15. Juni 1961. Wer konnte, hatte den ostdeutschen Staat längst verlassen: Ärzte, Arbeiter, Lehrer. Ein Exodus erschreckenden Ausmaßes.

Kurz darauf begann die Regierung der Deutschen Demokratischen Republik mit dem Bau der Berliner Mauer. Sie sollte nicht nur Berlin, sondern ganz Deutschland und die Welt in zwei Hälften spalten.

Auch der junge Generalmusikdirektor Klaus Tennstedt will dem verhassten DDR-Regime entfliehen. Gründe hat er genug: Die kommunistischen Machthaber sabotieren seine Karriere, schlimmer noch – sie lassen ihn nicht mehr in den Westen.

Tennstedt sieht nur einen Ausweg, die Flucht, und die ist hoch riskant. In einem umgebauten VW-Käfer geht es von seiner Heimatstadt Schwerin über Rostock an die Ostseeküste. Auf der Rückbank: ein zusammengepacktes Faltboot mitsamt 7-PS-Außenbordmotor. In einen zweiten Wagen quetschen sich vier Erwachsene, alle aus dem Schweriner Opernhaus. Nicht einmal für Handgepäck ist da noch Platz. Doch Tennstedt flieht nicht ohne seine geliebte Geige, auch wenn er sie längst nicht mehr spielen kann. Seine Frau Inge musste er zurücklassen. Er will sie holen, sobald er kann.

An dem Strandbereich angekommen, lungern da ein paar Jugendliche herum. Jetzt heißt es warten, bis sie verschwinden. Den Organisator der Flucht, den Opernsänger Rolf Oberste-Brink, beschleicht ein mulmiges Gefühl. In der Ferne sieht man die Standlichter eines Autos, und so entscheidet er: Abbruch.

Tennstedt packt Oberste wütend: „Auf gar keinen Fall! Jetzt haben wir unsere Chance." Doch der bleibt stur:

„Wir brechen ab, sofort."

Nach hitzigem Wortgefecht geht es auf den Heimweg, Tennstedt innerlich kochend und zutiefst enttäuscht.

Kaum sind sie in den Feldweg eingebogen, da kommen ihnen die Jugendlichen auf ihren Motorrädern entgegen. Um Himmels willen, folgt gleich die Volkspolizei und verhaftet sie? Ein Schauer aus Angst und Entsetzen jagt durch die Glieder. „Die haben uns belauert", ist sich Oberste sicher. Doch die Jungs fahren vorbei.

Ganz klar: Die wollten sich die Prämie verdienen, indem sie „Republikflüchtlinge“ aufspüren und anzeigen. Ein paar Jahre Knast, das wäre für die Vier dabei herausgekommen. Einen Dirigenten Klaus Tennstedt hätte es nicht mehr gegeben, er hätte nicht in den Westen fliehen können, er wäre nicht in Amerika zum gefeierten Superstar aufgestiegen. „Eigentlich hat er mir seine Karriere zu verdanken,“ lacht Oberste-Brink heute.

Aber wer ist dieser Klaus Tennstedt? Über Leonard Bernstein gibt es weit über 150 Bücher und Abhandlungen, abertausende Briefe und einen Berg an Skizzen und Memorabilia, die in der Library of Congress in Washington DC aufbewahrt werden. Über Tennstedt gibt es nur einige Aufsätze, eine Reihe von Rezensionen, zwei Handvoll Briefe und kein einziges Buch. Zwar gab es einige verzweifelte Versuche, die Erinnerung an ihn wach zu halten. Aber sie konnten nicht verhindern, dass hier ein außergewöhnlicher Künstler in die Vergessenheit versinkt.

Es gab kaum verlässliche Informationen über ihn. Nichts über seine Jugend und junge Erwachsenenzeit, wenig über seine Berufsjahre in der DDR. Immerhin gab es ein paar Eckdaten, oft genug falsche, auch von Tennstedt bewusst verschwiegene, die später einer vom anderen abschrieb. Nachforschen in der DDR? Unmöglich.

Schon damals war er ein unerbittlich fordernder Dirigent. Ich habe immer wieder gehört, dass er beleidigend und empathielos sein konnte und damit die Musiker gegen sich aufbrachte. Und dass die Konzerte dann hinreißend waren. „Um Takt zu schlagen, bin ich nicht da,“ sagte er einmal. „Ich bin da, um das Orchester auf meine musikalische Wahrheit einzuschwören,“ alles andere sei unwichtig. Deshalb war es nie einfach mit ihm: Er konnte gnadenlos austeilen, war aber tödlich verletzt, wenn es schlechte Kritik in der Zeitung gab.

Manche dieser Eigenschaften haben sich mit der Zeit abgeschliffen, da er sich anerkannt fühlte und die späte Wertschätzung genoss. Es gibt sie noch, die Verehrer dieses fast vergessenen Dirigenten. In den USA, in Japan und vor allem in England ist die Erinnerung lebendig, bei Musikern und Freunden „seines“ London Philharmonic Orchestra (LPO):

> *Rachel Masters, Harfenistin, LPO:* Er war alles nur Arme *[bewegt die Arme, lacht],* ein großgewachsener Mann, sehr gefühlvolle Augen. Er hatte etwas Verletzliches an sich, eine Mischung aus Ego und Verletzlichkeit, ein ganz ungewöhnlicher Cocktail, wie ich finde. Ich habe für viele berühmte Dirigenten gespielt, für Haitink, Muti, Mehta, Solti. Die haben mich immer eingeschüchtert, aber Klaus hat das nie getan. Du wolltest ihm nur deine Seele geben.

Klaus Tennstedt
Karikatur: Walter Bösch

> *Norman Lebrecht, Publizist, London:* Auf den ersten Blick war er für mich der Anti-Maestro. Er war das Gegenteil von dem, was man im Konzertsaal erwarten würde. Der typische Maestro war äußerst elegant, jede Haarsträhne am Platz, sogar mit eigenem Friseur, feinste Kleidung, perfekt organisiert, ein *Leader*, umgeben von einem Stab von Leuten, die Dinge für ihn erledigten. Und Klaus? Sein Haar war unkontrollierbar, es flog herum wie ein wildgewachsener Busch. Er sah aus, als könne er rein gar nichts. Man hatte Sorge, er würde nach drei Schritten über seine Schnürsenkel stolpern. Er war einfach der Anti-Maestro. Aber die Musiker wollten nur für *diesen* Mann spielen. Ja, das war Klaus.

Der Dirigent Carlos Kleiber fiel oft ätzend über seine Kollegen her. Hier staunt er fassungslos über das, was er gerade sieht: ein Video mit der *Ersten Sinfonie* von Gustav Mahler und dem Chicago Symphony Orchestra, dirigiert von Klaus Tennstedt.

> *Carlos Kleiber:* Ich liebe Mahler nicht, aber diesmal kapituliere ich, dank Tenn. Er ist mir ein höchst sympathischer Dirigent, nie „clever“ oder oberflächlich, nie *selbst*bewusst, seine Liebe zum Stück macht es unwiderstehlich (das Stück). Es gibt viele dämonische Geister um ihn herum (wie es sie auch um Gus Mahler gab), Nerven, Schwung und Schärfe, Körpersprache ohne Show, es ist alles da, AUTHENTISCH; genug für andere „Eminenzen“, die sich davon große Stücke abschneiden könnten, und Tenn hätte immer noch genug.
>
> Kurz: Endlich jemand, den man bewundern kann!
>
> Ich hasse es, mich derart zu echauffieren. Sag bloß niemandem, dass ich einen Dirigenten mag! (Scheiße, Mann!) Ich höre, er ist fast ständig krank? Aber mit einer Elefantenhaut, so nützlich sie im Leben ist, könnte Tenn nicht solche Musik machen.[01]

Das ist typisch Kleiber: Er könnte dabei erwischt werden, wenn er Gefühle zeigt. Ein wahrer Künstler entdeckt hier einen Bruder im Geiste.

Begleiten Sie mich auf einer Reise durch das Leben dieses unvergleichlichen Dirigenten, von der beinharten Kindheit bis zum traurigsten Ende. Der die Musik brauchte wie wir die Luft zum Atmen. Der mehrfach in den tiefsten Keller stürzte und dennoch beispiellose Erfolge feierte, in Amerika, in England und überall auf der Welt. Aber kaum in seiner Heimat, in Deutschland.

Die letzten vier Jahre seines Lebens hat er nicht mehr dirigiert, genau wie Kleiber. Wo für die meisten Dirigenten die beste Zeit erst kommt, wo ihnen die Früchte eines arbeitsreichen Lebens in den Schoß fallen – da gab es nur noch Schweigen. Zuletzt bewahrheitete sich das Wort eines Chordirektors, der sagte: „Tennstedt, das ist auch so einer, den die Musik kaputt macht.“

# ÜBEN, NICHTS ALS ÜBEN

## Kindheit und Jugend in Halle an der Saale

Das Städtchen Merseburg, auf halbem Wege zwischen Halle und Leipzig, war tausend Jahre zuvor ein wichtiges Zentrum des damaligen Kaiserreichs. Noch heute kann der Besucher die mächtige Kathedrale bewundern, ein Prunkstück des Hochmittelalters und malerisch an der Saale gelegen. Wenige hundert Meter davon entfernt wird ein Junge geboren, der einmal zu den großen Dirigenten des zwanzigsten Jahrhunderts gehören wird. Die Eltern sind recht normale Bürger: Hermann Tennstedt, geboren 1886, hat eine Stelle als Konzertmeister der Zweiten Violinen im Orchestergraben des Landestheaters Halle. Seine Frau Agnes, geborene Steinmetz, ist neun Jahre jünger als ihr Mann. Sie heiraten 1920 in Allstedt, einem kleinen Dorf im Südharz, dem Heimatort von Agnes.

Die Zeiten sind deprimierend: Im Jahr zuvor hatte der Versailler Vertrag den Schlussstrich unter das Gemetzel des Ersten Weltkriegs gezogen. Deutschland hat viel verloren, maßlose Reparationsforderungen treiben das Land in den Abgrund.

Auf das junge Ehepaar Tennstedt dürfte das noch wenig Auswirkungen haben, schließlich hat der Vater eine feste Anstellung. Die beiden leben in Halle an der Saale, in einer geräumigen Mietwohnung in der Leopoldstraße 1. Sechs viel zu lange Jahre bleiben die beiden kinderlos, was vor allem für Agnes eine erhebliche psychische Belastung bedeutet. Von ihr wird nicht nur erwartet, bald Nachwuchs zu bekommen, sondern unbedingt männlichen, denn es soll ja ein Musiker werden. Frauen sind da immer noch zweitrangig: Nicht eine einzige spielt in den großen deutschen Orchestern, es sei denn an der Harfe.

Welche Erleichterung, als am 6. Juni 1926 endlich der ersehnte Junge auf die Welt kommt: Hermann Wilhelm Klaus, gerufen Klaus. Und auch das wäre beinahe noch schiefgegangen. Tennstedt erinnert sich an die Erzählungen seiner Eltern:

> Ich bin nur zufällig in Merseburg geboren, fast in der Straßenbahn. Meine Mutter ist zu ihrer Tante nach Merseburg gefahren und dann ging's los [mit der Geburt]. Wir sind aber bald wieder nach Halle zurück.

**Lebensdaten der Eltern:**

Hermann Tennstedt, geboren am 16. März 1886 in Edersleben, nahe der Kreisstadt Sangerhausen (Südharz). Gestorben am 28. März 1963 in seiner Wohnung in Halle an der Saale, an einem Krebs des Enddarms (Rektumkarzinom).

Agnes Tennstedt, geb. Steinmetz, geboren am 19. April 1895 in der Nachbargemeinde Allstedt (Südharz). Gestorben am 18. August 1986 in Halle an der Saale, im Alter von 91 Jahren „an Altersschwäche".

Man darf vermuten, dass das Baby etwas zu früh auf die Welt kommt, sonst hätte die Mutter nicht noch eine ruckelige Bahnreise auf sich genommen. Klaus bleibt das einzige Kind, und folgerichtig konzentriert sich die ganze Liebe der Eltern auf ihn, und die Erwartungen an ihn sind mächtig.

Anita Knoch ist eine der ganz frühen Spielkameraden von Klaus. Sie weiß, dass der Geigenunterricht des Kleinen mit vier Jahren beginnt, auf der kleinen Achtelgeige, und unter den wachsamen Augen des Vaters kontinuierlich weitergetrieben wird. Ja, mit dem Geigenspiel muss man schon in frühester Kinderzeit beginnen, der Junge soll ja auch Konzertmeister werden wie sein Vater, am besten noch einer der Ersten Violinen in einem der großen deutschen Orchester!

Etwas später kommt das Klavier hinzu. Vater Tennstedt hatte sicherlich das Urbild aller musikalischen Wunderkinder vor Augen, Wolfgang Amadeus Mozart. Auch der erhielt schon früh Geigen- und Klavierunterrichtet und wurde von Vater Leopold wie eine Art Zirkuspferdchen dressiert, um dann an Fürstenhöfen gegen klingende Münze vorgeführt zu werden.

Und so treibt Hermann Tennstedt die Ausbildung seines Sohnes zielstrebig voran. Selbst ein guter Geiger, achtet er streng darauf, dass der Junge bald zwei, eher drei Stunden täglich übt.[1] Insgesamt oder pro Instrument? Sollen wir Klaus glauben, was er in einer späteren Radiosendung verkündet?[2]

> *Klaus Tennstedt:* Ich habe meinen Vater sehr verehrt, er hat mich sehr streng erzogen. Geübt habe ich am Tag drei Stunden Geige und zwei Stunden Klavier.

Das scheint nun doch ein wenig übertrieben. Plausibel ist es höchstens für die späten Schuljahre. Da kann man verstehen, dass es ihm manchmal zum Halse heraushängt: „Ich hatte auch öfters keine Lust," sagt er, „bin aber doch bei der Musik geblieben."

Dafür wird schon Vater Hermann gesorgt haben. Der Konzertmeister der Zweiten Violinen ist ein guter Freund von Richard Strauss. Jedenfalls immer dann, wenn der berühmte Komponist mal wieder eines seiner Werke am Landestheater in Halle dirigiert. Bevor er zu proben beginnt, lautet die erste Frage an das Orchester: „Wer von Ihnen spielt Skat?" Hermann Tennstedt hebt sofort die Hand. Nach dem Dienst sitzen sie dann zusammen bei Straussens liebster Freizeitbeschäftigung: dem Skatspielen.[3]

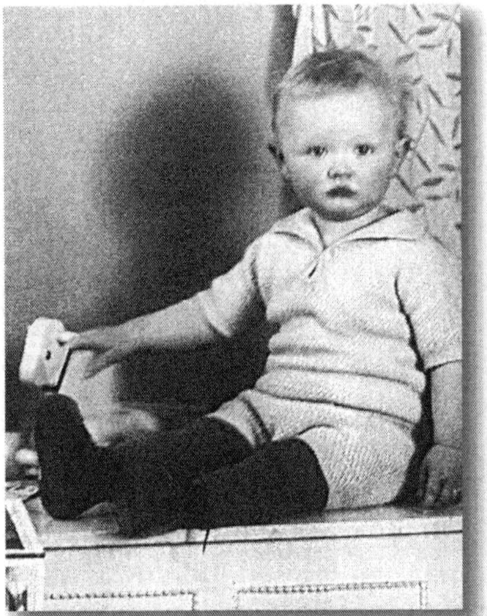
Klein Kläuschen

Lassen wir noch einmal Anita Knoch zu Wort kommen. Sie erinnert sich lebhaft an die frühen Jahre ihres Spielgefährten Klaus. Sie kennt auch die Familie gut:

***Georg Wübbolt:* Wie würden Sie die Eltern von Klaus beschreiben?**

*Anita Knoch:* Vater und Mutter Tennstedt waren sehr unterschiedlich. Mutter die Liebe selbst und Hausfrau, die fürs gute Essen sorgte, was sich die Männer gerne gefallen ließen, Vater und Sohn. Klaus muss schon früh eine gewisse Zuneigung zur Geige gezeigt haben, denn mit vier Jahren musste er ran. Der Vater war sehr konsequent, sehr streng. Der Sohn musste Geige und Klavier schon in diesem Alter lernen, und das war viel für einen so kleinen Jungen.

**Wer waren seine Lehrer?**

*Anita Knoch:* Er wurde zunächst vom Vater unterrichtet, auch im Klavierspielen. Mit sechs oder sieben kam er zu einem privaten Klavierlehrer, der muss wohl sehr gut gewesen sein. Vater Tennstedt war sehr einverstanden mit diesem Lehrer, und das will etwas heißen. Das war streng.

Für Klaus gesehen, war die Kindheit futsch. Wenn man sich überlegt: Schule aus um eins, halb zwei. Mittagessen war gut, eine halbe Stunde Ruhe, dann jeden Tag mindestens eine Stunde Klavier, mindestens eine Stunde Geige, meistens war es mehr, dann Schularbeiten. Unten pfiffen die Jungs, die wollten mit ihm spielen.

Eltern Agnes und Hermann Tennstedt mit Klaus

**Hat er denn auch mal gegen seinen Vater rebelliert?**
*Anita Knoch:* Er war an sich ein braves Kind. Er war sehr gehorsam und hat das gemacht, was der Vater forderte. Mutter forderte ja nichts, die gab, die gab, die gab, an Liebe und Güte, wirklich.

Für Mutter Agnes wird Klaus immer der kleine Prinz ihres Herzens bleiben, er ist zugleich Zentrum und Sinn ihres Daseins. Sie lebt das Leben einer Vollzeit-Hausfrau und Mutter, bis hin zur feinsten selbstgehäkelten Tischdecke. War der Vater wieder einmal zornig, wird sie ihren Jungen in den Arm nehmen und trösten und innerlich mit ihm weinen, fast so, als hätte sie die Strafe selbst getroffen.

Agnes ist eine von ihrem Mann unterdrückte Frau, auch wenn sie es selbst nie so gesehen hätte. Nebenbei bewirtschaftet sie einen Schrebergarten, damit nur die frischesten Zutaten auf den Teller kommen. Wie es bei Einzelkindern oft geschieht, wird auch Klaus von ihr nach Strich und Faden verwöhnt. Sie räumt alles hinter ihm auf, dreht sich um ihren Sohn wie ein Planet um die Sonne. Die Beziehung zur Mutter – auch wenn er sie später kaum noch sehen wird – bleibt das emotionale Fundament seines Lebens.

Stellen wir uns vor, wie der Junge am Nachmittag übt. Normalerweise kann man ein wenig schummeln, wenn der Vater erst abends nach Hause kommt und seinen Sohn fragt, ob er auch fleißig geübt hat. „Ja, natürlich, über eine Stunde für jedes Instrument“, wird dann nicht ganz wahrheitsgemäß geantwortet.

Aber das funktioniert nicht bei Klaus, denn der Vater kann fast jede Übeminute genau kontrollieren. Das liegt an seinen Arbeitszeiten. Die Vormittagsproben in der Oper beginnen meist um 10 Uhr und enden gegen 13 Uhr. Wenn Klaus aus der Schule kommt, hat auch der Vater Dienstschluss, und beide „Männer“ freuen sich auf das gemeinsame Mittagessen mit der Familie. Hermann Tennstedt ist wohl den ganzen Nachmittag zu Hause und immer mit einem Ohr beim Sohn. Er greift auch manchmal ein, wenn er hört, dass der Sohn nur vor sich hin dudelt (jeder, der ein Instrument gelernt hat, kennt das). Nein, er muss konzentriert seine Übungen erledigen, Aufstrich, Abstrich, dritte Lage, vierte Lage auf der E-Saite, und dann noch Klavier! Keine entspannte Situation für so einen Jungen. Sie sorgt dafür, dass der väterliche Druck das zukünftige Leben von Klaus regelrecht überschattet.

Gerade für einen Heranwachsenden ist der Vater enorm wichtig, er prägt im Guten wie im Schlechten. Er kann zu einer Instanz werden, die das weitere Leben unsichtbar und unbewusst begleitet. Die auch dem späteren Erwachsenen noch im Nacken sitzt, als forderndes Leitbild, strafend und belohnend wie ein alttestamentarischer Gott. Den wird Klaus zeitlebens nicht ganz loswerden. Das liebevolle Gegengewicht hält immerzu die Mutter bereit.

Das klingt klischeehaft, entspricht aber dem traditionellen Elternbild jener Zeit. Die Prügelstrafe wurde in der DDR offiziell erst 1949 abgeschafft (im Westen noch viel später); das heißt im Umkehrschluss, dass sie bis dahin gang und gäbe war. Das Anforderungsprofil an einen Vater lautete oft genug: Zuständig für Zucht und Ordnung, und es hieß, eine ordentliche Tracht Prügel habe noch keinem geschadet. Auch der kleine Klaus wird hin und wieder „verwamst", so etwas hinterlässt Spuren im Gemüt.

Wir werden in der Zukunft noch öfter erleben, dass dieser väterliche Grundton das Leben des Erwachsenen auf manchmal quälende Weise beeinträchtigt. Es wird für Klaus nichts Schlimmeres geben als Kritik an seinem Musizieren, wie er sie von seinem Vater erfahren hat. Der gab so lange keine Ruhe, bis eine musikalische Phrase und schließlich ein ganzes Konzert perfekt in Blut und Knochen saß. Er duldete keine Kompromisse, die für ihn immer nur faul sein konnten. Es gab entweder richtig oder falsch. Und es brauchte unendlich viele Anläufe, bis er zufrieden war: dort die Intonation, das *crescendo* an dieser Stelle, und hier ein leichtes *rubato*, hundert Dinge, die gleichzeitig zu bedenken waren. Solange wurde gefeilt, bis es nichts mehr zu bemängeln gab und die Perfektion erreicht war. Diese Haltung hat Klaus bis in den letzten Winkel seines Geistes verinnerlicht.

Doch es gibt eine Zeit, in der sich der Junge nicht entscheiden kann, ob er Pianist oder Geiger werden soll. Schließlich entscheidet er sich für die Geige und übt noch intensiver, „wenn auch nicht immer gerne, weil der Fußball zu kurz kam", wie der Erwachsene später sagt.

Vater Hermann will seinen Sohn schon früh mit den Orchesterklängen der Welt vertraut machen. Oft hören sie zusammen Schallplatten, auch aus Übersee, mit dem alten Grammophon und der spitz aufsetzenden Nadel. Das ist gefährlich und muss manchmal heimlich geschehen, denn in der Zeit des Nationalsozialismus ist das Hören und erst recht die Einführung ausländischer Platten streng verboten.

Also verkriechen sich Vater und Sohn unter die Bettdecke, damit draußen niemand merkt, was hier Verbotenes getrieben wird, das Grammophon zwischen sich, aufmerksam lauschend. Klaus erinnert sich besonders an eine Aufnahme mit dem Philadelphia Orchestra, dirigiert von Leopold Stokowski. Amüsiert erzählt er später:

> Es war pssst... sehr geheimnisvoll. Mein Vater sagte: „Hör´ zu, Junge, dies ist eines der großartigsten Orchester der Welt." Und jetzt dirigiere ich es!

Wir dürfen nicht vergessen: Klaus ist sechs Jahre alt, als Adolf Hitler am 30. Januar 1933 an die Macht kommt. Zum Ende der schrecklichen Jahre, die nun folgen, ist Klaus 18. Damit hat er die prägende Zeit seiner Kindheit und Jugend unter dem Einfluss der Naziherrschaft verbracht. Es ist beinahe ein Wunder, dass man davon später nichts mehr spürt, denn Tennstedt wird immer ein entschiedener Gegner aller totalitären Regime sein. Die Musik ist ihm ohnehin wichtiger als alles andere. Jahre später wird er am eigenen Leib erfahren, was es heißt, nach der Pfeife der Politik tanzen zu müssen.

Bei allem Druck zum Üben versucht Hermann, seinen Sohn auf ein Leben als Orchestermusiker vorzubereiten. In einem Interview mit der BBC erinnert sich Klaus: [4]

> „Mein Vater hat mich früh zu Konzerten und Proben in das Opernhaus mitgenommen, das erste Mal mit acht Jahren. Da durfte ich neben ihm stehen und auf die Bühne schauen. Natürlich interessierte mich zuerst das Geschehen dort oben, die Bühnenbilder, die Kostüme, das Agieren. Die Musik kam dann so langsam.

Wir können uns vorstellen, wie er dem Jungen sein Allerheiligstes zeigt, seinen Arbeitsplatz im Orchestergraben der Oper, mit all den Streichern und Bläsern und mächtigen Pauken. Später einmal würde er als Geiger, gar als Konzertmeister, die aufregende Atmosphäre einer großartigen Kunstform miterleben. Und der Blick hinter die Bühne mit ihren Kulissen und Zügen und gewaltigen Räumen eröffnet dem Jungen eine Wunderwelt. Eine Welt, die auch er betreten kann, wenn er nur ordentlich übt! Noch sieht der kleine Klaus nicht, wofür sich der frühe, für manchen mitfühlenden Zeitgenossen allzu harte Drill einmal auszahlen wird.

## Geige und Klavier

### Musikstudium in Leipzig 1943–46

Was soll aus so einem Jungen wohl anderes werden als ein Musiker? Genau wie sein Vater, der von Kindesbeinen an dafür sorgt, dass Klaus keine andere Wahl hat.

Nach Jahren der häuslichen Tretmühle ist das Studium an einer musikalischen Akademie der folgerichtige Schritt. Gleichsam um die Ecke liegt die Musikhochschule in Leipzig, der großen Nachbarstadt von Halle an der Saale. In der vollen Pracht ihres Namens hieß sie damals *Staatliche Hochschule für Musik, Musikerziehung und darstellende Kunst*. Ab März 1943 belegt Klaus die Fächer Geige und Klavier. Aber warum beginnt ein junger Mann in dieser mörderischen Zeit noch ein Musikstudium? Schließlich befinden wir uns in den letzten Vernichtungsorgien des Zweiten Weltkriegs. Das nationalsozialistische Deutschland ist dabei, den Krieg zu verlieren. Bald würden auch die letzten jungen Männer und halbwüchsigen Kinder an die Front geschickt werden. Klaus würde mit seinen 16 Jahren sicher einer von ihnen sein.

**Luftwaffenhelfer Klaus**
Foto: Anita Staudt ©G. Wübbolt

> *Klaus Tennstedt:* Ich wurde noch Luftwaffenhelfer, wurde aber wegen meiner Hüfte, die damals schon nicht gut war*, entlassen. „AV" hieß das, arbeitsverwendungsunfähig *[lacht]*. Deshalb habe ich die Schrecken des Krieges wirklich nicht mehr mitbekommen am Schluss.

Das folgende Originalmanuskript der Immatrikulation von Klaus Tennstedt stammt aus dem Archiv der Hochschule für Musik und Theater Leipzig. Die handschriftlichen Eintragungen stammen vom Vater, wie an der Unterschrift zu erkennen ist.

---

*Tennstedt hatte schon immer ein etwas wackeliges Gangbild, dazu X-Beine. Ursache war vermutlich eine sogenannte Hüftkopfdysplasie, eine Fehlbildung der Hüftgelenkpfanne. Sie ist meist angeboren und führt zu einem Verschleiß der Hüfte.

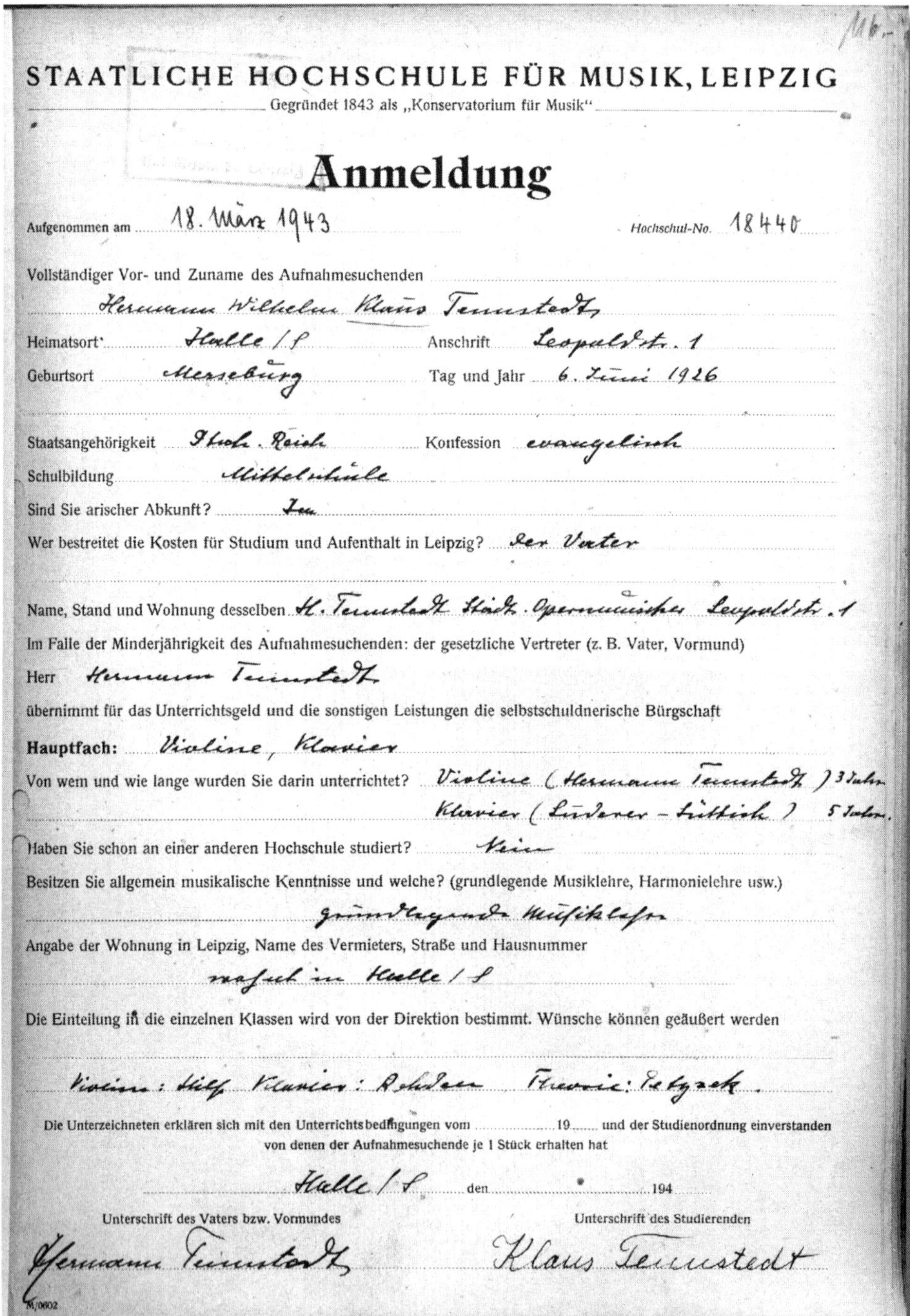

STAATLICHE HOCHSCHULE FÜR MUSIK, LEIPZIG

Gegründet 1843 als „Konservatorium für Musik"

# Anmeldung

Aufgenommen am 18. März 1943 Hochschul-No. 18440

Vollständiger Vor- und Zuname des Aufnahmesuchenden

Hermann Wilhelm Klaus Tennstedt

Heimatsort Halle/S. Anschrift Leopoldstr. 1

Geburtsort Merseburg Tag und Jahr 6. Juni 1926

Staatsangehörigkeit Dtsch. Reich Konfession evangelisch

Schulbildung Mittelschule

Sind Sie arischer Abkunft? Ja

Wer bestreitet die Kosten für Studium und Aufenthalt in Leipzig? der Vater

Name, Stand und Wohnung desselben H. Tennstedt Städt. Opernmusiker Leopoldstr. 1

Im Falle der Minderjährigkeit des Aufnahmesuchenden: der gesetzliche Vertreter (z. B. Vater, Vormund)

Herr Hermann Tennstedt

übernimmt für das Unterrichtsgeld und die sonstigen Leistungen die selbstschuldnerische Bürgschaft

**Hauptfach:** Violine, Klavier

Von wem und wie lange wurden Sie darin unterrichtet? Violine (Hermann Tennstedt) 3 Jahr Klavier (Lüderer-Lüttich) 5 Jahre.

Haben Sie schon an einer anderen Hochschule studiert? Nein

Besitzen Sie allgemein musikalische Kenntnisse und welche? (grundlegende Musiklehre, Harmonielehre usw.)

grundlegende Musiklehre

Angabe der Wohnung in Leipzig, Name des Vermieters, Straße und Hausnummer

wohnt in Halle/S.

Die Einteilung in die einzelnen Klassen wird von der Direktion bestimmt. Wünsche können geäußert werden

Violine: Wolf Klavier: Rehden Theorie: Petzsch

Die Unterzeichneten erklären sich mit den Unterrichtsbedingungen vom ........ 19.... und der Studienordnung einverstanden von denen der Aufnahmesuchende je 1 Stück erhalten hat

Halle/S. den ........ 194

Unterschrift des Vaters bzw. Vormundes: Hermann Tennstedt

Unterschrift des Studierenden: Klaus Tennstedt

M/0602

Anmeldungsurkunde Tennstedts Quelle: Hochschule für Musik und Theater „Felix Mendelssohn Bartholdy" Leipzig, Bibliothek/Archiv, A, I.2, 18440

STAATLICHE HOCHSCHULE FÜR MUSIK, LEIPZIG
Gegründet 1843 als „Konservatorium für Musik“

**Anmeldung**

Aufgenommen am: *18. März 1943* Hochschul-No. *18440*

Vollständiger Vor- und Zuname des Aufnahmesuchenden:
*Hermann Wilhelm Klaus Tennstedt*

Heimatort: *Halle /S.[aale]* Anschrift: *Leopoldstr. 1*

Geburtsort: *Merseburg* Tag und Jahr: *6. Juni 1926*

Staatsangehörigkeit: *Dtsch. [Deutsches] Reich.*
Konfession: *evangelisch*

Schulbildung: *Mittelschule*

Sind Sie arischer Abkunft?: *Ja*

Wer bestreitet die Kosten der Ausbildung? *Der Vater*

Adresse: *H.[ermann] Tennstedt, Städt.[ischer] Opernmusiker*
*Leopoldstr. 1*

Hauptfach: *Violine, Klavier*

Von wem und wie lange darin unterrichtet?
*Violine (Hermann Tennstedt) 3 Jahre*
*Klavier (Luderer – Lüttich) 5 Jahre*

Haben Sie schon an einer anderen Hochschule studiert? *Nein*

Besitzen Sie allgemeine musikalische Grundkenntnisse?
*Grundlegende Musiklehre*

Wohnung in Leipzig: *wohnlich in Halle /S[aale]*

Die Einteilung in die einzelnen Klassen wird von der Direktion bestimmt. Wünsche können geäußert werden:

*Violine: Hilf, Klavier: Rohden, Theorie: Petynek*

Unterschriften: *Hermann Tennstedt* *Klaus Tennstedt*

Auf der Rückseite des Dokuments sind die Stücke notiert, die der junge Klaus bei der Aufnahmeprüfung spielte:

- J. S. Bach, *Präludium und Fuge Cis-Dur, Wohltemperiertes Klavier*
- Beethoven, *1. Klaviersonate f-Moll op. 2 Nr. 1*
- Giovanni Battista Viotti, *Violinkonzert Nr. 23 G-Dur*

Der Bach ist luftig und frisch, mit ultimativen sieben Kreuzvorzeichen. Die Beethovensonate ist im Vergleich nicht ganz so schwierig. Das Viotti-*Violinkonzert* beginnt ruhig, sprudelt dann munter weiter und steigert sich besonders in der Kadenz zu einer rasanten Virtuosität. Die Auswahl dieser Werke zeigt uns einen jungen Mann, der für sein Alter Klavier und Geige geradezu meisterhaft beherrscht.

Klaus ca. 16-jährig

So ist Klaus erst 16 Jahre alt, als er mit dem Musikstudium beginnt. Der Junge auf dem Foto sieht nicht aus, als hätte er ein unbeschwertes Kinderleben genossen. Groß gewachsen, hager, fast dürr wie eine Bohnenstange, so wird er noch während der gesamten DDR-Jahre auf seine Mitmenschen wirken. Man sieht ihm eine Art unglücklichen Ernst an. Sicherlich wird er schon reichlich rauchen, auch um eine gewisse Grundnervosität abzuleiten. Die Mittelschule oder Realschule hat er altersgemäß mit der „Mittleren Reife“ abgeschlossen, bei einer Gesamtschulzeit von zehn Jahren.

Blanker Unsinn ist natürlich, dass er laut Immatrikulations-Urkunde nur drei Jahre Geigenunterricht beim Vater genommen habe. Auch im Fall des Klavierunterrichts untertreibt der gewaltig. Er wird seine Gründe für diese – ganz sicher falsche – Auskunft gehabt haben. War ihm der eigenhändige Drill an seinem Sohn doch etwas unangenehm?

Fest steht, dass das gesamte Musikstudium des jungen Klaus nur über fünf Semester plus ein abgebrochenes sechstes, also nicht einmal drei Jahre dauert. Es wird im Januar 1946, acht Monate nach Kriegsende, ohne Abschluss abgebrochen.

Warum tut er das? Für einen Musiker ist es keineswegs ein Makel, wenn er sein Studium vorzeitig abbricht, (bei Kurt Masur war es ähnlich). Hier zeigt es, wie traumhaft sicher der junge Klaus sich längst auf Geige und Klavier bewegt. Um ein guter Musiker zu sein, braucht man kein Abitur und kein abgeschlossenes Studium. Viel hilfreicher ist ein möglichst frühkindlicher Beginn, und da kann Klaus wahrlich mithalten.

Anita Knoch hat einen ähnlichen Werdegang; sie kennt Klaus seit Kindertagen, aber jetzt wird der Kontakt um einiges enger:

***Georg Wübbolt:* Sie haben beide zur gleichen Zeit Musik studiert. Wann war das?**

*Anita Knoch:* Wir sahen uns im Frühjahr 1943 im ersten Semester an der Musikhochschule in Leipzig wieder. Ich Fach Klavier, er Fach Geige und Klavier. Er hat später einmal behauptet, er habe auch Komposition studiert, aber das ist mir völlig unbekannt; ich kenne nur Violine und Klavier.

Anita Knoch    Klaus Tennstedt    beide Fotos: ©GeorgWübbolt

Von einem Studium der Komposition ist jedenfalls bei der Immatrikulation nicht die Rede. Wahrscheinlich ist Musiktheorie gemeint. Sie ist eine wichtige Säule jedes Musikstudiums und ein Fach, in dem der junge Tennstedt ebenfalls glänzt. Hier werden nicht nur die Regeln des Quintenzirkels als theoretische Grundlage unserer „klassischen" Musik gelehrt. Auch die Kenntnis der verschiedenen Musikepochen und -stile gehört dazu – das mag der junge Angeber als Kompositionsstudium deklariert haben – sowie Gehörbildung und Partiturlesen. Ein Glück für den Studenten, der noch nicht ahnen kann, dass er sich einmal zum Dirigenten durchkämpfen muss. Hier wird der Grundstein für seine spätere Karriere gelegt: Er lernt, eine Orchesterpartitur zu lesen und zu verstehen.

Es ist jedoch nicht völlig auszuschließen, dass Tennstedt nebenbei auch ein wenig Komposition studiert, da ein Klavierwerk von seiner Hand erhalten ist.[5] Sein Professor für Musiktheorie wird Johann Nepomuk David (1895-1977), und der ist tatsächlich auch Lehrer für Komposition. Selbst ein anerkannter Tonsetzer, ist David gut bekannt mit Arnold Schönberg, dessen sich entwickelnde sogenannte Atonalität er mit Interesse verfolgt. Auch Helmut Lachenmann, ein weiterer bedeutender Komponist unserer Tage, wird von ihm unterrichtet. Darüber hinaus ist David in den Kriegsjahren Rektor der Musikhochschule Leipzig (siehe Info).

Tennstedts Klavierlehrer wird, wie vom Vater gewünscht, Professor Anton Rohden (1896-1953). Sein Violin-Professor wird allerdings Walther Davisson (1885-1973), der auch gelegentlich dirigiert und später Rektor verschiedener Musikhochschulen ist. Alle drei Lehrer sind hochkarätige Spezialisten ihres Fachs. Tennstedt erhält von ihnen die bestmögliche Ausbildung.[6]

Anfangs fahren Anita und Klaus jeden Werktag mit der Bahn von Halle nach Leipzig zur Musikhochschule und abends wieder zurück. Das sind etwa 20 bis 30 Minuten Fahrtzeit pro Strecke.

> *Anita Knoch:* Klaus war der Typ, der auch gerne mal einen gab [angeberisch war], so alte Philosophen, von denen hatte ich noch nicht viel gehört *[lacht]*. Das hat mich gefreut, und es gab auch noch einen anderen, der sich zuerst in mich verliebte, aber den konnte ich nicht leiden. Dann wurde Klaus hellwach, und wir amüsierten uns auf unsere Art und haben fünf, sechs Semester zusammen studiert. Noch nicht als Paar, aber in einer liebevollen platonischen Freundschaft.

Anita wohnt in dieser Zeit in Halle bei ihrer Großmutter. Ihre Eltern haben zwar eine geräumige Wohnung, aber da die Oma ganz allein lebt, kann Anita dort, wie sie sagt, zwei Zimmer und ein Klavier für sich nutzen: „Es gab also

**Info: Die Musikhochschule im Krieg**

Die Stadt Leipzig wird am 3./4. Dezember 1943 schwer bombardiert. Da eine Wiederholung zu befürchten ist, veranlasst Rektor Johann Nepomuk David wenig später die Evakuierung der Hochschule nach Crimmitschau in Nord-Sachsen. Dort wird der Lehrbetrieb für einige Zeit aufrechterhalten.

Erst im Oktober 1946 – da hat Tennstedt die Musikhochschule längst verlassen – wird sie am alten Ort wieder eingeweiht, diesmal unter dem Namen ihres im NS-Reich verfemten Gründers Felix Mendelssohn Bartholdy.

Landestheater Halle zerbombt — Foto: Bühnen Halle/Theater, Oper und Orchester GmbH Halle

Freiraum." Und diesen Freiraum nutzen die beiden jungen Heißblüter offenbar ausgiebig.

Nach dem Krieg gehört Halle zu den Städten, die glimpflich davongekommen sind. Am 17. April 1945 wird die Stadt von amerikanischen Truppen besetzt und befreit. Die Zerstörungen halten sich in Grenzen, im Gegensatz zu Berlin, München, Hamburg und dem Ruhrgebiet. Das Landestheater liegt jedoch in Trümmern, der Spielbetrieb wird erst allmählich an anderen Spielstätten wieder aufgenommen.

Aus Forschungen zum Opernhaus Halle[7] geht hervor, dass der junge Klaus bereits im Sommer 1945 – mit neunzehn und noch als Student – erste Aushilfen im Orchester machen darf, sicher vom Vater in die Wege geleitet. Ein willkommener Nebenverdienst für einen armen Musikstudenten, der nebenbei erste Erfahrungen sammeln kann. Es sieht so aus, als ob Klaus dem Vater willig nacheifert. Zwar sitzt er irgendwo ganz hinten bei den ersten Geigen, aber er kann sich schon ausmalen, wie er Pult für Pult nach vorne rückt, bis er Konzertmeister ist.

Doch dann die abrupte Wende. Nur ein halbes Jahr später nimmt Klaus´ Lebensweg eine völlig unerwartete Richtung. Er ist kein braver Junge mehr, er nabelt sich ab, er ist dabei, erwachsen zu werden. Mit einem heftigen Schlag gegen seine Eltern reißt er alle Brücken hinter sich ein, und es wird nicht der letzte Bruch in seinem Leben sein. Über die Gründe können wir nur spekulieren.

Das Verhältnis zum Vater dürfte eine entscheidende Rolle gespielt haben. Hermann Tennstedt wollte sicher das Beste für seinen einzigen Sohn. Aber Gutes wollen und Gutes tun ist nicht dasselbe. Hermann will bestimmen, was sein Sohn gefälligst aus seinem Leben zu machen hat. Will sich der Junge endlich aus seiner erdrückenden Kontrolle befreien?

Zum anderen ist es möglich, dass der junge Mann wegen der Zerstörung des halleschen Opernhauses wenig Chancen auf eine Anstellung als Konzertmeister sieht. Diese Stellen sind besetzt, und *Tutti*-Geiger zu werden, ist nicht Teil seiner Lebensplanung.

Ein dritter Punkt kommt hinzu, das ist sein manchmal aberwitziger Wagemut, ein Leichtsinn, der erschrecken soll. Tennstedt ist schon früh Risiken eingegangen, deren Ausgang nicht absehbar war. Später wird das zum Grundmuster seines Lebens. Doch jetzt stürzt sich der junge Student mit seiner Freundin Anita in ein völlig unüberlegtes Abenteuer.

## KURZSCHLUSS ?

### Durchgebrannt mit Anita 1946

Mitte Januar 1946. Der Krieg ist seit acht Monaten vorbei. Noch immer gleicht die Fahrt durch das zerbombte deutsche Land einem Albtraum. Grauer Schnee liegt auf Ruinen und deckt die Zerstörung notdürftig zu. In den Städten schlägt die Stunde der Trümmerfrauen, deren Männer und Söhne im Krieg geblieben oder noch in Gefangenschaft sind. Man hungert und lebt von dem, was man so auftreiben kann. Allenfalls auf dem Land gibt es noch genug zu essen. Die alliierten Siegermächte USA, England, Frankreich und die Sowjetunion haben Deutschland in vier Besatzungszonen aufgeteilt, Halle an der Saale liegt in der östlichen, der sowjetischen. Zunächst ist die Reisefreiheit nicht eingeschränkt.

Klaus Tennstedt ist 19 Jahre jung, noch nicht einmal volljährig (das wird man erst mit 21). Er steht kurz vor dem Abschluss seines Musikstudiums. Gemeinsam mit seiner Freundin Anita Knoch fasst er einen verrückten Entschluss. Das Wintersemester 1945/46 ist noch nicht ganz vorbei und der Winter kalt. Anita hat mir 2015 die folgende Geschichte erzählt:

*Anita Knoch:* Sagt der Klaus eines Tages: Ist das Leben immer so fad oder was, wir müssen mal was Richtiges unternehmen! Mal Abenteuerlust entfalten! Das machen wir am besten so, dass wir vollkommen abhauen, dass uns keiner mehr sieht. Und weg simmer.

***Georg Wübbolt:* Wohin denn?**

*Anita Knoch:* Das war auch Klaus seine Frage: Wohin? Ich sage, ich hab´ `nen Onkel und `ne Tante in Würzburg, die haben ein großes Geschäft, Brillen und Optik Schiborr. Mein Onkel mag mich eigentlich, und vielleicht können wir da unterkommen. Also nachts haben wir der Oma `ne Schlaftablette gegeben *[lacht]*, damit wir mit unseren Koffern losziehen konnten. Klaus sagt noch:

Anita und Klaus

„Ich brauch´ meine Sachen, meine Geige und was Gutes zum Anziehen, ich kann doch nicht einfach so abhauen."

Klausens Mutter ist heute bei einer Aufführung, die der Vater im Theater zu spielen hat. Die Eltern sind also nicht da. Ich sage:

„Du fährst jetzt mit dem Fahrrad nach Hause und packst Unterhosen, Hosen, Anzug und Wäsche in einen Koffer."

Als das getan ist, sind wir mit dem Zug los. Zunächst in so´n Lager in der Harzgegend.

**Info Friedland**

Der Ort ist heute noch bekannt als Grenzdurchgangslager für Flüchtlinge. Seit September 1945 war es die erste Sammelstelle für heimatvertriebene Deutsche aus den ehemaligen Ostgebieten. Außerdem wurden hier bis 1955 hunderttausende Heimkehrer aus der Kriegsgefangenschaft aufgenommen und registriert, um sie dann in ihre Heimatorte zu entlassen.

**Nach Friedland?**

Ja, Friedland, ein Durchgangslager. Als wir dort eintrafen, gab es einen Haufen Leute, alles schlief da, da, da, lauter Leben. Wir sind noch nicht richtig drin – und jetzt lachst du dich halb tot –, da wird der Klaus aufgerufen, und da ist die Loreda. Hat doch der Vater Tennstedt seiner Sandkastenfreundin gesagt, die Nita ist mit dem Klaus durchgebrannt, und Loreda soll sofort hin und ihn mit Affenliebe zurückholen.

Klaus verschwindet mit ihr, und nach einer Stunde kommt er zurück und erzählt mir, dass er Loreda wieder nach Hause geschickt habe und gesagt: Ich ziehe das jetzt durch, wir kommen nicht zurück!

**Wie ging es also weiter?**

Na, in der Zwischenzeit hatten sie mir einen Koffer geklaut. Klaus hatte die Geige immer bei sich, das war eine sehr gute Geige, die hat er nicht aus der Hand gegeben. Klaus hat auch nie sein Geigenspiel vernachlässigt, er hat immer geübt. Es hat ihn hingetrieben zur Geige, und er war ganz, ganz fleißig, trotz allem. Nicht tri-tratrallala, nein, alles musste was mit Geige zu tun haben. Nach zwei Tagen in dem Durchgangslager sind wir dann ab nach Würzburg.

**Wie alt waren Sie damals?**

Klaus war 19, ich war 23, das war im Januar 1946. Da sieht man mal, wie töricht und wie jung wir noch waren. Wir haben nicht bedacht, dass ganz Würzburg ein Trümmerhaufen ist, dass wir mitten reinfahren in einen Trümmerhaufen.

So zeigt sich Klaus Tennstedt schon früh in seinem Leben: Unberechenbar und oft gegen jede Vernunft handelnd. Das gehört zu seinem Charakter. Welcher klar denkende Mensch stürzt sich im bitterkalten Winter in so ein unüberlegtes Abenteuer? Anita muss ihren Klaus schon sehr angehimmelt haben, wenn sie solchen Blödsinn mitmachte. Oder ist sie die treibende Kraft?

Die Stadt Würzburg, ziemlich genau zwischen Frankfurt und Nürnberg gelegen, erleidet noch in den letzten Kriegswochen ein mörderisches Bombardement. Die historische Altstadt liegt fast vollständig in Trümmern.

Würzburg in Trümmern

*Anita Knoch:* Wir kamen also in Würzburg am Bahnhof an, und da war schon ein großes Lager in dem Wartesaal ausgebreitet, wo man schlafen konnte. Bett an Bett, da lag jeder mit seinen Sachen drauf. Es sah ja schlimm aus in Würzburg. Es fehlte an Geld, es fehlte an allem, wir hatten uns das gar nicht richtig überlegt, jugendlicher Leichtsinn eben, und beide abenteuerlustig.

Wir sind dann kurz danach zu Onkel und Tante gegangen, die haben als erstes gefragt:

„Seid ihr verheiratet?“

„Nein.“

„Dann könnt ihr hier nicht bleiben.“

***Georg Wübbolt:* Die haben Sie nicht aufgenommen?**

*Anita Knoch:* Haben sie nicht, und da war Klaus schwer gekränkt. Also sind wir zwei oder drei Tage in dem Bahnhofs-Wartesaal geblieben, und ich habe gesagt: So geht das nicht weiter, jetzt müssen wir Geld verdienen.

Café Ludwig in der Kaiserstraße, ist ja die Hauptstraße, war ein Café, das noch stand. Da bin ich hin und hab´ gesagt, wir machen jeden Nachmittag von drei bis sechs und am Abend für Sie Unterhaltungs- und Tanzmusik, mit Geige und Klavier. Keine Ahnung, wie

Anita und Klaus Tennstedt Foto: Anita Staudt/Tennstedt ©G. Wübbolt wir das hingekriegt haben, wir waren ja beide auf Bach getrimmt und Beethoven. Aber Klaus stellte sich vorne hin und geigte feste drauflos *[lacht]*. Es war köstlich.

**Woher hatten Sie denn die passenden Noten?**

Ich weiß nicht mehr, wo wir die herhatten. Ich muss sagen, es war ein ganz komisches Gefühl dabei. Wir waren so erzogen worden an der Hochschule, dass wir jedem Ton nachhören und ihn nachempfinden konnten. Und dort klapperten das Geschirr und die Kaffeelöffel *[macht mit Löffel und Tasse Geräusche]*, also das machte mich wahnsinnig. Und Klaus mit seinem absoluten Gehör, der strich weiter, unentwegt, das nächste Stück und das nächste, immer in der Hoffnung, dass das zwischen uns musikalisch auch klappt. Da haben wir ein paarmal gespielt, und geschlafen haben wir immer noch in dem Lager.

**Wie wurden Sie bezahlt, mit Geld oder mit Naturalien?**

Mit Geld. Aber die Schlaferei in diesem Wartesaal war mir über. Ich konnte einfach nicht mehr, Klaus auch nicht, der war fix und fertig. Ich hab´ dann vier oder fünf Wohnungen angeschaut. Hier in Würzburg ist man streng katholisch, und die Vermieter haben gesagt, wir kannten das ja schon:

„Sind Sie verheiratet?"

„Nein."

„Dann können Sie keine Wohnung bei uns haben."

**Also immer wieder abgewiesen.**

Dann in der Gegenbaur Straße 1, da war eine Frau – ich muss wohl erbärmlich ausgesehen haben, der muss ich leidgetan haben – und da sagt sie: „Ja, warum heiraten Sie denn nicht?" Da hab´ ich gesagt, Klaus, jetzt gehen wir zum Standesamt und heiraten *[lacht]*.

Wenn es so war, wie Anita erzählt, dann hatte sie in der Beziehung offenbar die Hosen an. Am 2. Februar 1946 gehen die beiden zum Standesamt hoch in die erste Etage. Sie erklären der Standesbeamtin, dass sie jetzt auf der Stelle heiraten wollen.

*Anita Knoch:* Da hat die Frau gesagt:

„So, und wo sind Ihre Trauzeugen?"

„Was, brauchen wir noch Trauzeugen?" *[lacht]* Ich sage zu Klaus:

„Du bleibst hier sitzen, ich gehe runter und hole Trauzeugen." Die ersten Leute, die ich traf, fragte ich:

„Nicht wahr, Sie sind so lieb und spielen bei uns Trauzeugen?"

Klaus und Anita „verliebt“

Die mit raufgekommen, nie wieder gesehen, die Leute. Und wir waren verheiratet. Kamen nun in die Gegenbaur Straße 1 zurück, und hatten nüscht drinne stehen, es war ein leeres Zimmer. Da sagt der Klaus, der handwerklich wirklich ´ne Niete war, er zimmert ein Bett. Ich soll in der Zwischenzeit im Osten die Bettwäsche holen.

**Im Osten heißt, Sie sollten zurück nach Halle?**

*Anita Knoch:* Ja, und das war die sogenannte Hochzeitsnacht *[lacht]*. Ich sage, ist gut, ich fahr hin. Dann mit dem Zug, und zu Hause angekommen, war meine Mutter sehr verständnisvoll. Ich hatte so einen Kinderpuppenwagen, da hat meine Mutter die Bettwäsche reingetan, und mit dem Puppenwagen bin ich wieder nach Würzburg *[lacht]*. Er hatte natürlich kein Bett gebaut. Da haben wir erstmal die Matte so hingelegt. Aber wir hatten Ruhe.

Klaus organisierte dann ein Fahrrad, obwohl er im Organisieren solch schräger Dinge eigentlich auch `ne Niete war. Mit dem Fahrrad haben wir dann alles besorgt, ich hinten drauf und er vorne und wir durch die Gegend. Was zu essen besorgen, gespielt nachmittags, und so ging das bis September [1946], ein halbes Jahr. Klaus rauchte damals schon eine Zigarette nach der anderen, eine Schachtel am Tag war gar nichts.

## GEIGER in Würzburg
## KONZERTMEISTER in Heidelberg 1946–47

Zumindest die westlichen Alliierten sind nach dem Krieg sehr daran interessiert, das kulturelle Leben so schnell wie möglich wieder aufzubauen. Denn die Kultur und vor allem die Musik, so die Überzeugung, tröstet die niedergeschlagenen Menschen und gibt ihnen Mut. Konzerte und Opernaufführungen sind schnell ausverkauft. Karten werden sogar auf dem Schwarzmarkt gehandelt, eine Schachtel Zigaretten für ein Beethoven-Konzert.

Aber so schnell baut sich ein demoralisiertes Volk nicht wieder auf. Das Problem sind nicht nur die zerstörten Spielstätten, sondern auch fehlende Künstler. Viele sind im Krieg geblieben oder traumatisiert und verstümmelt zurückgekehrt. Manch ein Musiker beherrscht sein Instrument nicht mehr. So bleiben viele Stellen unbesetzt und müssen schnellstmöglich besetzt werden. Zumindest für den jungen Klaus sind das gute Aussichten.

Im Würzburger Stadtarchiv sind er und seine Frau allerdings nicht verzeichnet. Sie haben es wohl nicht für nötig gehalten, sich offiziell anzumelden. Auch auf Konzertzetteln oder Gehaltslisten taucht der Name Tennstedt nicht auf. Eine Information aus dem Stadtarchiv Heidelberg belegt jedoch, dass die Familie in Würzburg gewohnt hat. Wenn man dies und die Heiratsurkunde des Paares kombiniert, so ergibt sich, dass die beiden von Januar 1946 bis Januar 1947 in Würzburg gelebt haben.

Anita und Klaus

Wie der größte Teil der Stadt liegt auch das dortige Opernhaus völlig in Trümmern. Ein „Philharmonisches Orchester Würzburg“ überlebte jedoch die Kriegsjahre. Zunächst von den Alliierten finanziert, nimmt es bald den Konzertbetrieb wieder auf.

*Anita Knoch, nun verheiratete Tennstedt:* Klaus wollte dann gleich im Orchester ein Probespiel machen. Dafür musste man ein Violinkonzert vorbereiten. Wir wollten vor der Prüfkommission das Konzert von Max Bruch spielen. Ich habe dann eine Garage ausfindig gemacht, wo ein Klavier stand, Kläuschen auch mit, und da haben wir geübt, schön geübt, in der Garage. Der Vorspieltermin war recht bald. Wir mussten schon ran, und anschließend waren die begeistert, der Direktor Schaller und das Vorspielkomitee. Komischerweise erwähnt Klaus das nirgends, das mit Würzburg.

**War es ihm vielleicht unangenehm?**

Muss wohl. Jedenfalls wurde Klaus angenommen. „Sie können nächste Woche anfangen, als hintere Erste Geige." Er also gleich rein, hinten hingesetzt und gespielt. Das war Anfang 1946, und er rutschte dann in den Pulten immer weiter nach vorn.

Das ging gut, und wir bekamen eine Tochter, am 27. September 1946. Allerdings, weil ich auch so verhungert war, ist das eine Frühgeburt gewesen, ein Siebenmonatskind, man hatte ja hier keine Möglichkeiten und nichts. Heidi. Sie hieß Heidi, und wir sangen immer: „Heidi heida heidihoppsassa..." *[lacht]*. So war das. Es war schön: Im Hofgarten spielte Klaus in seinem Orchester draußen, und ich da mit Heidi im Kinderwagen vorbei.

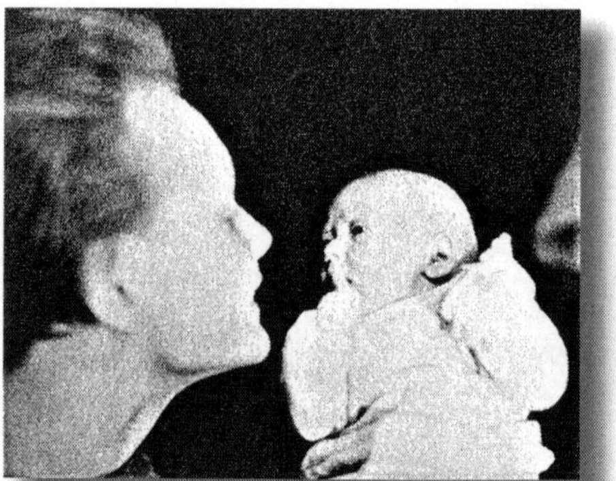

Klaus mit Töchterchen Heidi

Das klingt wie eine liebliche Idylle, inmitten von Trümmern und der Hoffnung auf einen Neubeginn. Da würde man es niemandem verdenken, wenn er oder sie die Dinge ein klein wenig zurechtbiegt.

Mediziner bestätigen mir, dass das Baby auf dem Foto nicht unbedingt wie ein Siebenmonatskind aussieht. Angenommen, es sei ein ganz normales Neunmonatskind, dann hätten Klaus und Anita schon während des Studiums miteinander geschlafen. Und so bekommt Anitas Ausspruch „Da war also Freiraum" einen deutlich pikanteren Beigeschmack. Es würde erklären, warum das frisch verliebte Paar auf die gar nicht so verrückte Idee kam, überstürzt nach Würzburg abzuhauen.

Noch in Halle, um Weihnachten 1945, könnte bei Anita die Regelblutung ausgeblieben sein – ein erstes Anzeichen für Schwangerschaft

– und was nun? Erstmal weg von den sicher geschockten Eltern, wie überall auf der Welt. Dann sehen wir weiter. So gesehen macht die gemeinsame Flucht plötzlich Sinn. Ein bürgerliches Familienleben? Wir sind Künstler! Dass Klaus ohnehin nicht vorhatte, seiner Zwangsehefrau treu zu bleiben, das hat Anita bald herausgefunden:

*Anita Tennstedt:* Ich musste natürlich aufpassen, weil die Frauen ihn sehr nett fanden *[lacht]*, und umgekehrt war es auch so. Bei *Hänsel und Gretel*, also die Gretel, die wurde vernascht.

**Sie meinen die Sängerin in der Humperdinck-Oper? Haben Sie ihn zur Rede gestellt?**

*Anita Tennstedt:* Tja, seine Antwort war: „Ich brauche eben meine künstlerische Freiheit!" Die künstlerische Freiheit war bei ihm natürlich großgeschrieben. In gewissem Sinne hat er sie verdient, also in gewissem Sinne. Für die Ehe: scheußlich. Aber sonst hielt sich alles im Rahmen, denn er hatte noch Pläne. Er hatte Ehrgeiz, wollte ja kein Geiger am hinteren Pult sein.

Wohl nicht erst hier entdeckt der junge Ehemann die Erregung und den Kitzel des amourösen Abenteuers, das Kribbeln in den Eingeweiden und immer wieder den Triumph der Eroberung – ein Don Giovanni mit Geige unterm Arm. Wir wagen zu vermuten, dass diese Lust auf Abwechslung längst zu einer Gewohnheit geworden ist. Sonst hätte Klaus nicht nach so kurzer Zeit und ohne mit der Wimper zu zucken seiner Ehe den Rücken gekehrt. Die freie sexuelle Entfaltung bleibt sein Leben lang so selbstverständlich, als hätte er ein Recht darauf.

Ob das, wie so oft, schon in der Pubertät angelegt wurde – wir wissen es nicht. Oft legt sich in dieser Lebensphase eine sexuelle Präferenz fest und sucht Befriedigung. Bei Tennstedt ist dieser starke Trieb zusätzlich verwoben mit der Musik, mit dem Musikmachen, wie zwei Fasern eines in sich gedrehten Seils. Das tägliche hoch intensive Üben des Jünglings an Geige und Klavier verbindet sich mit einem „Frühlings Erwachen". Beides gehört zusammen. Musik und Sex sind die beiden Sonnen, um die sich der Planet Tennstedt in erster Linie dreht. Fehlt nur noch eine Frau, die das alles irgendwie mitmacht.

Als sich der junge Mann auf dieses Würzburg-Abenteuer einlässt, gilt er mit seinen 19 Jahren zwar als halbwegs erwachsen. Aber wenn man sich die Fotos auf den vorhergehenden Seiten anschaut, wirkt Anita wie die reifere, selbstbewusstere Frau, Klaus noch wie der unreife Jüngling. Das wird er in gewisser Weise sein Leben lang bleiben. Viele Weggefährten werden das später beim Namen nennen, ohne auch nur zu ahnen, wie genau sie damit den Nagel auf den Kopf treffen.

Doch zunächst gilt es der Musik, und nicht vergessen werden die nächsten Schritte zum beruflichen Fortkommen. Anita:

> Er sagt, er hätte gehört, dass in Heidelberg eine Konzertmeisterstelle frei ist. Ich sage: Denn auf nach Heidelberg, da spielste wieder vor. Das hat er gemacht und wurde sofort genommen, sofort. Seine Genialität, die traf der immer. Da war er erst 20, ein ganz junger Konzertmeister.
>
> **Hat es ihm denn gefallen in Heidelberg?**
> *Anita Tennstedt:* Ja, sehr! Es waren ja viele Amerikaner in der Stadt, da ist er immer an seine geliebten Zigaretten gekommen. Im Opernhaus soll er sehr gelobt worden sein, auch von den Kollegen, weil er noch so jung war. Er bekam auch Extragage für die Solostellen.

Zigaretten-Schwarzmarkt

Und hier meldet sich Klaus sogar ordnungsgemäß an. Im Stadtarchiv Heidelberg findet sich folgender Eintrag:

> Klaus Tennstedt, Musiker, geb. 6. Juni 1926, ist am 22. Januar 1947 von Würzburg, Gegenbaurstr. 1 zugezogen. Seine Anschrift hier ist Starenweg 4, bei Barth. Er ist aber am 15. August 1947 wieder aus Heidelberg weg und nach Halle verzogen. Ebenfalls hier lebten seine Frau Anita und seine Tochter Heidemarie.

Der Starenweg ist etwa zwei Kilometer von der Oper entfernt. Dorthin fährt man mit dem Fahrrad gemütliche zehn Minuten den Neckar entlang. Auch eine Straßenbahnhaltestelle ist in der Nähe.

Die Zeit in Würzburg und hier im kleinen Heidelberger Opernorchester bringt dem jungen Mann wertvolle Erfahrungen. Er weiß, wohin er will im Leben, die ersten Schritte sind getan. Sein Ziel verliert er nicht aus den Augen: Konzertmeister zu werden in einem großen, berühmten Orchester. Dies sind keine verlorenen Jahre. Er lernt Repertoire und emanzipiert sich zumindest äußerlich vom Elternhaus, vor allem vom Vater. Sicher hat Klaus die gute Küche und allumfassende Liebe der Mutter vermisst – er wird sie bald wieder genießen.

# Der Vater ruft

## Ein Konzertmeister in Halle 1948–50

Nach einem Jahr in Würzburg und einem halben in Heidelberg ist es Vater Hermann, der dem Sohn den Weg zurück nach Hause ebnet, über eine elegante Brücke und ohne dass der Junge sein Gesicht verliert. Denn einem väterlichen Befehl hätte er sich widersetzt, da gibt es nicht den Hauch eines Zweifels!

Anita Tennstedt, damals Hausfrau und Mutter, erinnert sich an einen Doppelbrief, der ihrem Leben und dem ihres Mannes eine unverhoffte Wende gibt:

Klaus übt fleißig

> *Anita Tennstedt:* Auf einmal bekamen wir Briefe, einmal von seinem Vater, einmal von meinem Vater. Die hatten sich natürlich abgesprochen. Sein Vater hatte das Tennstedt-Quartett, das in Halle und Umgebung bekannt war. Es war in gewisser Weise berühmt geworden durch seine gute Qualität. Die spielten auch zu Kurkonzerten und dergleichen. Jetzt wurden unsere Eltern natürlich zu alt, Sehvermögen, Knoten und ach, schwieriges Alter eben. Sie baten uns, doch wieder nach Hause zu kommen. Mein Vater war ebenfalls Konzertmeister und hatte hauptsächlich erwachsene Schüler und drei Chöre.
>
> Nun sagt Klaus: „Nichts wie nach Halle. Denn das Tennstedt-Quartett, das darf nicht sterben."

Klaus ist gerade 21 Jahre alt geworden, als er mit seiner kleinen Familie in die Heimatstadt zurückkehrt. Diesmal nicht bei Nacht und Nebel, sondern mit einem knapp einjährigen Baby im Kinderwagen und frisch gewonnener Lebenserfahrung. Die junge Familie kommt zunächst bei Anitas Großmutter unter, wo sie etwa ein Jahr leben.

Das zerbombte Opernhaus in Halle ist zwar noch lange nicht wieder aufgebaut. Doch der Opernbetrieb geht in verschiedenen Spielstätten der Stadt, wie dem Thalia-Theater, parallel weiter. Klaus verdient sein Geld mit Orchesteraushilfen und den Auftritten des neualten Streichquartetts. Anita unterrichtet einige Klavierschüler. Auf jeden Fall muss der Gürtel enger geschnallt werden, denn so viel wie ein Heidelberger Konzertmeister verdient Tennstedt sicher nicht.

Das ändert sich mit der Spielzeit 1948/49, als der junge Geiger auf dem Weg zu seinem erträumten Lebensziel einen gewaltigen Sprung macht. Er wird Stellvertretender Konzertmeister der Ersten Geigen am Opernhaus Halle. Einerseits ist das ein Grund zur Freude, andererseits ist die Situation für den jungen Mann nicht ganz entspannt, denn am ersten Pult direkt neben ihm sitzt sein Vater als überaus kritischer Konzertmeister der Zweiten Geigen, und so manches Mal wird ein strenger Blick zum Sohn herübergeschossen sein. Einen Fehler sollte er sich besser nicht erlauben! Kathrin Hirschinger schreibt über die damalige Situation:

Oper und Theater Halle wiedererbaut, 1951 Foto: Bühnen Halle

> Bei der Besetzung vakanter oder neu geschaffener Stellen wurden überwiegend junge Musiker berücksichtigt, von denen viele erst Anfang 20 oder noch jünger waren. Unter ihnen befand sich auch der spätere Dirigent Klaus Tennstedt, der im August 1945 als Aushilfe begann und im August 1948 als Konzertmeister eingestellt wurde.[8]

Doch es macht schon einen Unterschied, ob er nun Erster oder Zweiter, also Stellvertretender Konzertmeister ist. Karl-Heinz Schuster, damals Stellvertretender Solo-Bratscher des Hallenser Orchesters, ist sich der feinen Rangunterschiede durchaus bewusst. Er betont, dass Tennstedt „Stellvertretender Konzertmeister der Ersten Geigen war“. Immerhin sitzt er am ersten Pult und ist damit der jüngste im Osten Deutschlands. Eine herausragende Leistung für einen so jungen Mann. Der Einfachheit halber lässt Tennstedt in allen zukünftigen

Interviews das „Stellvertretender“ weg. Der spätere Konzertmeister Werner Mentzel, damals noch Schüler in Halle, erzählt:

Der junge Klaus Tennstedt war ganz mit der Geige verwachsen, hat viel Kammermusik gemacht und war im Halleschen Orchester hoch angesehen. Ich weiß, mein Geigenlehrer war damals im Orchester, und der sprach nur in den höchsten Tönen von dem jungen Tennstedt, er sagte: „Der setzt sich ans Klavier und kann sofort einen Sänger begleiten.“

*Anita Tennstedt:* Er war natürlich als Geiger auch sehr ehrgeizig, hat unglaublich viel geübt, aber unter enormer Nervosität gelitten. Mit seinem Streichquartett hat er hochinteressante Programme gemacht.

Schon der junge Mann war unerbittlich, wenn es um Qualität ging. Der Cellist in dem Quartett erzählte mir, wie die Stimmung war: „Ich höre auf! Ich mache mit Tennstedt nicht weiter“, weil er so unglaublich fanatisch war, irgendein musikalisches Ziel durchzusetzen. „Er war sehr anstrengend. Aber am Ende ist man ihm immer treu geblieben.“

Wenn ein Konzert bevorstand, lief er im Stimmzimmer vor‘m Auftritt, rannte hin und her: „Warum mache ich das überhaupt? Ich gebe das auf, ich kann das nicht mehr, ich halte das nicht aus.“ Er war ein Nervenbündel und konnte sich und die Welt nicht leiden.

Rund zehn Jahre später wird Werner Mentzel Erster Konzertmeister am Staatstheater Schwerin und trifft dort – welch ein Zufall – wieder auf Klaus Tennstedt, der sich kein bisschen verändert hat:

*Werner Mentzel:* Extreme Nervosität vor jedem Konzert, weil er glaubt, der Musik nicht gerecht zu werden. Und die fanatische Hingabe an sie, höchste Qualität fordernd, für viele furchtbar anstrengend.

Woher kommt dieser Fanatismus? Kurt Masur – über den wir bald mehr hören werden – beleuchtet das nicht unproblematische Verhältnis der beiden Tennstedts, Vater und Sohn.

*Kurt Masur:* Der Vater war Konzertmeister der Zweiten Violinen, er war ein ungeheuer respektierter Musiker im Orchester. Und er war äußerst kritisch. Ich habe seinen Vater ebenfalls gefürchtet. Wenn zwischen uns was nicht klappte, der Vater meckerte Klaus oder mich dann an. Es gab also viele Gründe, warum wir uns nicht immer gut verstanden haben.

Auf der anderen Seite haben wir uns nachmittags getroffen, haben zusammen musiziert, auch mit dem Vater. Aber der hat nicht gern die zweite Geige gespielt. Im Orchester ja, aber sonst nicht. Vater war eine ausgesprochene Autorität, und deswegen war der Sohn ein bisschen gehandicapt, weil er seinen Vater auch gefürchtet hat.[9]

Hermann Tennstedt rechts vorn Foto: Bühnen Halle

Aus diesen Andeutungen tritt uns ein Mann hervor, den wir nicht gerade für einen angenehmen Charakter halten würden. Masur kann sich dieser Mischung aus Angst und Respekt vor dem alten Tennstedt leicht entziehen. Aber Klaus „genießt" den manchmal cholerisch-tyrannischen Vater sein Leben lang! Es wird Zeiten gegeben haben, in denen er ihn gehasst hat. Der Vater prägt den jungen Mann, drückt ihm seinen Stempel auf, und fast erdrückt er ihn. Projiziert er sein „Versagen" auf den Sohn? Nämlich dafür, dass er es selbst nicht geschafft hat, Konzertmeister der Ersten Geigen zu werden? Aber der Sohn wird es schaffen! Er, Hermann, hat schließlich alles dafür getan.

Klaus lebt das typische Leben eines Orchestermusikers. Ab 10 Uhr beginnt die Vormittagsprobe im Theater, mittags wartet Anita mit dem Essen – oder ist es Mutter Agnes? Nach einer kurzen Ruhe darf ein junger Geiger auch das Üben nicht vergessen: Heikle Passagen müssen – erst recht bei einem Konzertmeister – traumhaft sicher sitzen. Er muss ein Vorbild sein und souverän. Zu allem Überfluss sitzt der Vater neben ihm am Pult und bekommt jeden Fehler, jede noch so kleine Unsicherheit hautnah mit. Es empfiehlt sich, gut vorbereitet zu sein.

Dann geht es zur Nachmittagsprobe oder, nach einem leichten Abendessen, zur Vorstellung ins Theater. Auch hier ist, wie den ganzen Tag über, höchste Konzentration gefragt. Vor 22 Uhr ist die Vorstellung selten zu Ende. Bis sich der Blutdruck wieder normalisiert hat, ist es nicht mehr weit bis zur mitternächtlichen Bettruhe. Am nächsten Morgen beginnt der Kreislauf von vorn.

In den folgenden drei Jahren lernt Tennstedt am Konzertmeisterpult der Ersten Geigen ein buntes Repertoire kennen: Von einigen späten Mozartopern über Sinfonien von Beethoven, Schumann und Brahms bis hin zu den Opernkomponisten Wagner, Verdi und Strauss. Und natürlich auch zeitgenössische Werke.

Kurt Masur Foto: Bühnen Halle

An diesem Landestheater in Halle treffen zwei junge Männer aufeinander, die sich fortan im Leben immer wieder begegnen werden, auch in Konkurrenz zueinander, wobei mal der eine, mal der andere die Nase vorn hat. Zunächst ist es eine reine, auf gegenseitiger Sympathie beruhende Freundschaft, ungetrübt im Zeichen des gemeinsamen Musizierens: Klaus Tennstedt trifft Kurt Masur, der gerade als Korrepetitor und „Dirigent für Tänze" ans Landestheater gekommen ist, ganz unten in der Rangfolge der Dirigenten. Auch im Schauspiel hat er oft Bühnenmusiken und kleine Nebenorchester zu dirigieren. Die Stücke heißen etwa „Die Prinzessin und der Schweinehirt" oder „Was kam denn da ins Haus".

So können große Karrieren beginnen, damals wie heute. Um auf der Leiter nach oben zu kommen, ist es klug, mit der untersten Sprosse zu anzufangen. Beide, Masur und Tennstedt, sind gute Beispiele dafür.

In manchen Feuilletons liest man, die beiden hätten sich bereits an der Musikhochschule Leipzig kennengelernt. Das stimmt nicht, wie auch Masur bestätigt. Der beginnt dort 1946 zu studieren, als Tennstedt und seine Anita sich längst in das Würzburger Abenteuer gestürzt hatten.

> *Kurt Masur:* Wir befreundeten uns mehr und mehr, und dann ging´s richtig los. Klaus wollte gern mal Kammermusik mit mir machen. Er hat dann die César-Franck-Sonate mit mir gespielt, ich habe ihn begleitet, auch ein Schubert-Trio mit seinem Vater Hermann. Es war eine ganz normale und ganz spontane Zusammenarbeit, weil wir beide uns mochten, weil wir uns musikalisch sehr gut verstanden.

Wir haben viele Nächte zusammen gesessen und Platten gehört, bei ihm oder bei mir. Wir haben Stücke zusammen durchgehört, mit langen Diskussionen über das Für und Wider. Ich habe eine alte, zerkratzte Schallplatte mit den Moskauer Philharmonikern, der *Scheherazade* [von Nikolai Rimski-Korsakow], wo David Oistrach das Violinsolo gespielt hat. Wir haben wie die Besoffenen das nächtelang gehört.

Die *Scheherazade* hat bald auch der junge Geiger Tennstedt drauf, und Masur berichtet, wie zart das geklungen habe, mit blitzsauberer Intonation und wunderschön rundem Ton.

*Kurt Masur:* Dann habe ich mir einmal in Moskau, als ich von einem Konzert zurückkam, eine alte *Tristan-und-Isolde*-Aufführung gekauft, für zehn Rubel den ganzen *Tristan*. Mit Furtwängler. Dinge, wo wir uns nächtelang festgebissen haben und so begeistert waren. Klaus war ja so begeisterungsfähig. Er hat immer gebrannt für die Musik, für das, was gerade gespielt wurde.

Klaus gab auch einige solistische Konzerte, die er so zwischendurch gemacht hat; die hat er sehr, sehr gut gespielt, zum Beispiel das Beethoven-*Violinkonzert*.

**Info: DDR-Gründung**

Die vier alliierten Siegermächte können sich nicht einigen, wie sie mit dem besiegten Deutschland verfahren sollen. Die Spaltung zwischen den USA, Frankreich und England auf der einen und der Sowjetunion auf der anderen Seite ist bald nicht mehr aufzuhalten. Nach der Gründung der Bundesrepublik Deutschland (BRD) im Sommer 1949 reagiert der Osten mit der Gründung der Deutschen Demokratischen Republik (DDR) am 7. Oktober 1949. Damit ist die Trennung Deutschlands faktisch besiegelt, wenn auch noch keine Mauer gebaut ist.

Es spricht einiges dafür, dass der junge Geiger sich eine Solistenkarriere ausgemalt hat. Jedenfalls steht dieses Beethoven-Konzert in der Vorankündigung für die Spielzeit 1950/51, mit Tennstedt als Solisten. Er hat es längst „drauf", wie man sagt, aber irgendetwas stimmt nicht mit dem linken Ringfinger. Der junge Stellvertretende Konzertmeister muss den Auftritt absagen.

# Der verfluchte linke Ringfinger

## Halle 1951–54

Als das zerbombte Landestheater Halle wieder aufgebaut ist und am 31. März 1951 neu eröffnet wird, erscheint natürlich eine Festschrift. Darin sind auch alle Mitglieder des Orchesters aufgeführt. Die Liste wurde vermutlich Ende 1950 erstellt, die Namen sind nicht alphabetisch geordnet. Als Ersten und als Stellvertretenden Konzertmeister finden wir plötzlich andere Namen. Klaus Tennstedt steht nur noch an vorderster Stelle der *Tutti*-Ersten Geigen. Das lässt vermuten, dass er der sogenannte Vorgeiger ist, am zweiten Pult der Ersten Violinen. Aber das wäre ganz sicher eine Degradierung. Was ist passiert?

**DAS ORCHESTER DES LANDESTHEATERS HALLE:**
**81 Musiker gesamt**

| | | | |
|---|---|---|---|
| **I. Konzertmeister** | | **I. Geiger** | **Walter Höhne** |
| | **Karl Gehr** | | **Adam Busch** |
| **Stellvertr. I. Konzertmeister** | | | **Hans Korrmann** |
| | **Christian Redder** | | **Helmut Kräher** |
| **II. Konzertmeister** | | | **Paul Prescher** |
| | **Erich Spindler** | | **Herbert Putzenhardt** |
| **I. Geiger** | | | **Friedrich-W. Hamann** |
| | **Klaus Tennstedt** | | **Reinhold Zirkel** |
| | **Ursula Wolff** | | **Horst Spittler ...** |

*Anita Tennstedt:* Klaus klagte – warum, habe ich bis heute nicht ganz verstanden – er klagte plötzlich über seine Hand. Auf einmal sagte er, er könne nicht mehr Geige spielen.

*Kurt Masur:* Bei ihm begann der Ringfinger außer Kontrolle zu geraten. Er war ein guter Solist, ich weiß nicht, wie das entstanden ist. Er hatte ja viel zu tun, er musste auch sehr oft als Konzertmeister einspringen, er war ja immer tätig. Eines Tages kam er zu mir und schien verzweifelt: „Mein vierter Finger funktioniert nicht so, wie ich möchte. Muss ich denn aufhören zu spielen, was soll ich nur tun?“

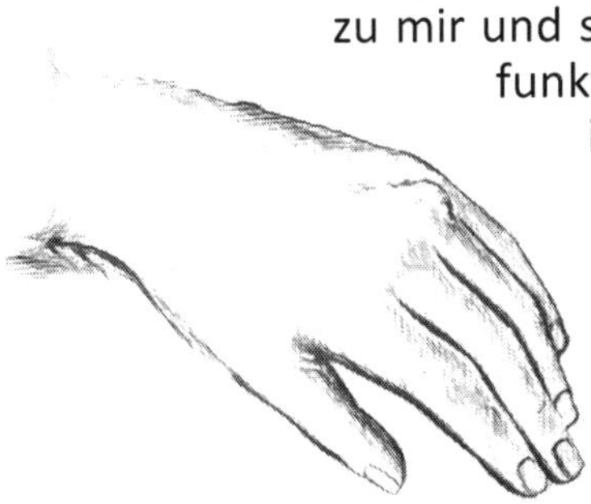

Ganglion über dem Ringfinger

Am Ringfinger der linken Hand hat sich ein sogenanntes Überbein gebildet, medizinisch Ganglion genannt. Es bildet sich eine Geschwulst, sodass die Beweglichkeit des Gelenks stark eingeschränkt ist.

Heute wäre das in einer viertelstündigen Operation unter örtlicher Betäubung behoben.

Kurt Masur deutet es schon an: Tennstedt hatte nicht nur viel zu tun, er hatte zu viel zu tun, möglicherweise hatte er sich überanstrengt. So mancher Musiker oder Sportler hat seine Karriere ruiniert, weil er Muskeln und Sehnen über Gebühr beansprucht hat.

Der untersuchende Arzt verordnet ihm, mindestens drei Monate zu pausieren und die Finger von der Geige zu lassen. Auch kein Klavierspiel, nichts, was die Hand in irgendeiner Weise belasten könnte. Doch nach Ablauf der Zeit scheint es nicht besser zu gehen.

Die Zurücksetzung zum Vorspieler der Ersten Geigen bis hin zur völligen Aufgabe des Geigenspiels kommt also nicht von heute auf morgen, sondern schleichend. Es gibt Tage, da geht es aufwärts, da keimt Hoffnung, dann wieder ist es zum Verzweifeln. Wie man es auch dreht und wendet, es ist ein Absturz. Alle Zukunftspläne liegen in Trümmern.

Die Medizin weiß bis heute nicht genau, wie ein Ganglion entsteht. Sie weiß aber, dass es sich normalerweise von alleine zurückbildet. Warum nicht bei Klaus? Oder tut es das und wir sollen nichts darüber erfahren?

Hat er es satt, ständig von seinem auf Tuchfühlung sitzenden Vater beobachtet zu werden? Ist nicht seine bloße Anwesenheit ein unausgesprochener Druck? Wieder ist er gefangen in der Aura des Vaters. Es ist nicht zu erwarten, dass Hermann plötzlich seinen Charakter ablegt wie einen alten Mantel und ein netter Kollege wird, der seinen Sohn freundlich unterstützt. Und für Klaus ist die Geige immer mit dem Vater assoziiert, und das bedeutet neben vielen Erfolgen auch jahrelange Galeerensklaverei. Der kaputte Ringfinger wird zum Stinkefinger gegen den Vater.

Anita sagt, sie habe es bis heute nicht verstanden, und auch das Gespräch mit Masur erscheint uns seltsam nichtssagend. Ein Ganglion kann man nicht willentlich herbeiführen, aber wenn es einmal da ist, könnte Klaus es zum Anlass genommen haben, sein Musizieren auf eine neue Ebene zu stellen.

Entscheidungen im Leben treffen wir manchmal völlig irrational. Wir sagen dann: aus dem Bauch heraus. Oder Zufälle und glückliche Umstände seien dafür verantwortlich. Dass wir auch unbewusst Ziele ansteuern können, wird dabei gerne übersehen, und das scheint auch bei Tennstedt der Fall zu sein. In ihm wird der innere Drang gewachsen sein, eine Sinfonie, eine Oper als Ganzes und nach eigener Vorstellung zu gestalten. Das geht nicht vom Ersten Geigenpult aus. Dafür muss man den Taktstock in die Hand nehmen. „Ein Konzertmeister," sagt er dreißig Jahre später, „muss eng mit dem Dirigenten zusammenarbeiten, und es ist sehr wichtig, dass sie ein gutes Verhältnis haben. Und wenn man neben dem Dirigenten sitzt, beobachtet man natürlich sehr genau, was er macht und wie er Ergebnisse erzielt." Und irgendwann, so könnte man fortfahren, reift der Gedanke, ebenfalls dort oben stehen zu wollen. Die Zeit in Halle, sagt Tennstedt in diesem Interview,[10] sei enorm wichtig gewesen, „obwohl mir das damals nicht bewusst war."

Ob Strategie oder dunkler Antrieb – die Sache ist hoch riskant. Sie zeugt von einer inneren Spannung, die von mehreren Polen an ihm reißt. Es ist ein Kampf mit ungewissem Ausgang, aber es passt zu Klaus, denn er manövriert sich öfter in scheinbar ausweglose Situationen, wie wir noch sehen werden. Immer wieder ist er bereit, für sein Leben und sein Musizieren hohe Risiken einzugehen.

So einen inneren Kampf haben auch andere ausgefochten, etwa der italienische Dirigent Antonello Manacorda, Jahrgang 1970. Er war lange Konzertmeister des Mahler Chamber Orchestra unter Claudio Abbado, bis er 2006 die Geige endgültig zur Seite legte. „Das war eine Befreiung!" sagt er, „Geige ist so ein schweres Instrument."[11] Auch der Dirigent Herbert Blomstedt war ursprünglich Geiger: „Ich habe wahnsinnig gerne gespielt. Aber bei öffentlichen Auftritten war ich sehr nervös. Ich habe gezittert. Ich habe mich damals vielleicht auch ein wenig ins Dirigieren geflüchtet."[12]

Für Klaus kommt zur beruflichen Katastrophe noch eine private hinzu: Anita will den nächtelang herumstreunenden Ehemann nicht länger hinnehmen.

> *Anita Tennstedt:* In Halle, da war der Klaus auch so wenig zuhause, der schwirrte rum, und jetzt kommt´s: Meine Jugendliebe war wieder da! Ich hatte seit dem zwölften Lebensjahr eine Jugendliebe, Max, der wusste das aber noch nicht mit zwölf *[lacht]*, und den hab´ ich später dann auch geheiratet.
>
> Jetzt war Klaus wieder auf Achse, war nicht nach Hause gekommen nachts – das muss ich erzählen! Max sagt: „Mensch, du hast ein solches Nonnenleben geführt, ich gehe heute mit dir tanzen, ins Tusculum." Also wir beide ins Tusculum.

Er heißt Max Walter Staudt und ist einer der letzten Soldaten, die im November 1949 aus russischer Kriegsgefangenschaft heimkehren. Direkt nach der Schulzeit war er noch im letzten Kriegsjahr einberufen und nach Russland an die Front geschickt worden. Bei seiner

Rückkehr hat er so gut wie nichts, kein Geld, keine Berufsausbildung, keine Perspektive. Anita:

> Wir also ins Tusculum. Es ist ungefähr 23 Uhr, da kommt `ne vermummte Frau mit Kopftuch ins Lokal und guckt die Stuhlreihen durch, das war die Oma Tennstedt [Agnes, die Mutter von Klaus]. Die hatte schon wieder im Norden gehört, dass im Süden dem Klaus seine Frau mit `nem Andern tanzen geht *[lacht sich kaputt]*. Da habe ich gesagt, so jetzt ist mir alles restlos wieder vergangen. Max sagt:
>
> „Wir gehen, aber zahlen muss ich noch, und `nen Abschiedstanz machen wir auch noch."
>
> Er ruft die Kellnerin, und da kommt der Klaus herein *[lacht]*, mit einer Sopranistin im Arm, der Kretschmer, die kannte ich auch, Rosel Kretschmer. Dann hat Max gesagt:
>
> „Jetzt reicht´s mir aber", und prrrüp, rannte der nach vorn zum Klaus. Klaus hier die Geige unterm Arm, da die Kretschmer im andern und sagt:
>
> „Ist meine Frau etwa da?" *[Anita lacht]* Jedenfalls ist er dann gleich wieder gegangen. Max kommt zu mir und sagt:
>
> „Jetzt wollen mir mal `ne gerade Linie ziehen, so geht das nicht weiter. Ihr reibt euch ja gegenseitig auf. Wo finde ich denn den Klaus?"
>
> Den haben wir dann über die Eltern gefunden. Die fanden das Verhältnis ja auch nicht in Ordnung.
>
> Wir haben ihn aufgetrieben bei einer Dame [besagter Rosel Kretschmer]. Ich wartete draußen. Das Folgende erzählte mir der Max später. Als er klingelt, öffnet diese Dame und sagt:
>
> „Ich kann Sie nicht reinlassen, Herr Tennstedt ist krank." Sagt Max:
>
> „Das wollen wir doch mal sehen, ob er krank ist."
>
> „Sie können wirklich nicht zu ihm, er hat hohes Fieber."
>
> Ruft der Klaus von drinnen:
>
> „Max, komm rein."
>
> Kommt er rein, und da hat Klaus gesagt:
>
> „Max, du bist doch die große Liebe von Anita. Ich bin zu jung, ich brauche meine künstlerische Freiheit."
>
> Und das war er auch, er war zu jung, da kann man keinen Menschen binden. Da hat er zu Max gesagt:
>
> „Dann nimm *du* se doch!" *[Lachen von Anita]*.
>
> Aber Max hat gar kein Geld, er kommt gerade aus russischer Kriegsgefangenschaft zurück, und Klaus sagt:

„Jawoll, wir machen `ne schöne Abschiedsfeier in Grün´s Weinstuben,“ *[Anita lacht]* „und wann wollt ihr heiraten?“ Sagt Max:

„Ich muss mir erst überlegen, was ich überhaupt werde, was ich studieren will.“ Klaus:

„Bis dahin helfe ich euch, wenn´s nur zwei Monate sind oder so,“ hat er gemeint, „und zur Hochzeit kriegt Max meinen Frack, meine Lackschuhe und so weiter, keine Sorge, das wird alles geregelt.“

Das war der Abschied; im März 1950 wurden Klaus und ich geschieden.

So ist der junge Geiger auf elegante Weise ein Problem losgeworden. Zwei Monate später heiratet Anita ihren Max. Eine Traumhochzeit, ganz in Weiß und mit großem Schleier. Töchterchen Heidi streut Blumen. Anita:

> Seitdem habe ich von Klaus nicht mehr viel gehört. Außer Weihnachten. Da hat er manchmal bei uns gefeiert. Mit Max hatte ich später einen Sohn, Hans-Jürgen.

Man darf nicht vergessen, dass die Ehe von Klaus und Anita überhaupt nicht geplant war. Sie war rein aus der Not geboren, weil ein Baby unterwegs war und sie sonst keine Wohnung bekommen hätten. Zumindest für Klaus stand das eheliche Treueversprechen nur auf dem Papier. Er und Max bleiben zeitlebens gute Freunde, und auch mit Klaus´ zweiter Ehefrau Inge verbringen sie viele gemeinsame Urlaube.

Von links: Inge Tennstedt (Klaus´ zweite Ehefrau), Anita und Max Staudt, Klaus Tennstedt, im Urlaub, ca. 1985

Vier Jahre lang ist Klaus nun wieder allein, wenn auch sicher nicht jede Nacht. Genug Zeit, um seine „künstlerische Freiheit“ auszutoben?

Aber das Problem mit dem Ringfinger ist immer noch nicht gelöst. Obwohl aus der obigen Erzählung eine ausgelassene Lebensfreude blitzt, toben in ihm schwere innere Kämpfe, über die er nichts herausläßt. Tennstedts altes Lebensziel, so viel ist klar, liegt in Schutt und Asche. Ist Dirigieren wirklich der Ausweg? Das hieße, wieder bei Null anzufangen.

Zum Glück wird er nicht gleich gefeuert. Da er sehr gut Klavier spielt und vom Blatt lesen kann, wird er als Korrepetitor eingesetzt. Das heißt, er begleitet Sängerinnen und Sänger vom Klavier aus, studiert ihre Rollen ein und spielt bei den Proben. Das klappt trotz der Probleme mit dem vierten Finger ganz gut.

Kurt Masur erzählte mir, dass er als junger Mann ein ähnliches Problem hatte, ebenfalls mit dem linken Ringfinger: „Irgendwann wollte der nicht mehr, und dann habe ich gelernt, das mit den anderen Fingern auszufummeln“, schmunzelte er. Für einen Alltagspianisten und Korrepetitor mag das wohl gehen, und so durchfummelt sich auch Klaus auf dem Klavier. Er spielt und dirigiert kleine Bühnenmusiken, hilft aus, springt ein, musiziert, was gerade ansteht. Auch das Cembalo lässt er nicht aus. Und was auf der Geige geht und was nicht, da macht ihm keiner was vor. Noch ahnt er nicht, wie nützlich ihm diese Fähigkeit einmal sein wird.

Ab der Spielzeit 1950/51 bekommt das Theater in Halle einen neuen Generalmusikdirektor: Horst-Tanu Margraf. Er war zuvor GMD in Coburg gewesen und hatte schon immer ein Faible für die Musik von Georg Friedrich Händel gehabt. Wie geschaffen für Halle, wo der Komponist 1685 geboren wurde und wo er seine jungen Jahre verbrachte.

Horst-Tanu Margraf
Foto: Bühnen Halle

Margraf und Tennstedt verstehen sich auf Anhieb. Der Chef erkennt das Talent des jungen Mannes und wartet auf eine Gelegenheit. Klaus Tennstedt erinnert sich:

> Horst-Tanu Margraf war ein guter Dirigent, er hat mir sehr geholfen. Nicht mit Tipps, aber eines Tages wurde der Kapellmeister krank. Es stand eine Oper auf dem Spielplan, die hieß *Der Günstling* von Rudolf Wagner-Régeny. Ich hatte die Oper vorher mit den Solisten einstudiert, ich kannte sie in- und auswendig. Aber ich hatte noch nie vor einem Orchester gestanden, nie einen Taktstock in der Hand gehabt.

Dann sagte Margraf: „Willst du heute Abend einspringen?" Ich dachte, der Mann ist verrückt. Naja, ich hab´ dann doch Ja gesagt.

*Kurt Masur:* Der Chef hat ihn so geliebt, dass er sich neben ihn gestellt hat, weil er nicht wusste, ob Klaus das schafft mit der Oper. Margraf war in der Vorstellung neben ihm, nur um zu sehen, ob es klappt und auch, um notfalls einzuspringen.

> ***Info: Der Günstling***
>
> Der Arbeiter als Held, ein Sujet, passend zum Sozialismus: Gil, ein einfacher Arbeiter, opfert sich, um den mächtigen Liebhaber der Königin, den „Günstling", auszuschalten und damit das Reich zu retten.

Die Oper *Der Günstling* taucht erstmals 1950/51 im Halleschen Spielplan auf. Wenn Tennstedt sagt, er habe das Stück mit den Solisten einstudiert, dann kann er schon kein Geiger mehr gewesen sein, er war schon Korrepetitor, spätestens im Frühjahr 1951. In dieser Spielzeit also vollzieht sich der Übergang. Und wenig später, im Laufe des Jahres 1952, rollt diese unerwartete Aufgabe auf ihn zu.

*Klaus Tennstedt:* Niemand wusste etwas davon, auch mein Vater nicht. Er saß an seinem Pult, und abends kam ich plötzlich im Frack vor das Orchester. Mein Vater hatte fast einen Schlaganfall, er konnte kaum den Bogen halten vor lauter Zittern.

Margraf wollte also beobachten, ob das gut ging. Ich wusste ja gar nicht, wie ich eigentlich dirigieren sollte. Ich wurde immer langsamer, ich dirigierte dem Orchester hinterher und dachte, so geht das nicht. Dann habe ich angegriffen, und plötzlich ging es. Im zweiten Akt war Horst-Tanu Margraf schon nicht mehr da, der saß in der Kantine und soff *[lacht]*, und die Oper ging wunderbar zu Ende.

*Werner Mentzel, späterer Konzertmeister:* Das muss – ich gebe das Wort meines Geigenlehrers wieder – sensationell gewesen sein. Riesenapplaus vom ganzen Ensemble, das Orchester total begeistert, und damit war eigentlich die Tür aufgeschlagen.

*Klaus Tennstedt:* Später habe ich dann den *Fidelio* übernommen, den möchte ich heute nicht mehr hören *[lacht]*. Dann habe ich meine ersten Einstudierungen bekommen, das waren *Il Campiello* von Ermanno Wolff-Ferrari und *Tiefland* von Eugen d´Albert.[13]

Hinzu kommen zahlreiche Übernahmen bestehender Produktionen, wie *Der bekehrte Trunkenbold* von Christoph Willibald Gluck und

*Pimpinone von* Georg Philipp Telemann, Ballettabende mit Musik von Debussy, Ravel und Chatschaturjan, und einmal sogar ein komplettes Sinfoniekonzert, mit der *Vierten Sinfonie* von Robert Schumann als Hauptwerk. Gelegentlich tritt er auch als begleitender Pianist oder Cembalospieler auf.

Das hochriskante Spiel ist geglückt. Der väterliche Druck ist von der Geige genommen. Sie verliert allmählich die Konnotation mit dem Vater und bleibt doch seine große Liebe. Auch für ihn muss es eine Befreiung gewesen sein. Der Weg des Dirigenten ist nun geebnet, der Weg von der Geige in die umfassendere Welt des Orchesterleiters.

Zwei Jahre später, im Herbst 1954, verlässt Tennstedt seine Heimatstadt Halle, um in die Welt hinauszufliegen und endlich die großen Meisterwerke zu dirigieren. Die Geige bleibt sein ewiger Schatz, sein unerfüllter Traum. Als er Jahre später aus der DDR flüchten will, ist sie das Einzige, was er mitnimmt.

# Lehrjahre in der Provinz
## Erster Kapellmeister in Karl-Marx-Stadt/Chemnitz 1954–58

Bevor Klaus Tennstedt im Sommer 1954 eintrifft, ist Chemnitz gerade in Karl-Marx-Stadt umbenannt worden. Die damalige DDR-Führung will damit den Gründer des Kommunismus ehren.

Es gibt ganz sicher schönere Orte in Sachsen, aber das ist dem jungen Anfänger egal. Hier bekommt er die Chance, sich dirigentisch zu beweisen. Noch ahnt er nicht, dass er in dieser Zeit einen empfindlichen Rückschlag erleiden wird, den er sich selber einbrockt und der seine Karriere heftig zurückwerfen wird.

Chemnitz hat ein stattliches Opernhaus, das nach der völligen Zerstörung im Krieg gerade erst wieder aufgebaut worden war. Gerhard Teichmann, Zweiter Geiger, und Rudi Sonntag, Klarinettist, sind zu dieser Zeit Mitglieder des Opernorchesters.

Opernhaus Chemnitz heute Foto: Georg Wübbolt

*Gerhard Teichmann:* Ich war ja vorher auch in Halle und kannte daher den Tennstedt noch als Geiger. Plötzlich hieß es hier, es kommt ein neuer Kapellmeister, Tennstedt aus Halle. Was? sage ich, der war doch Geiger in Halle. Kein Dirigentenstudium.

*Rudi Sonntag:* Ich erinnere mich noch, dass er immer etwas nervös und ein bisschen zappelig war. Als junger Dirigent wusste er genau, was er wollte, und er hat es auch gefordert. Die meisten jüngeren Kollegen standen gut zu ihm, obwohl er bei den Älteren immer wieder aneckte: „Der junge Schnösel soll das erstmal richtig lernen“ und „Wäre er lieber bei seiner Geige geblieben“. Ich persönlich, ich war von ihm richtig begeistert.

*Gerhard Teichmann:* Tennstedt war eigentlich ständig nervös. Er wirkte manchmal noch jungenhaft, nicht so überlegen und ausgeglichen. Und er war rüpelhaft gegenüber den Kollegen. Wenn etwas nicht gleich klappte, unterbrach er sofort und schnauzte. Einmal sagte er zu den Geigen: „Diese Stelle, die ist doch gar nicht so schwer." Da hat ihm der Konzertmeister seine Geige hingehalten und gesagt: „Dann spielen Sie uns das mal vor, Sie sind doch Geiger" *[lacht].* Da war er ruhig.

In einer Rundfunksendung des MDR behauptet Tennstedt, er habe seine Zeit in Karl-Marx-Stadt in bester Erinnerung:[14]

*Klaus Tennstedt:* Der damalige Generalmusikdirektor war sehr krank, er hiess [Martin Paul] Egelkraut. Da musste ich in kürzester Zeit die *Neunte Sinfonie* von Beethoven übernehmen, die Opern *Walküre, Eugen Onegin* und sogar *Rosenkavalier*. Ein Wahnsinn! Das hatte ich noch nie dirigiert, aber ich bin gut durchgekommen. Ich habe dann natürlich auch wunderbare Einstudierungen bekommen, immer aufgrund der Krankheit des Generalmusikdirektors. Ich habe einen *Falstaff* [von Giuseppe Verdi] dirigiert, der über die Grenzen von Chemnitz hinaus Furore gemacht hat, eine schwere Oper. Ich möchte die Zeit in Chemnitz nicht missen.

Besonders die Neueinstudierung des *Falstaff* wird dem jungen Mann später noch zugute kommen. Außerdem übernimmt er Georges Bizets *Carmen*, Giuseppe Verdis *Aida* und leitet die Proben und Aufführungen zu *Die verkaufte Braut* von Bedřich Smetana. In einigen dieser Opern spielt auch die Sängerin Ingeborg Kollmann wichtige Rollen; wir werden ihr noch öfter begegnen.

Mal eben für den Chefdirigenten einzuspringen ist leichter gesagt als dirigiert. Die heikelsten Fallstricke: Wo gibt es Änderungen, wo sind Streichungen? Besonders Tempoübergänge laden dazu ein, dass Bühne und Orchestergraben nicht mehr zusammengehen und alles auseinanderfällt. Überhaupt die Tempi: Werden sie zu schnell oder zu langsam genommen, können sie einem Sänger, einer Sängerin buchstäblich den Atem rauben.

Für Tennstedt ist das ein willkommenes Training, das volle Konzentration erfordert. Durch das Vorbild seines Vaters hat er bis in die Nervenspitzen verinnerlicht, dass ein gutes Ergebnis zeitraubende Arbeit voraussetzt. Es fängt damit an, dass er tage- und nächtelang die Partituren studiert. Wenn dazu überhaupt Zeit ist und er nicht von heute auf morgen ein Stück übernehmen muss, das er kaum kennt. So vieles ist zu bedenken: Welches Orchesterinstrument hat die Melodie? Wo brauchen Sänger und Chor ihre Einsätze? Welches Tempo ist das richtige, und wie zeige ich das schon mit dem Auftakt an? Falls es Proben gibt, müssen unter dem Druck der kurzen Zeit die heikelsten Stellen angespielt werden. Natürlich kommen Tennstedt seine Jahre als Orchestergeiger zugute. Aber jetzt trägt er die Verantwortung für das Ganze.

Nachfolgend die Extrakonzerte, die er aufgrund der Erkrankung des GMD Egelkraut übernehmen darf. Hier finden sich bereits Werke, die er später immer wieder ins Programm nehmen wird, wie die *Sinfonia da Requiem* von Benjamin Britten, die *Jupiter-Sinfonie* von Wolfgang Amadeus Mozart oder die Schumann-*Sinfonien Nr. 3* und *Nr. 4*.

**Konzerte Tennstedt – Karl-Marx-Stadt/Chemnitz**

| | |
|---|---|
| Beethoven, Ludwig van | *Sinfonie Nr. 2* |
| Britten, Benjamin | *Sinfonia da Requiem* |
| d'Albert, Eugen | *Konzert für Violoncello und Orchester* |
| Dvořák, Antonín | *Sinfonie Nr. 8* |
| Egk, Werner | *Abraxas-Suite* |
| Haydn, Joseph | *Sinfonie Nr. 85 „La Reine"* |
| Hindemith, Paul | *Konzert für Violoncello und Orchester* |
| Hindemith, Paul | *Symphonie Es-Dur (1940)* |
| Mozart, Wolfgang Amadeus | *Eine kleine Nachtmusik, Serenade* |
| Mozart, Wolfgang Amadeus. | *Sinfonie C-Dur „Jupiter"* |
| Mozart, Wolfgang Amadeus | *Sinfonie D-Dur „Prager"* (ohne Menuett) |
| Pejko, Nikolai | *Moldawische Suite* |
| Reinhold, Otto | *Triptychon für Orchester* (1954) |
| Schostakowitsch, Dimitri | *Konzert für Klavier, Trompete und Streichorchester* |
| Schumann, Robert | *Konzert für Klavier und Orchester* |
| Schumann, Robert | *Sinfonie Nr. 3 „Rheinische"* |
| Schumann, Robert | *Sinfonie Nr. 4* |
| Sibelius, Jean | *Der Schwan von Tuonela* |
| Sibelius, Jean | *Konzert für Violine und Orchester* |
| Strawinsky, Igor | *Der Feuervogel,* Ballettsuite |
| Suchoň, Eugen | *Phantasie für Violine und Orchester* |

Bald schon fällt Musikerkollegen auf, dass es zwei Tennstedts zu geben scheint: den Alltagsmenschen und den Dirigenten. Der eine, der sich gerne zu einem Skatspiel mit Bier und Cognac überreden lässt und der andere, der, sobald er das Dirigentenpodest betritt, in eine andere Welt eintaucht, in die Welt der Musik. Er ist jetzt der Mittelpunkt

Klaus Tennstedt Foto: Theater Chemnitz

des gesamten Opernhauses, und alle müssen ihm in diesen Kosmos folgen, in den Klang der Streicher, den Samtkehlen der Soprane, dem hohen C der Tenöre. Bei ihm fließt alle Musik zusammen. Sein Körper drückt sie aus, seine Hände zeigen sie an und seine Mimik, ohne dass er genau wüsste, wie das geschieht und warum. Die Bewegungen strömen aus ihm heraus, kontrolliert und frei zugleich. Es dirigiert ihn. Wie ein Rausch. Um wie viel befriedigender ist es, als nur am Ersten Geigenpult zu sitzen!

Es sind arbeitsreiche Tage in Karl-Marx-Stadt, bis zur letzten Minute gefüllt mit Musik und noch mehr Musik – genau das Richtige für ihn. Doch manch ein Kollege fühlt sich vom frechen Elan des jungen Kapellmeisters überfordert.

> *Gerhard Teichmann:* Tennstedt war ein großartiger Musikante, ich entsinne mich, dass er *Falstaff* sehr gut dirigiert hat. Bei Proben war er besonders nervös. Er bricht ab und schimpft und lässt die Geigengruppe alleine spielen. Er lässt sogar einzelne Leute alleine spielen, schwere Stellen! Damit hat er sich nicht beliebt gemacht.
>
> Am Ende hat ihm keiner nachgeweint. Weil er eben so nervös und manchmal rüpelhaft war. „Musikantenvolk", hat er gesagt *[lacht];* es war abfällig gemeint. Und geraucht hat er viel.

Es wird Tennstedt nicht entgangen sein, dass am Ende der Sommerferien regelmäßig ein paar Musiker fehlen. Sie sind in den Westen „übergesiedelt", profaner gesagt: abgehauen, geflohen; heimlich, aber noch relativ leicht möglich, denn Mauer und Stacheldraht sind noch nicht gezogen. Viele der Flüchtenden sind mit dem sozialistischen System nicht einverstanden, vor allem aber wird im Westen viel besser bezahlt. Tennstedt denkt sicher darüber nach, es ihnen gleichzutun. Aber hier in Karl-Marx-Stadt kann er regelmäßig dirigieren, zumal die großen Opern der Weltliteratur. Das ist ein Geschenk des Himmels.

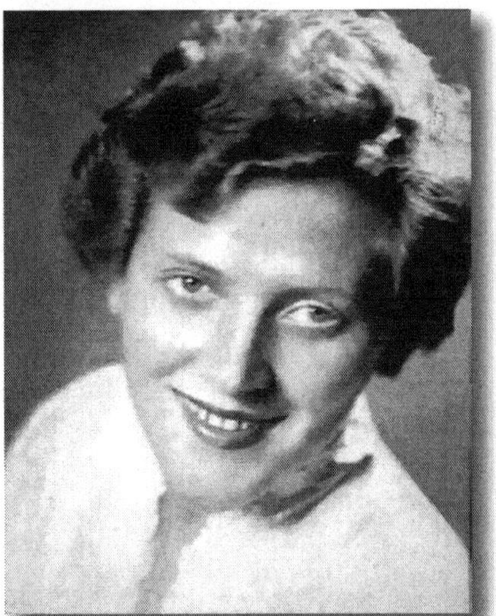

Ingeborg "Inge" Kollmann

Während dieser Zeit ereignen sich zwei Dinge, die Tennstedt privat wie beruflich auf eine harte Probe stellen. Wie so oft bei ihm liegen Glück und Unglück dicht beieinander.

Sein Glück – das gilt von nun an für den Rest seines Lebens – ist eine gewisse Mezzosopranistin namens Ingeborg Kollmann, geborene Fischer. Seit fünf Jahren ist sie in Karl-Marx-Stadt als Solosängerin engagiert. Bei den Kollegen ist sie beliebt, eine ganz lustige Frau. Wenn Inge anfängt zu lachen, da lacht die ganze Bühne mit.

> *Ingeborg „Inge" Kollmann:* Klaus kam, um eine Produktion von *Aida* [von Giuseppe Verdi] zu dirigieren. Darin hatte ich die Rolle der Amneris. Ich saß auf einem Tisch, als dieser junge Mann hereinkam. So groß und jung, und in dem Moment wusste ich nicht, was ich tun sollte. Also blieb ich sitzen und streckte ihm meine Hand entgegen.

Und Tennstedt denkt, wie er später erzählt: „Wer ist dieses arrogante Mädchen? Was bildet die sich ein?" Nicht die besten Voraussetzungen für eine fruchtbare Zusammenarbeit. Doch als ihr aufgeht, wie gut der junge Mann mit den Sängern arbeitet, ist alle Arroganz verflogen. Da liegt schon Amor auf der Lauer und wartet, dass er den ersten Pfeil setzen kann. Gelegenheit gibt es reichlich bei gemeinsamen Proben und Aufführungen. Der Regisseur Dieter Bülter-Marell hat die heiße Anfangszeit miterlebt:

> *Dieter Bülter-Marell:* Inge war eine sehr anziehende und schöne Frau. Sie war eine sehr stark Erotik ausstrahlende Frau. Ein Urvieh auf der Bühne, großartige Darstellerin, sehr liebenswerter Mensch.

Das findet auch Klaus, und so sieht man sich öfter. „Ich habe noch nie", sagt er, „einer Sängerin so viele Extraproben gegeben wie ihr." So beginnt wohl manche Liebesgeschichte. Diese hier wird ein ganzes Leben lang halten. Noch ahnt Inge nicht, dass sie das Lebensschiff dieses Mannes durch heftige Stürme auf Kurs halten muss.

> *Dieter Bülter-Marell:* Klaus ist stark abhängig von ihr gewesen, immer, immer. Er war ihr sicher auch sexuell hörig. Er brauchte sie, und wenn er später in Radebeul allein war, dann mussten stundenlange Telefongespräche geführt werden, weil sie mittlerweile in Leipzig engagiert war. Täglich. Wir können zehn Schnäpse getrunken haben, da musste noch ein Zweistundengespräch geführt werden.

> *Dieter Härtwig, Dramaturg und späterer Kollege:* Sie war das Ordnungsprinzip im Leben von Klaus. Wenn er sie nicht gehabt hätte... *[Zeigefinger wackelt hin und her].* Als Künstlerin war sie schon ein bisschen vorbei. Das ist nun mal das Schicksal mancher Sängerin.

Hannes, Heidi, Janschi mit Klaus Tennstedt

Inge bringt einen Sohn mit in die Beziehung, Janos, genannt Janschi. Der Junge wächst hauptsächlich bei den Großeltern auf, denn sowohl die Mutter als auch der Stiefvater Klaus sind in den Theateralltag eingespannt. Für beide passt es nicht in die Lebensplanung, sich um ein Kind zu kümmern. Inge weiß nur zu gut, wie schwierig es ist, den Beruf einer gefragten Sängerin auszufüllen und gleichzeitig mit einem Partner zusammen zu sein, der eigentlich nur mit der Musik verheiratet ist. Und dieser Partner, Klaus, hat eine Tochter Heidi, die wiederum bei ihrer Mutter Anita lebt. Anita ist inzwischen mit Max verheiratet, und die beiden haben einen gemeinsamen Sohn, Hans-Jürgen, genannt Hannes. Kompliziert? Nein, eine perfekte *patchwork family*.

Hannes, Heidi, Janschi

Jetzt zum Unglück: Die Mauer ist zwar noch nicht gezogen, und man kann in den 1950er Jahren von der „Ostzone“ aus in den Westen reisen. Aber dafür braucht man die Genehmigung des beruflich Vorgesetzten und der politischen Kaderabteilung. Tennstedt meint, er habe das nicht nötig. Er hat drei Tage frei und könne mal eben nach Hannover fahren, „der Liebe wegen“, wie sich Dieter Bülter-Marell leicht schmunzelnd ausdrückt.

***Georg Wübbolt:* Das waren sechs Stunden Autofahrt!**

*Dieter Bülter-Marell:* Ja, so ungefähr. Ich war damals in Radebeul engagiert, er noch in Karl-Marx-Stadt. Eigentlich sollte Klaus damals schon Gewandhauskapellmeister [in Leipzig] werden, man war auf ihn aufmerksam geworden. Aber das zerschlug sich aus „politischen“ Gründen. Man bot ihm an, sich zu bewähren, an den Landesbühnen Sachsen in Radebeul. So kam er dorthin und wurde Generalmusikdirektor in der Provinz.

**Was waren das für „politische“ Gründe?**
*Dieter Bülter-Marell:* Das bestand darin, dass er eben „der Liebe wegen“ nach Hannover abhaute, und für die Reise hätte er um Erlaubnis bitten müssen. Aber das tat er nicht und war über Nacht verschwunden. Das hängte man ihm natürlich an und sagte, er hat noch nicht die Reife dafür, jetzt Gewandhaus-Chef zu werden, er solle sich erst einmal bewähren.

Das kann nichts Gutes bedeuten. Er wird gemaßregelt wie ein kleiner Junge, der abends zu spät nach Hause kommt, eine völlig überzogene Demütigung. Es ist die erste von vielen Episoden, die seinen Hass auf das kommunistische Regime hochkochen lässt. Nur wegen eines kleinen Außer-Haus-Flirts so eine bittere Konsequenz! Wer mag ihn verpfiffen haben? Wie es scheint, wurde das System der Denunziation nahtlos vom Dritten Reich in den Kommunismus übertragen.

Der Ort, an dem er sich nun „bewähren“ darf, das ist ein kleines Theater: die Landesbühnen Sachsen in Radebeul bei Dresden. In der Regel bleibt da niemand länger als unbedingt nötig, denn die Arbeitsabläufe sind überaus anstrengend. Die Bezahlung ist schlecht, die künstlerische Resonanz gering. Dem Theater eilt der Ruf voraus, man spiele für die hinterste Provinz, für Schuhplattlerbühnen auf dem Dorf. Nachmittags ginge es in den Bus, so heißt es, umziehen, schminken, die Vorstellung durchziehen und abends todmüde ins Bett. Nicht selten würde es Mitternacht, und am nächsten Morgen um 10 Uhr wartete die nächste Probe. Schöne Aussichten.

Und Freund Masur? Dem wäre das nicht passiert. Der springt mit Riesenschritten die Karriereleiter hinauf. Schon ist er Generalmusikdirektor in Schwerin und bald darauf an der Komischen Oper Berlin – Stationen, von denen Tennstedt noch nicht einmal träumen kann.

## TINGELN DURCH DIE LANDE

**Generalmusikdirektor an den Landesbühnen Sachsen in Radebeul 1958–62**

„Sein Dirigieren war manchmal so,
als wäre er im Fieber.“
*Werner Mentzel, Konzertmeister*

Wenn man überhaupt von Radebeul schon einmal gehört hat, dann wegen des berühmten Schriftstellers Karl May. Die spannenden Indianerabenteuer von Winnetou und Old Shatterhand kennt jeder Junge und so manches Mädchen in Deutschland. Das Städtchen liegt recht malerisch an der Elbe, gegenüber der berühmten Kulturmetropole Dresden.

Doch für Tennstedt kommt es ganz anders als befürchtet. Eigentlich als Strafe gedacht, wird dieser neue Lebensabschnitt zu einem frühen Höhepunkt in seinem Leben. Es sind wider Erwarten aufregende Zeiten. Hier ist der junge Dirigent zum ersten Mal für ein eigenes Programm verantwortlich, hier wird er sich noch tiefer in die Arbeit stürzen. Er lernt Gleichgesinnte kennen, die Regisseure Dieter Bülter-Marell und Reinhard Schau, den Dramaturgen Dieter Härtwig. Der große Intendant und Komponist Rolf Liebermann lädt ihn nach Hamburg ein. Er soll dort regelmäßig an der Staatsoper dirigieren und lehnt ab! Aber eins nach dem andern.

Landesbühnen Sachsen Radebeul, bereit zur Abfahrt
Foto: Theaterarchiv Schwarze Dresden

Landesbühnen sind vor allem Reisetheater, so auch Radebeul. Es gibt zwar ein Stammhaus, in dem geprobt und gespielt wird, aber die meisten Vorstellungen finden auf den etwa 40 kleinen Bühnen im weiteren Umland von Dresden statt. Es ist ein Dreispartentheater mit Oper, Schauspiel, Ballett* und gilt als größtes „Abstecher“-Theater im deutschsprachigen Raum.

---

*Es gab in der DDR 42 Dreispartenhäuser. Bezogen auf die Einwohnerzahl des Landes war das Weltspitze. Noch heute ist Gesamtdeutschland mit seinen rund 80 Dreispartentheatern einmalig in der Welt.

*Klaus Tennstedt:* Das Ensemble war glänzend, so was gibt es heute nicht mehr. Wie soll ich sagen, der Flugverkehr war noch nicht da, und der Dirigent war immer vor Ort. Es gab noch wirkliche Ensembles. Da haben wir tolle Sachen gemacht.

*Reinhard Schau:* Radebeul hatte wirklich einen sehr guten Ruf. Und dann die Nähe zu Dresden, das war ein Sprungbrett.

Jetzt also heißt der neue Generalmusikdirektor Klaus Tennstedt. Er kann Opern auswählen, die ihm am Herzen liegen, zusammen mit dem damaligen Intendanten Rudi Kostka. Das werden in den Radebeuler Jahren *Othello* und *Don Carlos* von Giuseppe Verdi sein, *Jenufa* von Leoš Janáček, *Madame Butterfly* von Giacomo Puccini und *Carmen* von Georges Bizet, allesamt Blockbuster der Opernliteratur und eigentlich zu groß für dieses Haus.

In jeder Spielzeit steht auch mindestens ein zeitgenössisches Werk auf dem Programm, so *Die Schule der Frauen* von Rolf Liebermann, dann *Der Grüne Kakadu* des deutsch-amerikanischen Komponisten Richard Mohaupt oder *Die Maulwürfe von Manhattan* von Earl Robinson und Paul Robeson, das ein Loblied auf die Arbeiterklasse singt.

Klaus und Inge Hochzeit

Der GMD hat das letzte Wort darüber, wer als Sänger und Sängerin eingestellt wird, und so kann der junge Chef nach rund zwei Jahren endlich seine Inge zu sich holen. Keine Reisen mehr, keine stundenlangen Telefonate, warum also nicht gleich heiraten? Und so findet die Hochzeit am 06.06.60* in Leipzig statt; keine Kirche, kein Blumen streuen, gefeiert wird im engsten Kreis. Inges Mutter Margarethe Fischer ist da, Klaus´ Eltern sind aus Halle angereist, ebenso Anita und Max mit den Kindern Heidi und Hannes, und natürlich Janos, Inges Sohn, damals 14 Jahre alt. Nur ganz wenige aus dem Freundeskreis sind eingeladen.

Ziemlich bald wird klar, welch besondere Rolle Inge in dieser Ehe spielt. Der Dramaturg und Regisseur Reinhard Schau erlebt die beiden in den Anfangsjahren:

---

*passend zu Klaus´ Geburtstag am 06.06.26

*Reinhard Schau:* Inge war ein Filou, das war die „Mutter der Kompanie". Sie hatte kein einfaches Leben, auch mit ihm nicht. Sie war immer eine Vermittlerin zwischen dem Ensemble und Tennstedt. Wenn der sich mal wieder mit dem Ensemble verkracht hatte, hat die Mutter – sie hieß bloß „die Mutter" – hat sie geschlichtet. Sie war für ihn unglaublich wichtig. Wenn sie nicht bei ihm gewesen wäre, hätte er die späteren Krisen nicht überstanden. Mancher Sänger hat gesagt: „Ich möchte von Tennstedt mal so gelobt werden, wenn ich gut gesungen habe, wie die Inge, wenn sie geschmissen hat" *[lacht].*

Was kann es für sie Besseres geben, als mit dem Chefdirigenten verheiratet zu sein? Er hat das letzte Wort bei der Besetzung der Rollen, und wehe, seine Frau wurde nicht berücksichtigt!

*Ursula Bülter-Marell:* Einmal ist Klaus in Radebeul umgezogen. Kofferchen vom einen möblierten Zimmer ins andere; das konnte er aber nicht. Er war nicht in der Lage, dieses Köfferchen zu packen und dann mit der Straßenbahn – ein Auto hatte er damals noch nicht – in das neue möblierte Zimmer zu fahren. Inge musste frühmorgens zwischen Probe und Vorstellung von Leipzig nach Radebeul fahren, musste die zwei Koffer packen, musste sie im neuen Zimmer wieder einräumen und dann wieder nach Leipzig zur Vorstellung. So was geschah ein paar Mal.

*Dieter Bülter-Marell:* Er hatte ja eine wunderbare Unselbständigkeit, häuslich und in anderen Dingen.

Die Arbeit an einer Landesbühne ist anstrengend, vor allem wegen der fast täglichen Reisen. Und es stimmt schon, die Wenigsten bleiben länger als nötig. Dieter Bülter-Marell, damals Regisseur am Haus, beschreibt die typischen Arbeitsbedingungen:

Felsenbühne Rathen Foto: Landesbühnen Sachsen

*Dieter Bülter-Marell:* Die Landesbühne spielte drei Monate in Rathen, in der Felsenbühne, nicht weit von der tschechischen Grenze.

Das hieß: Um sieben Uhr aufstehen, wir stiegen ja schon um acht oder halb neun morgens in den Bus, um in Rathen mit einer speziellen Fähre über die Elbe zu setzen. Dann hoch zur Felsenbühne und um 10 Uhr die Probe zu beginnen.

Nach einer Mittagspause folgten die Nachmittagsproben. Mit Einbruch der Dunkelheit hörte man auf, dann noch die halbe Stunde zu Fuß runter bis zur Fähre. Irgendwann gegen 21 Uhr war man wieder in Radebeul. Ein Arbeitstag von 8 bis 21 Uhr. Das waren anstrengende Tage, aber es ist nicht weiter schlimm gewesen.

Tennstedt legt sich voll ins Geschirr. Er ist der unangefochtene Chef und verlangt absolute Disziplin. Und er kann ganz schön unangenehm werden.

*Reinhard Schau:* Das Ensemble hat sehr gern mit ihm gearbeitet. Allen war klar, sie müssen perfekt einstudiert sein, sie müssen ihre Rolle einfach können. Aber sie wollten auch wissen, wie ist er denn heute drauf? Klaus hatte seine Launen, und man hatte auch Manschetten vor ihm. Es war manchmal ein Tanz auf der Rasierklinge, nicht immer einfach.

Gleich die erste Neuproduktion ist *Die Schule der Frauen* von Rolf Liebermann, eine brillante Komödie, witzig und spritzig. Das Original stammt von Molière aus der Mitte des 17. Jahrhunderts und wurde von Liebermann mit der musikalischen Sprache des 20. Jahrhunderts verheiratet. Der Inhalt ist rasch erzählt: Eine der Lieblingsbeschäftigungen des alten und griesgrämigen Arnolphe ist es, durch Klatsch und Tratsch die guten Ehen seiner Mitmenschen zu zerstören. Seine Stieftochter Agnes hat er vorsorglich in eine Klosterschule gesteckt, damit sich irgendwelche Männer gar nicht erst in sie verlieben können. Nach allerlei Verwirrungen und Verwechslungen passiert genau das, und am Ende schaut Arnolphe in die Röhre.

Die Premiere findet am 25. Januar 1959 statt, es ist die DDR-Erstaufführung. Kurz darauf lädt Liebermann den Regisseur des Stücks, Dieter Bülter-Marell und Klaus Tennstedt nach Hamburg ein, wo er Intendant an der Staatsoper ist.

*Dieter Bülter-Marell:* Wir fuhren also nach Hamburg, das war Anfang 1959. Wir sind mit einem größeren Trabant dorthin gefahren, zum ersten Mal auf der westdeutschen Autobahn. Wir kannten keine Parkuhren, und als wir direkt am Jungfernstieg ankamen, stiegen wir aus und sagten: Jetzt suchen wir die Oper. Sehr schnell kamen ein paar Leute und haben diesen Wagen bestaunt, diesen Pappbehälter da und haben gesagt, da müssen Sie was reinstecken, das ist eine Parkuhr. Wir hatten kein Geld dabei, wir durften ja nichts ausführen. Hamburger Bürger gaben uns dann ein paar Kröten in die Hand, wir steckten sie in die Parkuhr und suchten weiter die Oper.

Liebermann lädt uns dann zum Essen ein, und plötzlich sagt er zu Klaus: „Können Sie übermorgen die *Entführung aus dem Serail* [Oper von W. A. Mozart] dirigieren?“ Da war Klaus natürlich perplex und sagte: „Das muss ich mir überlegen und – ja!“ Nun hatten wir beide zusammen in der Tschechoslowakei eine *Entführung aus dem Serail* gemacht, das heißt wir kannten das gut, wenn auch nur in tschechischer Sprache. Klaus kannte das Werk nur vom tschechischen Text und der Musik her, ich kannte das Werk auch vom deutschen Text her.

Rolf Liebermann

Zwei Tage später dirigierte er, und ich saß in der ersten Reihe direkt hinter ihm. Klaus sagte: „Da ich den deutschen Text nicht kenne, klopfst du mir auf die Schulter, wenn die Musik weitergeht.“ Das war ein unvergessliches Erlebnis. Es war auch erfolgreich, denn im Anschluss kam ein ernsthaftes Angebot von Liebermann, ob Klaus regelmäßig als Kapellmeister kommen würde. Ich bekam auch ein Angebot.

Wir sind dann zurückgefahren und waren gut ausgestattet mit einem kleinen Salär, weil er ja was für das Dirigieren bekam. Vielleicht 500 D-Mark West, das war für uns damals eine immense Summe.

Wir haben dann lange überlegt, ob wir das Angebot annehmen. Klaus sagte: „Ich bin hier Generalmusikdirektor und das Gewandhaus steht mir bevor. Ehe ich mich da hineinstürze...“ Wir haben dann beide abgesagt und in Radebeul weitergearbeitet.

Wie oft mag Tennstedt das bereut haben! Einer der folgenschwersten Fehler in seinem Leben, er verliert zehn Jahre internationale Erfahrung. Er kann natürlich nicht ahnen, dass ihn die Mauer anderthalb Jahre später von einer Karriere in der freien Welt abschneiden wird. So glaubt er bis zum Sommer 1961, auch weiterhin problemlos von Ost nach West reisen und dirigieren zu können. Mit den entsprechenden Genehmigungen, versteht sich. So ist im *Hamburger Abendblatt* noch für den 16. August 1960 zu lesen:

Klaus Tennstedt Foto: Theater Chemnitz

KLAUS TENNSTEDT (Dresden) dirigiert die heutige Aufführung von Bizets *Carmen* an der Hamburgischen Staatsoper, mit der die Vorspielzeit eröffnet wird.

Die Protektion durch Rolf Liebermann hätte dem talentierten jungen Dirigenten auch im Westen viele Tore geöffnet. Als er elf Jahre später über Schweden flüchtet, gibt ihm Liebermann sehr schnell Repertoiredirigate an der Hamburgischen Staatsoper. Sogar eine Neueinstudierung bietet er an: Hans Werner Henzes Ballett *Undine*.

„Niemand hat die Absicht, eine Mauer zu errichten." Dieser geflügelte Satz bleibt für immer mit dem Staatsratsvorsitzenden der DDR, Walter Ulbricht, verbunden. Bis zum Sommer 1961 verließen schätzungsweise fünf Millionen Menschen die DDR, was für das Land einen massiven Verlust an Arbeitskräften und Intellektuellen bedeutete. Hätte Tennstedt ahnen können, wohin sich die politische Situation entwickeln würde? Denn die Grenzkontrollen und Abriegelungen werden immer schärfer. Aber typisch für ihn: Er denkt nur an seine Arbeit, an die Probe am nächsten Tag, die viel zu knappe Zeit bis zur Premiere. Der 13. August 1961 wird zu einem weiteren rabenschwarzen Tag im Leben von Klaus Tennstedt.

Der damals noch frischgebackene Dramaturg und spätere Regisseur Reinhard Schau hat den Dirigenten zu dieser Zeit erlebt:

> *Reinhard Schau:* Ich bin im Juli 1961 nach Radebeul gekommen, und drei Wochen später wurde die Mauer gebaut. Da war Klaus, so wie ich und die meisten von uns, völlig kaputt. Denn er konnte nirgendwo mehr rüber, auch nicht mehr seine geliebten Zigarettenstangen in Westberlin kaufen. Das hat ihn schwer getroffen.

Von jetzt an keimt der Wunsch, die DDR so schnell wie möglich zu verlassen, und er wird drängender mit jedem Tag. Doch die Arbeit muss weitergehen.

> *Reinhard Schau:* Die Opern *Jenufa, Othello, Don Carlos* waren Stücke, die eigentlich viel zu groß für das Haus waren. Genau wie *Mahagonny*. 1962 brachte Klaus mit Dieter Bülter-Marell als Regisseur die DDR-Erstaufführung von Brecht-Weills *Aufstieg und Fall der Stadt Mahagonny* heraus. Da konnte man viel durch die Blume sagen. Ich werde nie vergessen, wie der hochgewachsene junge Dirigent vor der Aufführung zunächst im Ganovenkostüm die Programmhefte verkaufte und sich dann vom Parkett über die Brüstung schwang, um punktgenau am Dirigentenpult zu landen.

Dieter Bülter-Marell
Zeichnungen: Landesbühnen Sachsen

Sinfoniekonzerte gibt es in Radebeul nicht, es ist ein reiner Opern- und Theaterbetrieb. Ungeliebt und Grund für ständigen Streit mit dem Kulturministerium ist die Vorgabe, DDR-Komponisten ins Repertoire aufzunehmen.

*Dieter Bülter-Marell:* In Radebeul sollten wir auch Stücke von diesen Forest und Griesbach* bringen, wie diese Nicht-Komponisten alle hießen. Die standen aber in der Gunst des Staates, und deren Werke musste man unbedingt spielen. Das war eine Tortur. Wir sind mehrmals vom Zentralkomitee nach Berlin vorgeladen worden – beide –, und uns wurde nahegelegt: Das müssen Sie jetzt machen, einen DDR-Komponisten aufführen. Wir haben es durchgestanden und haben es nicht gemacht. Aber das hat man sich dort in Berlin sehr wohl gemerkt. Ein Kurt Masur hätte das sicher nicht getan.

Und dann war Klaus einfach unglaublich fleißig, er hat bis an die Grenze des Erträglichen gearbeitet.

Die Oper *Mahagonny* von Kurt Weill wollte man in der DDR zunächst nicht aufführen. Ich hatte vorher für *Das Verhör des Lukullus* Regie geführt, das Stück von Bertolt Brecht und Paul Dessau. Dann kam die große Diskussion darüber vom soundsovielten Plenum der SED, und das wurde sofort nach der Uraufführung verboten. Weil da ideologisch etwas herausgelesen werden könnte, was nicht hilft, den sozialistischen Menschen zu formen. Zwei Jahre später die Kehrtwende, da hieß es plötzlich: Das ist ja doch ein Werk, das hier in der DDR auf jeder Bühne gespielt werden muss.

Klaus Tennstedt

Also haben Klaus und ich gesagt: *Mahagonny* müsste man machen, das ist eine herrliche Provokation. Und da ist auch so viel Spielraum drin in den letzten Schlussbildern, da können wir wirklich mal gegen die Machthaber, durch die Blume und versteckt, etwas riskieren und provozieren.

---

*Jean-Kurt Forest und Karl-Rudi Griesbach

Wir haben *Mahagonny* gemacht – die Premiere war am 11. März 1962 –, und das hat eingeschlagen wie eine Bombe. Diese Aufführung ist dann in der ganzen DDR herumgereicht worden, in Weimar, an der Volksbühne Berlin. Mit diesem *Mahagonny* haben wir beide so eine Art Durchbruch gehabt. Das war ein Sprungbrett für Klaus und für mich.

*Klaus Tennstedt:* Das war eine Gaudi, das war ein Publikumserfolg, wie ich ihn in meiner ganzen Theaterzeit nicht wieder erlebt habe.

Die Genossen konnten mit der Weill´schen Musik nichts anfangen. Es hieß wieder einmal, das sei keine sozialistische Musik, was immer das sein mag. Immerhin war doch Weill vor den Nazis in die USA geflohen und hatte viele lebendige Einflüsse vom Jazz und ähnlichen Dingen. Der Einwand kam: Ist das so richtig für unsere werktätige Bevölkerung?

**Info: Aufstieg und Fall der Stadt Mahagonny**

ist die neu erzählte biblische Geschichte von Sodom und Gomorrha. In der Brechtschen Fassung wird die Stadt nicht aufgrund ihrer Verderbtheit vernichtet, sondern wegen der dortigen Umkehrung der menschlichen Werte. Alles endet in einem brennenden Chaos.

Das Stück enthält viele Anspielungen auf die Kreuzigung Christi. Auch Gott tritt auf; er wird davongejagt, weil er nichts gegen die Katastrophe unternimmt.

Klaus sprüht mit seinen 35 Jahren vor Energie und Schwung. Wenn man Mitstreiter um sich hat, die leidenschaftlich am selben Strang ziehen, mit denen man über Die-da-oben lästern kann, dann lässt sich alles ertragen. Und Inge ist da, sie ist verliebt in ihren Klaus. Sie genießt die wenigen Stunden, in denen er nicht von Probe zu Probe, von einer Aufführung zur nächsten hetzt. Für beide ist es eine glückliche, vielleicht die glücklichste Zeit in ihrem Leben. Klaus lebt in seiner Musik, ist endlich sein eigener Herr, entscheidet, setzt durch, trotzt den Politbürokraten. Was kann es Schöneres geben? Die Zusammenarbeit mit Dieter Bülter-Marell ist eine der produktivsten und künstlerisch fruchtbarsten. Jeder brennt für seine Kunst, und natürlich knirscht und kracht es manchmal zwischen den beiden. Dieter Härtwig, damals Dramaturg am Landestheater, hat so manches Gewitter miterlebt:

*Dieter Härtwig*: Marell und Tennstedt waren zwei Heißköpfe, die... *[schlägt beide Fäuste zusammen]*, aber sie haben wunderbar zusammengearbeitet.

**Und Inge Tennstedt dazwischen?**

Inge war das ausgleichende Element, das ihn immer wieder

zurückholte. Sie war ja immer dabei. Wenn sie nicht im Ensemble war, dann einfach als Zuhörerin.

Klaus kam gerne nach einer Probe in mein Büro. Da saß er am Schreibtisch und griff sich Bücher, blätterte sie ganz hastig durch, ohne System. Ich erinnere mich an eine Partitur, die ihn furchtbar geärgert hat. Es ging um eine Operette, die bekam er in die Hand. Dann schmiss er sie auf den Boden, trat noch darauf und fauchte wütend: „Das werde ich nicht spielen!"

Ein Heißsporn, unberechenbar dazu und bereit, seine Grenzen auszutesten. Nicht nur in der Musik, auch im gewöhnlichen Leben. Dieter Bülter-Marell erinnert sich an eine Begebenheit, die ihn noch heute schaudern läßt.

*Dieter Bülter-Marell:* Da stand Klaus im vierten Stock im Fenster. Ich sage, was soll das, bist du wahnsinnig! Dann hat er gesagt, ich springe runter. Ich habe gesagt, Klaus bist du wahnsinnig. Ich habe aber nicht gewusst, wie ich ihn halten sollte. Wenn ich jetzt zupacke, dann springt er wirklich, oder durch meinen Griff verunglückt er.

**Warum hat er sich so verhalten?**

Er liebte die Extreme. Stand er dort und hatte seinen Spaß. Die Leute liefen zusammen, stierten nach oben und waren entsetzt, und das war es, was er wollte. Nach fünf Minuten brach er ab und sagte: Jetzt muss ich erst mal wieder eine rauchen.

**Eine rauchen!**

Er hat mich damals in Todesangst versetzt. Wir hatten uns eigentlich nur unterhalten und haben natürlich auch einen getrunken dabei, und dann war ihm plötzlich so. Mir war siedend heiß, ich wusste nicht, Klaus, was machst du, was machst du, lass doch den Wahnsinn, du kannst da runter stürzen. Er: Ich stehe hier, und alle sehen mich.

Als Dieter Härtwig die Geschichte hört, meint er spontan:

Das passt zu ihm. Ganz rasant kam so ein Entschluss, das hat ihn förmlich getrieben, das auszuführen. Das war nicht geplant, das kam einfach. Er war ein Vulkan in seinem ganzen Temperament, in seinem Wesen. Wenn er vor einem Orchester stand, hat ihm das auch Kritik eingebracht. Es gibt ja unter den Musikanten auch Beamte. Wenn die merken, da wird von der Linie abgewichen, mal \`ne ganz andere, ungewisse Richtung eingeschlagen, dann löst das Widerspruch aus.

**Wie war die Stimmung dort?**

Die Zustimmung im Orchester war meist geteilt, sagen wir in zwei

Hälften. Von einem fast genialisch anmutenden Dirigenten, wie es Tennstedt zweifellos war. Ohne dass man dieses Wort missbrauchen würde.

**Hat es Sie überrascht, dass Klaus eine solche Karriere gemacht hat?**

*Dieter Härtwig:* Das hätte man nicht erwartet. Er war auch immer von Rückschlägen bedroht, das lag in seiner Natur. Vielleicht mal nicht die richtige Entscheidung zu treffen, das ist Tennstedt immer wieder passiert. Und auch die Selbstzweifel, es noch besser machen zu müssen, oder im gleichen Moment zu sagen: „Das schaffe ich nie", dieser Gedanke quälte ihn dann richtig.

Nachstehend die Spielzeiten und Neueinstudierungen an den Landesbühnen Sachsen in Radebeul. Hinzu kommt eine Vielzahl von Repertoirestücken und Wiederaufnahmen, die Tennstedt natürlich auch zu dirigieren hat. Sie zeigen sein enormes Arbeitspensum.

**Programme Radebeul, Landesbühnen Sachsen**

Neueinstudierungen. Regisseur jeweils Dieter Bülter-Marell und Dirigent Klaus Tennstedt. Intendant: Rudi Kostka.

**Spielzeit 1958/59**

Rolf Liebermann: *Die Schule der Frauen*, Premiere 25.1.1959

Georges Bizet: *Carmen*, Premiere 17.5.1959

**Spielzeit 1959/60**

Richard Mohaupt: *Der grüne Kakadu*, DDR-Erstaufführung, Premiere 31.10.1959

Earl Robinson (Musik) und Paul Robeson (Text): *Die Maulwürfe von Manhattan* [Ein Loblied auf die Arbeiterklasse], Premiere 21.2.1960

Giuseppe Verdi: *Don Carlos,* Premiere 27.5.1960

**Spielzeit 1960/61**

Giacomo Puccini: *Madame Butterfly*, Premiere 12.10.1960

Fran Lhotka: *Der Teufel im Dorf* (Ballett), Choreographie: Ines Städter, Premiere 14.1.1961

Paul Kont: *Lysistrate* (nach Aristophanes), Uraufführung, Premiere 19.4.1961

**Spielzeit 1961/62**

Leoš Janáček: *Jenufa*, Premiere 10.12.1961

Kurt Weill und Bertolt Brecht: *Aufstieg und Fall der Stadt Mahagonny*, DDR-Erstaufführung, Premiere 11.3.1962

Eine Coda sei hier noch angefügt; sie betrifft den Schluss der Oper *Carmen*. Es ist nur ein kleines Detail, über das der Regisseur Bülter-Marell und Tennstedt sich in die Haare geraten: Am Ende der Oper ersticht der eifersüchtige Don José seine geliebte Carmen, weil sie nichts mehr von ihm wissen will. Tennstedt ist mit der Stelle, an der

Bülter-Marell den Todesstich setzt, nicht einverstanden. Und er lässt nicht locker.

*Dieter Bülter-Marell:* Das war typisch für ihn, und man konnte darüber verrückt werden. Er hatte szenisch so mitgedacht, dass er sagte: „Jetzt weiß ich genau, wo der Stich ist. Bei diesem Quartsextakkord! *Da* muss der Stich sein, und du lässt früher stechen." Solche Dinge gab es öfter, die mich furchtbar geärgert haben, die ich dann – mit etwas Abstand – auch als befruchtend empfunden habe. Und wenn er das bekam, war er glücklich: „Siehst du, hab´ ich doch gesagt" und nahm die Brille ab.

*Ursula Bülter-Marell:* Mansah nur zwei rotgesichtige, brüllende Herren, von denen man dachte, gleich fangen sie an sich zu prügeln.

Vier erfüllte Jahre gehen ins Land, Zeit für einen Wechsel. Jetzt zahlt sich die vertrauensvolle Zusammenarbeit mit Intendant Rudi Kostka aus.

*Reinhard Schau:* Kostka war ein richtiger Kommunist, ein ganz ehrlicher Kerl. Er brauchte von uns kein Parteibuch.

*Dieter Härtwig:* Kostka, das war ein echter Gläubiger. Er wusste genau, wie weit er mit irgendwelchen Forderungen gehen konnte. Wenn Tennstedt ein Stück wie *Mahagonny* machen wollte, dann hat Kostka ihn da bedingungslos unterstützt.

Als diesem die Intendanz in Schwerin angeboten wird, will er seinen Tennstedt mitnehmen. Da trifft es sich gut, dass zur gleichen Zeit der bisherige Schweriner Generalmusikdirektor Heinz Fricke an die Staatsoper Berlin berufen wird (eine Position, die er bis zur „Wende" behält). Dieser Wechsel scheint auch vom DDR-Kulturministerium akzeptiert worden zu sein.

Für Tennstedt beginnt ein neues Kapitel in seinem Leben, ein Kapitel voller überraschender Wendungen, mit privaten Tragödien, abenteuerlichen Fluchtversuchen, Verzweiflung, Krächen, der ganzen Palette. Das Leben bleibt ein Kampf.

...mit Ensemble der Landesbühnen
Foto: Wolfgang Müller/ Landesbühnen Sachsen

# GENERALMUSIKDIREKTOR IN SCHWERIN

**1962–69**

„Tennstedt, das ist auch so einer,
den die Musik kaputt macht."
*Ein Chordirektor aus Schwerin*

Dass Tennstedt die Stelle in Schwerin auch bekommt, ist zunächst nicht sicher. Rudi Kostka hat ihn zwar vorgeschlagen, aber es gibt einige Hürden zu überwinden. Die schwierigste sind die Orchestermusiker. Der damals noch junge Konzertmeister Werner Mentzel erinnert sich an hitzige Diskussionen.

Schweriner Schloss Foto: Georg Wübbolt

> *Werner Mentzel:* Es gab großen Streit im Orchester, es war praktisch 50 zu 50, wen und wen nicht, es gab verschiedene Bewerbungen. Da habe ich ziemlich heftig darum gekämpft, dass die Bewerbung Tennstedts berücksichtigt wird. Man wollte ihn beiseite schieben, aber nicht aus Leistungsgründen, sondern man hatte so ein bisschen Bauchschmerzen: Der ist sehr unbequem. Wir hatten noch sehr viele ältere Kollegen, die wollten natürlich ihre Ruhe haben. Nach zähem Ringen wurde er dann für ein Probedirigat eingeladen, es war der *Falstaff* von Verdi.

Ausgerechnet *Falstaff*! Zum Vordirigieren ist das eine der schwierigsten Aufgaben, die man sich vorstellen kann. Viele kurze Einwürfe in alle Richtungen auf der Bühne, temporeich und verzwickt. Aber Vorteil Tennstedt: Er hatte den *Falstaff* mehrmals in Chemnitz dirigiert, er kannte das Stück gut.

> *Werner Mentzel:* Und das war bravourös! Das war unglaublich toll. Tennstedt hat praktisch ohne Probe so viele Einsätze gegeben, wie wir es noch nie erlebt haben. Es war plötzlich ein ganz anderes Stück! Das hat den Ausschlag gegeben, dass er engagiert wurde.

So heißt es in der *Schweriner Volkszeitung* vom 15. November 1961 (Schlagzeile: „Der Kartoffelplan ist übererfüllt“):

> Als Nachfolger [von Heinz Fricke] konnte GMD Klaus Tennstedt, der bisherige Oberleiter an den Landesbühnen Sachsen, gewonnen werden, der seine Amtsgeschäfte bereits am 15. November 1961 antritt.

„Amtsgeschäfte“ heißt vor allem, dass Tennstedt hier schon die nächste Spielzeit 1962/63 planen muss, obwohl ihn Radebeul noch sehr in Anspruch nimmt. Schließlich steht dort die Premiere von Janáčeks *Jenufa* kurz bevor; und *Mahagonny* läuft noch bis zum März. Dazwischen dirigiert er in Schwerin das Neujahrskonzert 1962 mit der *Neunten Sinfonie* von Beethoven. Die *Schweriner Volkszeitung* schreibt am 4. Januar 1962:

Nationaltheater Schwerin Foto: Georg Wübbolt

> Obwohl wir uns eine ausführliche Würdigung dieser zweifellos bedeutsamen Dirigentenpersönlichkeit für später aufheben wollen, so seien doch zwei hervorragende Momente aus der Interpretation der „Neunten“ besonders erwähnt: Der hinreißende revolutionäre Schwung der B-Dur-Stelle „Froh, wie deine Sonnen fliegen“ wurde noch überboten von der faszinierenden Wirkung der Doppelfuge. Es war eine suggestiv überzeugende Leistung, die auch das festlich gestimmte Publikum in den Bann zog.

Eine fabelhafte Kritik für den Anfang. Das erste Halbjahr 1962 ist eine Zeit der wirklich großen Erfolge hier wie dort, und der überschäumenden Kritiken. Beides ist für Tennstedt außerordentlich wichtig. Wird man von staatlicher Seite darauf aufmerksam? Winkt als Nächstes endlich das Gewandhaus oder eine der Berliner Opern?

In Schwerin wohnt Tennstedt zunächst in einem Hotel. Sein Freund Ekkehard Hahn ist Schauspieler am Theater:

> *Ekkehard Hahn:* Abends trafen wir uns oft in einer schönen Kneipe in Alt-Schwerin, wo es auch Bier gab, ein Schnäpschen und gutes

Essen. Das war in der Nähe vom Bahnhof, das war ein lausiger Schuppen, nicht sehr attraktiv.

**Wie lange hat er dort gewohnt?**

Ein Jahr, dann ist er in diese Wohnung hier gezogen. Oben wohnte ein Lehrer, Doktor der Pädagogik, der hatte drei Mädels. Da gab es immer ein bisschen Zoff, weil Tennstedt sehr intensiv auf dem Flügel geübt hat. Dann haben sie sich geeinigt, dass die Kinder nicht so laut sind, wenn er nachmittags schlafen will, weil abends Vorstellung ist. Und dafür sollte er nicht so laut spielen. Das hat ganz gut geklappt.

Es dauert nicht lange, da gibt es Ärger mit dem Orchester. Die Befürchtungen der älteren Musiker scheinen sich zu bewahrheiten:

*Werner Mentzel:* Tennstedt konnte in den Proben unglaublich ausfallend werden. So anstrengend, wo er einfach mit sich unzufrieden war. Er mochte sich nicht, und er mochte die ganze Welt nicht. Und dann hatte er so eine Art, die nervlich aufreizend war. Ich erinnere mich, nach einer *Figaro*-Ouvertüre meckert er: „Wie schrecklich klingt das denn heute!" Er war einfach unzufrieden. In der nächsten Vorstellung klapperte hier was, da fehlte ein Einsatz, dort passierte was anderes, aber er war glücklich: „Das klingt ja herrlich heute." Er war unglaublich von seinen Emotionen getrieben, das war ein bissel für ihn ein Unglück. Aber umgekehrt war das die Basis, auf der er die Leistung vollbringen konnte. Sein Dirigieren war manchmal so, als wäre er im Fieber.

*Gebhard Kern, Schwerin:* Er war ein Arbeiter, er ging bis an die Grenzen. Das hat er auch in den Proben von den Musikern gefordert. Er war knallhart, hat Leistung verlangt bis zum Geht-nicht-mehr. Er saß auch in fast jeder Vorstellung drinne. Man wusste nicht, wo er saß, aber er war da, und wenn irgendwas nicht klappte, klingelte anschließend der Inspizient und sagte: „Die 1. Klarinette, die zwei Hörner bitte hoch zum Chef ins Zimmer." Und dann gab das eben ´ne Ansage. Was er von sich verlangt hat, das hat er eben auch von anderen verlangt. Dadurch kam natürlich die dementsprechende Leistung.

*Kurt Masur:* Klaus war nicht sehr eitel. Er hat ja manchmal so dirigiert, dass es gar nicht gut aussah. Wie eine Spinne konnte er runter, wenn ihm das *pianissimo* nicht leise genug war. Er hat für mich etwas verkörpert, was ich nicht hätte nachahmen können.

Schwingt da ein wenig Neid mit? Masur ist zu dieser Zeit Chefdirigent der Komischen Oper Berlin. Es ist schon erstaunlich, dass er seinem „besten“ Freund Klaus kein einziges Gastdirigat anbietet. Klaus dagegen dürfte sehr neidisch darauf sein, dass Masur längst in den Westen darf – sogar nach Brasilien wird er eingeladen. Die Freundschaft der beiden scheint merklich abgekühlt zu sein. Hören wir weiter, was Tennstedt-Mitarbeiter über ihren Chef sagen.

> *Reinhard Schau, Dramaturg und Regisseur:* Sein Dirigierstil war ein anderer in der Probe als bei der Aufführung. Er wollte in den Proben so viel erreichen, das ging nur mit äußerster Strenge. Die Probe war besonders angespannt, weil sie eine Ebene schaffen musste, auf welcher er in der Vorstellung frei musizieren konnte.

Am Ende ist er verschwitzt, als habe er einen Marathon gelaufen. Reinhard Schau weiter:

> Im Konzert konnte er sich und das Orchester dann loslassen. Dort wollte er nicht mehr der Antreiber sein. Dort wollte er vor allem nicht mit Härte reingehen, sondern musizieren, das war das Wichtigste. Im Konzert: Tennstedt glühte, aus den Augen und aus den Fingerspitzen.
>
> *Werner Mentzel, Konzertmeister:* Das Orchester war – wenn man so will – ein solides Orchester, ein routiniertes Orchester, aber es war den Ansprüchen Tennstedts nicht hundertprozentig gewachsen. Trotzdem hat er aus diesem Orchester etwas gemacht, was man nie für möglich gehalten hätte. Wir haben Opern herausgebracht, auf höchstem Niveau. Jedes Sinfoniekonzert war praktisch eine Feststunde. Ich hab´ mich auf jedes Konzert gefreut, das er dirigiert hat.
>
> **Heutige Dirigenten reisen ja viel, auch Tennstedt?**
>
> Wenig. Er war fest am Haus, und das war ein echter Segen. Er war eigentlich immer da. Man brauchte nur zu sagen: „Tennstedt sitzt oben“, dann war es, als stünden alle stramm, und plötzlich war's eine ganz andere Vorstellung. Der brauchte nur einmal oben aus seiner Loge herunterzuschauen, da sprach sich das in Windeseile im ganzen Theater herum.
>
> **Hatte man Angst vor ihm?**
>
> Ich jedenfalls nicht. Ich hab´ mich bei keinem Dirigenten so wohl gefühlt wie bei ihm. Es war alles klar sichtbar, was er wollte, sowohl technisch präzise und andererseits auch emotional. Ich hab´ viele andere Dirigenten mit großen Namen erlebt, wo ich

Tennstedt und die Schweriner Staatskapelle Foto: Nationaltheater Schwerin

mich nicht so glücklich gefühlt habe. Da war Tennstedt spitze, wirklich.

*Erika Hahn, Sängerin:* Einmal hat er vor Wut die Partitur ins Orchester geschmissen. Da haben die Musiker gesagt: Der ist unbeherrscht. Ja, er war ein bissel unbeherrscht, er war jähzornig. Aber alles nur wegen der Kunst. Nur wegen der Kunst. Privat habe ihn nie jähzornig erlebt. Da war er ein richtiger Kumpel, ein ausgesprochen geselliger Mensch.

*Rolf Oberste-Brink, Sänger:* Tenno – so wurde er genannt – regte sich auf. Es lief *Die Hochzeit des Figaro*, ich sang damals den

Figaro. Irgendwo im Duett hab´ ich ein bisschen geschleppt, und dann fing er schon beim Verbeugen vor dem Vorhang an: „Oberste, gucken Sie sich die Stellen an, wo Sie geschleppt haben. In meinem Zimmer können Sie das morgen mit dem Korrepetitor durchgehen."

**Haben Sie das gemacht?**

Jetzt kommt´s: Ich stand dann mit Kollegen beim Pförtner, kam er dazu und sagte wie selbstverständlich: „Spielen wir noch eine Runde Skat bei mir?" Dann hatte er zuhause so einen sowjetischen Cognac, der war fantastisch, und wir haben bis weit nach Mitternacht feuchtfröhlich Skat gekloppt.

Tennstedt in späteren Jahren

*Werner Mentzel:* Alle Gespräche, die ich mit Tennstedt hatte, drehten sich nur um Musik und um das Geige spielen. Dass er nicht mehr spielen kann, das hat er immer betrauert. Er hat mir immer wieder betont, wie sehr ihm das weh tut.

Mehr als zehn Jahre ist es her, dass Tennstedt die Geige an den Nagel hängen musste. Wenn man als Erwachsener das Instrument so lange nicht mehr anrührt, kann man es nicht mehr spielen. Nicht mehr auf dem alten Niveau. Heute kann man Fotos von Tennstedts Hand heranzoomen, aber da ist kein Überbein zu sehen. Immer noch zerrt die janusköpfige Beziehung zu diesem Instrument an seiner Seele. Wie viele Stunden am Tag, wie viele Jahre hindurch war dieses magische Stück Holz seine Erfüllung, seine Wut, seine Hoffnung, ein Regenbogen an Gefühlen. Nichts scheint gekittet, nichts geheilt oder auch nur souverän verdrängt. Wenige Monate später wird die Geige das Einzige sein, was er für die Flucht mitnimmt – kein Gepäck, nicht einmal Geld, nur seine Geige.

## TENNSTEDTS DETAILARBEIT BEI SALOME

Werner Mentzel

Auch heute noch schwärmt der ehemalige Konzertmeister des Nationaltheaters Schwerin, Werner Mentzel, von seinem damaligen Chef.

*Werner Mentzel:* Es stand die *Salome* an, die Oper von Richard Strauss. Ich hatte einen Vormittag frei, war beim Üben. Es klingelt, Tennstedt steht vor der Tür:

„Ich muss Sie dringend sprechen. Haben Sie die *Salome*-Stimme hier?"

„Herr Tennstedt, die habe ich nicht hier."

„Warum haben Sie die Stimme nicht hier?"

***Georg Wübbolt:*** **War das kurz vor Probenbeginn?**

Das war acht Wochen vor der Premiere! Da hat man als Orchestermusiker wirklich genug anderes zu tun. Er hat mir sofort einen Termin genannt:

„Ich bin früh da, dann kommen Sie bitte mit der *Salome*-Stimme, ich muss Ihnen Striche diktieren."

**Das sind Zeichen für Auf- und Abstriche des Geigenbogens in den Noten.**

Richtig, es gibt ein Zeichen für den Abstrich [**п**] und für den Aufstrich [**v**]. Das hat er immer schon vor den Proben gemacht, weil er Geiger war. Er hatte ganz klare Vorstellungen, wie er die Striche haben wollte. Ich bin dann also zu ihm hin mit der *Salome*-Stimme, er klappte seine Partitur auf und fing nun an, mir die Bogenstriche anzugeben:

„Da, da möchte ich einen Aufstrich, dort möchte ich einen langen Bogen haben." Ich sag:

„Herr Tennstedt, das ist so ein langer Bogen, das schaffen wir gar nicht, da müssen wir teilen [in Auf- und Abstrich]."

„Nein" sagt er, „nicht teilen, ich möchte, dass das ganz leise bleibt. Wenn Sie teilen, ist das direkter, das will ich nicht. Und hier eine andere Stelle, hier unbedingt nur wenige Zentimeter am Frosch [dem unteren Teil des Geigenbogens]." Ich sag:

„Das klingt doch grob."

„Jawohl, das soll's ja gerade!"

Er hat also die Bogenstriche diktiert, und ich hab´ dann zu Hause geübt und denke: Mein Gott, was haut er dir da für Striche rein, das geht ja gar nicht, geht ja gar nicht! Aber es war eben doch machbar, und es kamen ganz bestimmte Klangeffekte heraus, auf die man gar nicht gekommen wäre. Dann kamen die Proben, ich hatte überall die Striche eingezeichnet.

**In jede einzelne Geigenstimme die Bogenstriche?**

Ja, und die Kollegen maulten natürlich: „Ah, der da vorn, was hat er uns wieder für verrückte Striche reingemacht."

Das ist so ein Beispiel, wie Tennstedt an die Arbeit heranging. Besessen, gründlich bis zum Letzten und mit klaren Vorstellungen von dem, was er wollte. Und das zahlte sich dann aus. Das Orchester war im Laufe der Jahre darauf gedrillt. Es spielte, was ein Orchester selten tut: ohne extra Aufforderung wirklich *pianissimo* zu spielen.

**Warum ist das so schwer?**

Man streicht den Bogen fast bis zur Unhörbarkeit. Unser Erster Trompeter kam einmal nach der Probe zu mir und sagte: „Ich hab´ mir nicht vorstellen können, dass ein Streicherapparat so leise klingen kann und trotzdem klingt und nicht säuselt." Das war manchmal unglaublich, also dass wir fast nicht mehr die Saite berührten, und es war ein Klang im Raum, wundervoll. Das war eben das Faszinierende an ihm.

**Noch ein Beispiel?**

Wieder aus der *Salome*: Ganz zum Schluss, wenn der Teller mit dem abgeschlagenen Haupt des Jochanaan präsentiert wird und die Salome dann eine lange Strecke zu singen hat und endlich triumphiert. Da ist im Orchester ein *crescendo* [lauter werden] angesagt bis zum dreifachen *fortissimo* [*fff* maximal laut]. Ein crescendo über so eine lange Strecke ist das Schwierigste überhaupt.

Viele Dirigenten machen es dann so, dass sie crescendieren lassen, und dann gehen sie nochmal zurück, damit wieder ein crescendo geht, und nochmal, das ist ein beliebter Trick. Tennstedt hat eine andere Lösung dafür gefunden, die war absolut umwerfend. Und zwar so, dass zuerst nur die Streicher ein crescendo machen dürfen. Die Bläser und alle anderen bleiben zunächst *piano*.

**Die Bläser sind von Anfang an notiert, aber fast nicht zu hören?**

Genau. Das heißt, das *Forte* wird nach und nach kräftiger, so wie es die Streicher leisten können. Die anderen bekommen praktisch fast Blasverbot, die müssen so leise bleiben wie möglich. Wenn die Streicher an einen Punkt kommen, wo nicht mehr viel geht, dann dürfen die Holzbläser. Und wieder ein paar Takte später die Blechbläser. Das bedeutet, er hat das *crescendo* über die einzelnen Instrumentengruppen verteilt, je nach ihren speziellen Fähigkeiten, je nach dem, was die an Kraft aufbringen können. Im letzten Moment, kurz vor dem Höhepunkt, da geht das Schlagzeug los. Das war ein absolut kontinuierliches *crescendo*, vollkommen natürlich. Und mit so hohem Klangreiz, weil die Farben dann noch immerzu wachsend hinzukamen. Ich habe nie wieder erlebt, dass ein Dirigent etwas in dieser Form macht. Einfach umwerfend.

**Da gibt es keine Routine.**

Es ist ja so, wenn ein Stück gespielt wird, welches man immer wieder macht, dann stumpft man ein bisschen ab. Dort konnte man nicht abstumpfen, das hat mich jedes Mal wieder umgehauen, im wahrsten Sinne des Wortes. Und das ist es, was er an Arbeit anbieten konnte. So war es praktisch in allen Phasen, es war wirklich toll. Umgekehrt war er aber auch fordernd in einer Art und Weise, die manchmal über das Maß hinausging.

Werner Mentzel jung

Es gibt ja Stellen, wo man so an seine Grenzen kommt, dass man's nicht mehr spielen kann. Selbst ein superguter Geiger würde dort abstürzen. Aber das hat's bei ihm nicht gegeben. Er hatte oft schnelle Tempi, ich hab´ mich mit ihm darüber unterhalten, er sagte: „Das ist ganz einfach. Ich weiß genau, dort kommt die Stelle, die hat ihre Probleme, und wenn die zu schnell ist, wird gepfuscht. Lange davor nehme ich's Tempo sachte zurück, damit die Stelle heil über die Runden kommt und danach kann ich ja wieder anziehen." Es war immer klug, was er gemacht hat, immer klug.

Diese Vorbereitung bis ins Kleinste – manche könnten gehässig sagen: diese Pingeligkeit – erinnert an Carlos Kleiber, der sich ebenso penibel vorbereitete, der aber auch berüchtigt dafür war, dass er aus Proben davonlief und nicht wiederkam.

Aber das trifft auf Tennstedt noch lange nicht zu. Soweit bekannt, hat er in diesen Jahren keine einzige Vorstellung abgesagt.

Klaus Tennstedt Foto: Nationaltheater Schwerin

## FLUCHTVERSUCH 1962

Der Sänger Rolf Oberste-Brink bekommt 1959 sein erstes Engagement am Staatstheater Schwerin. Mauer und Stacheldraht sind noch nicht gezogen, und so denkt sich der westdeutsche Bass-Bariton nichts dabei, dass er gleichzeitig auch Bürger der Deutschen Demokratischen Republik werden muss. Das ist unabdingbarer Teil des Vertrages. Als im Sommer 1961 die Grenzen abgeriegelt werden, bleibt er Bürger der DDR.

Rolf Oberste-Brink

**Sie kamen doch aus dem Westen, warum konnten Sie nicht zurück?**

*Rolf Oberste-Brink:* Ich war eingemauert. Ich habe versucht, meine Ausreise zu bekommen, aber man hat mich nicht mehr herausgelassen.

**Wann kam die Idee zu flüchten?**

Ziemlich bald nach dem Mauerbau. Nachdem der offizielle Weg sich als aussichtslos erwies, habe ich mehrere Fluchtversuche unternommen, die alle scheiterten. Klaus hat davon erfahren.

Von Tennstedts Vorgänger in Schwerin, dem Dirigenten Heinz Fricke, kauft Oberste-Brink ein Viersitzer-Faltboot mit 7-PS-Außenbordmotor. 3 PS sind nur erlaubt. Heimlich werden Probefahrten auf dem Schweriner See gemacht, immer in der Hoffnung, dass kein Volkspolizist etwas mitbekommt.

*Rolf Oberste-Brink:* Wir hatten lange vorher geplant, mussten erstmal alles ausspionieren. Wo man das Boot zusammenbauen kann, und wo wir uns dann davonschleichen konnten.

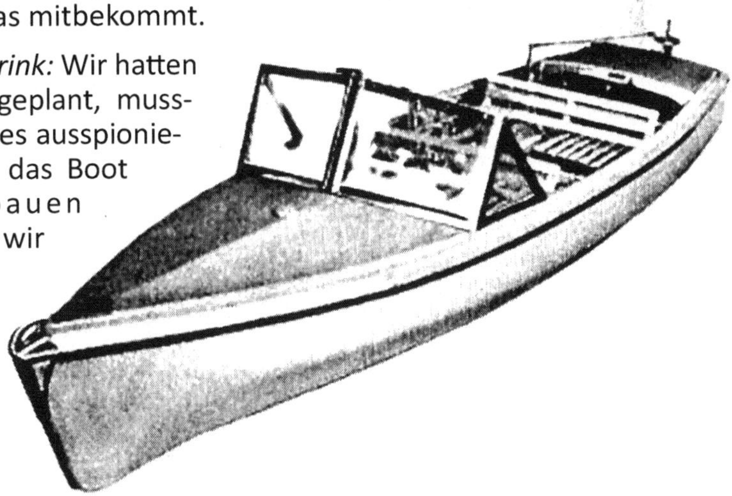
Flucht-Faltboot

Der Plan ist folgender: Sie wollen über die Ostsee nach Dänemark. Aus dem alten VW-Käfer von Oberste-Brink wird der Rücksitz ausgebaut, damit das zusammengelegte Faltboot samt Außenbordmotor hineinpasst. Anschließend wird alles zugedeckt, und damit ist das kleine Auto voll.

Als echte Musiker wissen sie: Das muss vorher geprobt werden, damit vor Ort jeder Handgriff sitzt.

> *Rolf Oberste-Brink:* Dieses Boot lagerte in der Garage. Meine Frau und ich haben es öfters auseinandergenommen, paketweise verschnürt und heimlich in die Wohnung getragen. Dort haben wir geübt, das Boot im Dunkeln wieder zusammenzubauen: Keine Taschenlampe, damit uns niemand sieht, und wer übernimmt welchen Handgriff? Das konnten wir nur in unserer Wohnung ausprobieren.

In einem zweiten Auto werden die Fluchtaspiranten Tennstedt, Frau Oberste-Brink und ein Operettentenor sitzen. Als Fahrer hat sich der Tenorkollege Kurt Helm zur Verfügung gestellt. Wenn alles gut geht, wird er den Wagen allein wieder nach Schwerin zurückbringen. Offiziell geht es für alle auf „Urlaubsreise“, an Rostock vorbei bis zum Darßer Ort. Das sind etwa 150 Kilometer auf holprigen Landstraßen.

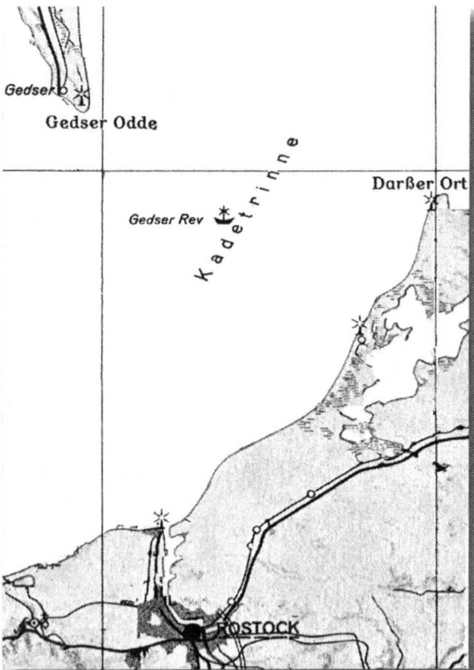


Darßer Ort (auf der Karte oben rechts) ist zu dieser Zeit ein Hotspot für Fluchtversuche, denn es liegt am nächsten zu Dänemark (ca. 35 km). Zwar ist das gegenüberliegende Festland von hier aus nicht zu sehen – es liegt zu weit unter dem Horizont –, aber auf halber Strecke zwischen Darßer Ort und Gedser Odde, dem südlichsten Zipfel von Dänemark, liegt ein Feuerschiff vor Anker, eine Art schwimmender Leuchtturm. Es heißt *Gedser Rev* und liegt in der *Kadetrinne* (heute nicht mehr). Es befindet sich gerade noch innerhalb der dänischen Zwölfmeilenzone. Hier wollen die vier Republikflüchtlinge an Bord gehen und um Aufnahme bitten.

In das Boot können sich die vier Erwachsenen gerade so hineinquetschen, jeweils zwei nebeneinander. Normalerweise ist ein solches Gefährt gut für einen schönen Tag auf dem heimischen Binnensee bei leichter Brise. Auf der Ostsee dagegen hätten sie bei dem geringen Freibord von zwanzig Zentimetern sicherlich eine Menge Wasser aufgenommen.

Woher sie wussten, wie sie über die steile Bordwand auf das Feuerschiff gelangen könnten? Sie wussten es nicht. Ob das Schiff überhaupt bemannt war? Wussten sie auch nicht. Erfahrung mit Wind und Wellen der Ostsee? Keine. Ein Himmelfahrtskommando.

> **Info: Das Feuerschiff Gedser Rev**
> Nach dem Bau der Berliner Mauer 1961 entschieden sich etliche Ostdeutsche, auf dem Seeweg nach Dänemark zu fliehen. Obwohl die meisten gescheitert sind und viele bei dem Versuch ums Leben kamen, wurden mindestens 50 Personen von *Gedser Rev* gerettet. Als südlichste Grenze des dänischen Territoriums und als offensichtlich bald erkennbares Ziel steuerten viele auf das Feuerschiff zu.

**Wann war das?**

*Rolf Oberste-Brink:* 1962, und am Abend vorher hatte Klaus noch ein Konzert zu dirigieren, die *Erste Sinfonie* von Johannes Brahms. Meine Frau und ich saßen in der ersten Reihe und waren am Weinen. Sie können sich vorstellen, das war eine Schicksalsstunde. Mit dieser Musik haben wir gedacht, das ist entweder der Untergang oder die Freiheit.

Dann gab es Applaus, und der Klaus kam und verbeugte sich. Diese Gestalt, diese eingefallenen Wangen, dieses fanatische Gesicht, dieses erschöpfte Gesicht. Mein Gott. Ich bin immer noch ganz ergriffen davon. Und das war er immer. Wir hatten damals einen Chordirektor, der sagte: Tennstedt, das ist auch so einer, den die Musik kaputt macht.

**Wie mag er sich gefühlt haben?**

Ich kann ihn heute noch vor mir sehen, wie er da vor dem großen Orchester steht und wie er den Auftakt gibt mit seinen Riesenarmen. Er war immer seelisch vollständig drin in der Musik. Den Eindruck habe ich vor allen anderen bei ihm gehabt. Bei Masur nicht einmal so sehr. Aber bei ihm.

Dann kam der Abschied von Inge. Das war… ich kann es nicht sagen, ohne dass mir heute noch die Tränen kommen. Sie konnte ja nicht mit – traurig, aber auch Angst. Vielleicht wollte sie auch ihren Sohn Janos nicht im Stich lassen. Tennstedt klemmte nur die Geige unter den Arm, seine geliebte Geige. Das war alles.

**Kein Gepäck?**

Nee, das konnte man nicht.

**Und Geld?**

Unser Geld war doch nichts wert.

An Darßer Ort angekommen, erkennt Oberste-Brink schnell, dass es zu stürmisch und die See zu aufgewühlt ist. Der Wind bläst heftig aus Westen, und das Feuerschiff liegt genau gegenan. Keine Chance. Also alle wieder zurück nach Schwerin, samt Faltboot und Geige.

*Rolf Oberste-Brink:* Wenn ich heute so darüber nachdenke – wir wären jämmerlich ersoffen. Ich glaube nicht, dass wir das geschafft hätten. Aber ich habe damals fest daran geglaubt.

Zurück in die Theaterrealität. Es fällt auf, dass aus dieser Zeit bis Ende 1963 nur wenige Presseberichte über Tennstedt zu finden sind, vielleicht zufällig. Sicher gräbt er sich voller Wut und Enttäuschung in die Arbeit, dabei ständig auf der Suche nach der nächsten Gelegenheit.

Tennstedt bei einer Probe mit der Mecklenburgischen Staatskapelle

Sein Ärger steigert sich noch, wenn er an die lästigen Auseinandersetzungen mit den Kulturbehörden denkt. In einem späteren Radiointerview mit dem Norddeutschen Rundfunk sagt er:

*Klaus Tennstedt:* Ich war unbeliebt bei den Oberen. Ich habe mich gewehrt beim Kulturministerium. Ich sollte 60 Prozent

DDR-Komponisten aufführen, und das war damals zumeist zweite oder dritte Garnitur. Eine Schweriner Zeitung titelte: „Tennstedt und die dekadente westliche Musik".

Wie in Radebeul, so auch in Schwerin: Alle Programme, ob Oper, Konzert oder Ballett, müssen der Parteileitung vorgelegt und abgenickt werden. Bach und Beethoven sind natürlich unproblematisch, aber die geforderten, zum Teil mittelmäßigen DDR-Komponisten sind ihm ein Dorn im Auge. Schönberg, Berg, Strawinsky, das ist „westlich-dekadente" Musik, auch „formalistisch" genannt, was immer man darunter versteht.

*Werner Mentzel:* Wenn man zu DDR-Zeiten eine leitende Position hatte, musste man ja einen ständigen Kampf mit den Behörden führen, das heißt mit der Ideologie, die da immer eine große Rolle spielte. Und ich finde es heute noch fast ein Wunder, dass Klaus Tennstedt die Stücke, die er machen wollte, wie *Dantons Tod* von Gottfried von Einem oder *Cardillac* von Paul Hindemith, auch gemacht hat. Wir hatten *Das schlaue Füchslein*, *Jenufa* [beide von dem Tschechen Leoš Janáček], und teilweise waren diese Werke gar nicht gewünscht. Er hat sie dann wirklich mit seiner Energie bei den Behörden durchgesetzt.

Inwieweit das mit ideologischen Fragen zu tun hatte, wenn ein Stück nicht kommen durfte, oder mit Tantiemenfragen, das kann ich nicht beurteilen. Es musste ja auch teilweise in D-Mark-West bezahlt werden, was man nicht konnte und auch nicht wollte. Ich glaube, dass ihm dann die Zeit ein bisschen davonlief. Er wurde immer unzufriedener, und andere Dirigenten machten innerhalb der DDR größere Karriere.

1963 feiert sein Orchester, die Mecklenburgische Staatskapelle, ihr vierhundertjähriges Bestehen. Aus diesem Anlass bringt Tennstedt die *Bach-Variationen* von Paul Dessau zur Uraufführung. Der Komponist hatte musikalische Zitate von Johann Sebastian Bach und dessen Sohn Carl Philipp Emanuel verwendet, natürlich auch mit der Tonfolge B-A-C-H, in elf Variationen verarbeitet. Dessaus eingängige und mitreißende Musik wird bejubelt.

Auch das Fernsehen ist dabei, damals noch in Schwarzweiß. Das Festkonzert am 9. Juni 1963 wird live übertragen. Zu sehen ist ein spindeldürrer Klaus Tennstedt, mit hohlen Wangen und herumschwirrenden Haaren, dem Aussehen und Wirkung offenbar völlig egal sind. Nach der Pause dann das Hauptwerk, *La Valse* von Maurice Ravel.

Diese Fernsehaufzeichnung ist im Deutschen Rundfunkarchiv in Potsdam-Babelsberg zu sehen. Glücklicherweise bleiben die Einstellungen oft minutenlang beim Dirigenten. In diesem wertvollen Dokument erleben wir einen drahtigen, von innerer Glut durchdrungenen Tennstedt: Gespannt und konzentriert in der Körpersprache, mit klaren Gesten, völlig der Musik hingegeben.

Eltern Agnes und Hermann Tennstedt mit Klaus

Das Jahr 1963 bringt noch ein Ereignis, das Tennstedt wohl bis ins Mark trifft. Am 28. März stirbt sein Vater zuhause in Halle an einem Krebs des Enddarms (Rektumkarzinom). Die Lymphe waren schon befallen, und so gab es nichts mehr zu hoffen.

Zwölf Jahre zuvor hatte Hermann Tennstedt das reguläre Rentenalter von 65 Jahren erreicht. Doch wie furchtbar war diese Zeit, da er und sein Sohn Klaus erkennen mussten, dass an eine Karriere des Jungen als Konzertmeister nicht mehr zu denken war. Wie sehr muss der Vater darunter gelitten haben – all die großen Zukunftspläne zerplatzt. Das stundenlange Üben und die jahrelange Disziplin, die sein Sohn unter seiner Obhut aufbrachte, aufbringen musste. Umsonst.

Mit Freude und Bangen wird dieser Mann den Aufbruch seines Sohnes zu unverhofften Ufern mitbefiebert haben. Nur gut einen Meter entfernt am Pult der Zweiten Geigen hatte er zitternd miterlebt, wie Klaus in sein erstes Dirigat stolperte und es mit Bravour meisterte. Ohne die unerbittliche Strenge des Vaters hätte es den später Weltberühmten nicht gegeben. Der Vater, der auch mit ansehen musste, wie Klaus sich von ihm abwandte, ihm regelrecht ins Gesicht schlug, um ihm zu zeigen, dass er auf eigenen Beinen stehen konnte. Der dann wie der verlorene Sohn mit Frau und Tochter heimkehrte, um endlich wieder in die Fußstapfen des Vaters zu treten. Schade, dass Hermann die späten, so überaus erfolgreichen Jahre von Klaus nicht mehr miterleben konnte. Ob der Vater seinen Anteil daran erkannt hätte? Klaus jedenfalls wusste, wie viel er ihm letzten Endes zu verdanken hat:

*Klaus Tennstedt:* Ich bin natürlich jetzt posthum meinem Vater dankbar, dass er mich so an der Kandare hatte, dass ich am Tag drei, vier, manchmal fünf Stunden üben musste. Das war dann keine Jugend mehr, das war schon eigentlich harte Arbeit.

## Fluchtversuch 1963

Längst laufen die Vorbereitungen für den nächsten Fluchtversuch, im Sommer 1963, etwa ein Jahr nach dem gescheiterten ersten Versuch. Wieder soll es das Faltboot mit Außenborder sein, wieder die gleiche Mannschaft, wieder soll der Weg von Darßer Ort über die Ostsee zum Feuerschiff führen.

Diesmal laufen die Vorbereitungen etwas anders. Wichtige Teile des Faltboots sind bereits an einem geheimen Ort in der Nähe des Ostseestrandes verbuddelt worden. Die Vier wollen nicht mehr riskieren, unterwegs von neugierigen Volkspolizisten angehalten und ausgefragt zu werden. Außerdem passen so alle in ein Auto.

An Darßer Ort angekommen, scheint zunächst alles ruhig. Die Muskeln sind angespannt, der Puls deutlich getrieben. Doch sie sind offenbar nicht allein.

*Rolf Oberste-Brink:* Es war klar, ich bin der Manager der Flucht. Ich bin der Käpt'n. Man konnte es vom Sommerweg aus gut sehen: In der Ferne stand ein Auto.

***Georg Wübbolt:* Sind Sie sofort zurückgefahren?**

Nein, wir haben erst einmal beobachtet. Plötzlich kommen drei Jungs auf ihren Motorrädern, so 18, 19, die lungern eine ganze Zeit da herum. Als sie endlich weg sind, wird es bald dunkel. Ich sage mit einem mulmigen Gefühl im Bauch:

„Wir brechen ab." Klaus packt mich heftig am Kragen und brüllt mich an:

„Auf gar keinen Fall! Jetzt haben wir unsere Chance", immer mit der Geige umgehängt. Ich sage mit fester Stimme:

„Wir brechen ab!"

„Aber warum? Wir müssen es jetzt riskieren!" Ich werde laut:

„Schluss, aus! Ab nach Hause."

Wir sind also den Weg raus, da kommen uns diese Jungs mit Licht und Motorrad entgegen. Ich dachte, jetzt sitzen wir in der Falle. Vermutlich lauert die Polizei schon um die Ecke. Diese verdammten Kerle haben uns belauert, die wollten sich das Kopfgeld verdienen.

**Man bekommt Kopfgeld, wenn man jemanden verrät?**

Ja, man bekommt einen Orden und vor allem eine Geldprämie. Ich hatte ziemlich schnell den Verdacht, dass die uns auflauern und schnappen wollen. Hätten wir das Faltboot aufgebaut und an den Strand geschoben, aus wär´s gewesen. Aber die Jungs fahren vorbei, wir also nichts wie weg!

Das war das einzige Mal, dass Klaus und ich uns angebrüllt haben. Wenn wir auf ihn gehört hätten, wären wir alle im Zuchthaus gelandet. Drei, vier Jahre weggesperrt, mindestens. Wenn der mich nicht gehabt hätte, er hätte garantiert keine Karriere in Amerika gemacht *[lacht]*!

Da hat er wohl recht. Tennstedt hätte nicht mehr dirigieren dürfen, selbst in der hintersten Provinz hätte man ihn nicht mehr arbeiten lassen. Frau und Sohn wären mit Sanktionen belegt worden, kein Beruf, kein Studium. Schrecklich.

Zurück in Schwerin tun alle so, als sei nichts gewesen. Oberste-Brink bekommt kurz darauf die Ausreisegenehmigung, er kann die DDR zusammen mit seiner Frau verlassen. Tennstedt muss bleiben. Von weiteren abenteuerlichen Fluchtversuchen ist nichts bekannt, wenngleich der Gedanke daran sich in den Köpfen festgesetzt hat. Doch die Grenzsicherungen werden immer perfekter, die Gefahr, entdeckt zu werden, immer größer. Das jüngste Abenteuer muss dem jetzt nicht mehr ganz jungen Dirigenten gewaltig in die Knochen gefahren sein.

# Gastspiele

Ein willkommener Nebeneffekt des Chefpostens ist, dass man seinen Wirkungskreis erweitern kann, nach dem Motto: „Lädst du mich ein, lade ich dich auch ein." Bei Tennstedt ist die Ausbeute allerdings mager. Zu Anfang sind es Orchester aus der zweiten Reihe, zu denen er fahren darf:

**Gastspiele Tennstedt**

- Brno (früher Brünn, Tschechoslowakei), Februar 1965 (als Gegeneinladung)
- Skopje (Jugoslawien), April 1965 (als Gegeneinladung)
- Nationaltheater Weimar, 1966 (nur Konzert)
- Göteborg, (Schweden) Sinfonieorchester, 6. Juni 1966 (abgesagt)
- Göteborg, Sinfonieorchester, 16.8.1967
- Berlin-Ost, Rundfunksinfonieorchester, 1967
- Swerdlowsk, (heute Ekaterinburg, Sowjetunion) Staatliche Philharmonie, Febr. 1968 (Gegeneinladung)
- Gewandhausorchester Leipzig, April + Mai 1968
- Salzburg, Mozarteum, 1969
- Budapest, Ungarische Nationalphilharmonie, Sept. 1969
- Bratislava, Gastspiel mit Gewandhausorchester, Mai 1970
- Göteborg, Stora Teatern: Johann Strauss *Die Fledermaus*, Jan.– März 1971
- Göteborg, Sinfonieorchester, 19. + 20. August 1971

In sechs Jahren ist das nicht viel. Bemerkenswert sind die Einladungen nach Salzburg und zum Sinfonieorchester Göteborg. Das ist westliches Ausland! Tennstedts Freund Reinhard Schau kennt den Grund für solche Einladungen: Devisenbeschaffung!

> *Reinhard Schau*: Die DDR hatte gute Kontakte zu Schweden. Es gab wirtschaftliche Beziehungen, die gut funktionierten. Und so hat man die damals neutralen Länder wie Schweden oder Österreich umworben. Man war daran interessiert, sie aus dem Westblock herauszubrechen. Da durfte man hin und wieder mit Genehmigung hinfahren. Musste dann 30 Prozent der Gage an den Staat abgeben. Obwohl der nichts dafür getan hatte. Aber das gehörte zum System.

Insgesamt fühlt sich Tennstedt in die Provinz abgeschoben. Brno und Skopje sind eben nicht Prag und Moskau. Kurt Masur dagegen darf weiter in der Welt umherfliegen. Neben Engagements in den Kulturmetropolen Sankt Petersburg (damals Leningrad) und Moskau darf er regelmäßig im Westen dirigieren.

## VIEL ZU TUN

Zu Hause erarbeitet Tennstedt unermüdlich und in gewohnt forderndem Einsatz ein Programm nach dem anderen. Schaut man sich die neu einstudierten Opern an, kann man die enorme Arbeitsleistung ermessen. Jede dieser Produktionen erfordert fünf bis sechs Wochen Proben mit dem Ensemble und monatelange konzeptionelle Vorarbeit mit dem Dramaturgen, dem Regisseur, Bühnen- und Kostümbildner. Figurinen und Baupläne müssen erstellt, die Statik berechnet, Technik und Personal geplant werden. Ein Opernhaus ist wie ein kleines Dorf, mit allen möglichen Handwerksbetrieben wie Schuhmacher, Schreiner, Zimmerleute, Schmiede (auch zuständig für Schusswaffen und Säbel), Maler, Schneiderinnen, Perückenmacherinnen, Requisiteure, Modistinnen und Maskenbildnerinnen, und ja, Orchestermusiker und Sänger und Sängerinnen gehören auch dazu. Nicht zu vergessen die technische und die Betriebs-Direktion. Alle diese Gewerke müssen Hand in Hand arbeiten auf das eine Ziel hin: die nächste Premiere.

**Die Opern-Neueinstudierungen in Schwerin 1962-68**

*Das schlaue Füchslein* und *Jenufa* (neben Mozart ist Leoš Janáček zu dieser Zeit Tennstedts Lieblingskomponist)
*Don Giovanni*, Wolfgang Amadeus Mozart
*Carmen*, Georges Bizet
*Die Hochzeit des Figaro*, Wolfgang Amadeus Mozart
*Das Rheingold*, Richard Wagner
*Die Walküre*, Richard Wagner
*Salome*, Richard Strauss
*Katerina Ismailowa [Lady Macbeth von Mzensk]*, Dimitrij Schostakowitsch
*Cardillac*, Paul Hindemith
*Penelope*, Max Liebermann
*Fidelio*, Ludwig van Beethoven
*Der fliegende Holländer*, Richard Wagner
*Die Zauberflöte*, Wolfgang Amadeus Mozart
*Tiefland*, Eugene d´Albert
*Ezio*, Georg Friedrich Händel
*Manon Lescaut*, Giacomo Puccini
*Gajaneh*, Aram Chatschaturian (Ballett)
*Dantons Tod,* Gottfried von Einem
*Tosca*, Giacomo Puccini

Es ist ein anspruchsvolles Programm auf höchstem Niveau, darunter Brandneues, wie Liebermanns *Penelope* oder *Dantons Tod* von Gottfried von Einem. *Katerina Ismailowa* von Dimitri Schostakowitsch ist eine DDR-Erstaufführung. Es handelt sich um die leicht entschärfte zweite Fassung der *Lady Macbeth von Mzensk* mit der herrlichen, musikalisch hörbar gemachten Beischlafszene im ersten Akt.[16]

Auch die Konzerte zeugen von hohem Anspruch. Viele „westlich dekadente" und zeitgenössische Werke werden von Tennstedt gegen den Willen der Politbehörden durchgesetzt. Darunter sind stilistisch so gegensätzliche Tonkünstler wie Alban Berg, George Gershwin, Boris Blacher, Karl Amadeus Hartmann, Carl Orff, Arnold Schönberg, Igor Strawinsky, Leonard Bernstein, Werner Egk, Benjamin Britten, Paul Dessau, Luigi Dallapiccola – habe ich jemanden vergessen? Das ist die kompositorische Avantgarde des 20. Jahrhunderts in all ihren bunten Blüten und Blättern. Gustav Mahler ist noch nicht dabei, doch er steht in den Startlöchern.

Experimentierfreudig und durchaus riskant, was er dem Publikum zumutet! Und für die 1960er Jahre kühn im Vergleich zu anderen Theatern in West und Ost. Auch wenn sich Tennstedt später immer mehr auf Beethoven, Bruckner, Mahler konzentriert: Er kennt sie alle, die großen zeitgenössischen Komponisten.

Tennstedt mit seinem Wartburg-Auto

Und endlich wagt er, sich mit seinem Schweriner Hausorchester einen lang gehegten Wunsch zu erfüllen: Am 16. Januar 1967 führt er zum ersten Mal Gustav Mahlers *Erste Sinfonie* auf. Bald darauf dirigiert er das Werk in Dresden und viel später in Kiel, aber die anderen Sinfonien müssen noch warten. Er scheint froh zu sein, wenigstens diesen Berg erklommen zu haben. Beinahe zaghaft tastet er sich vor in das Reich des später tief verehrten Komponisten.

Da ist Leonard Bernstein auf der anderen Seite des Eisernen Vorhangs schon weiter. Er ist dabei, seinen Mahler bei den Wiener Philharmonikern durchzusetzen. Doch dabei hat er mit massiven Widerständen gegen diesen „jüdischen" Komponisten zu kämpfen.

Bernstein ist zwar bei weitem nicht der erste, der Mahler nach dem Krieg wieder auf die Konzertprogramme setzt (wie vor ihm etwa Dimitri Mitropoulos in Amerika), aber sicher der wirkungsvollste. Tennstedt zögert noch, und es soll Jahre dauern, bis er auf Orchester trifft, die seine Vorstellungen auch umsetzen können.

Im Folgenden sind alle Schweriner Programme des Generalmusikdirektors Tennstedt vorgelegt. Auf die Nennung der einzelnen Werke in den Konzerten wird in der Regel verzichtet, sie würde den Rahmen sprengen. Wenn nicht anders vermerkt, handelt es sich um Neueinstudierungen. Man bedenke, dass jedes dieser Werke tage- und wochenlange Probenarbeit voraussetzt, vor der sich Tennstedt in die Partitur, an Schreibtisch und Klavier, einarbeiten muss. Eine immense Arbeitsleistung! Und vor jeder Aufführung extremes Lampenfieber!

**Spielzeit 1961/62** **Programme Schwerin**

*Die Schöpfung*, Oratorium von Josef Haydn
*Don Giovanni*, Oper von Wolfgang Amadeus Mozart
*Carmen*, Oper von Georges Bizet
Sinfoniekonzert: Britten, Lohse, Dvořák
*9. Sinfonie,* Ludwig van Beethoven
Sinfoniekonzert: Brahms, Telemann, Ibert
Zwei Sonderkonzerte mit verschiedenen Beethoven-Programmen
viele Repertoire-Aufführungen

**Spielzeit 1962/63**

*Die Hochzeit des Figaro*, Oper von Wolfgang Amadeus Mozart
Sinfoniekonzert: Honegger, Mozart, Schönberg, Ravel
Sinfoniekonzert: Schostakowitsch, Prokofjew
*9. Sinfonie,* Ludwig van Beethoven
Sinfoniekonzert: Anton Bruckner
*Don Giovanni*, Oper von Wolfgang Amadeus Mozart (Wiederaufnahme)
*Das Rheingold*, Oper von Richard Wagner
*Die Walküre*, Oper von Richard Wagner
Sinfoniekonzert: Brahms, Schostakowitsch
Sinfoniekonzert: Strauss, Brahms, Janáček
Johann-Strauss-Konzert
Sinfoniekonzert: Telemann, Ibert, Britten
*Der Ring des Nibelungen* komplett –
vierteiliger Opernzyklus von Richard Wagner
Sonderkonzert: Brahms, Schostakowitsch
Sinfoniekonzert: Honegger, Mozart, Schönberg
Sinfoniekonzert: Mozart, Bruns, Schubert
Fernsehkonzert – Das Meisterwerk: Mozart, Görner, Ravel

Diverse Konzerte mit Beethoven, Mozart, Bruns, Ravel, Honegger, Schönberg, Brahms

**Spielzeit 1963/64**
*Neunte Sinfonie*, Beethoven
Sinfoniekonzert: Beethoven-Programm
*Penelope*, Oper von Rolf Liebermann
*Das schlaue Füchslein,* Oper von Leoš Janáček
*Fidelio*, Oper von Ludwig van Beethoven
*Othello*, Oper von Giuseppe Verdi
*Der fliegende Holländer*, Oper von Richard Wagner
Sinfoniekonzert: Hindemith, Bach, Bruckner
*Salome*, Oper von Richard Strauss, (Insz.: Reinhard Schau)
Sinfoniekonzert: Beethoven, Reinhold, R. Strauss
*Ein deutsches Requiem*, Johannes Brahms
Sinfoniekonzert: Beethoven, Reinhold, R. Strauss
*Ein deutsches Requiem*, Johannes Brahms
Sinfoniekonzert: Tschaikowsky, Barber, Egk, Schubert
Sinfoniekonzert: Milhaud, Chatschaturjan, Debussy, Gershwin

**Spielzeit 1964/65**
*Jenufa*, Oper von Leoš Janáček, (Inszen.: Reinhard Schau)
Sinfoniekonzert: Bruckner, Bach
Sinfoniekonzert: Brahms, Beethoven, Mozart, Hindemith
Sinfoniekonzert: Prokofjew, Boccherini, Janáček, Ravel
„Zauber der Romantik“: von Weber, Brahms, Mendelssohn Bartholdy, Prokofjew, R. Strauss
Sinfoniekonzert: Mendelssohn Barth., Prokofjew, Strawinsky
*Gajaneh*, Ballett von Aram Chatschaturjan

**Weitere Sinfoniekonzerte** mit Werken von Poulenc, Gershwin, Mussorgski, Ravel, Prokofjew, Boccherini, Janáček, Strawinsky, Mendelssohn Bartholdy, Mozart, Beethoven, Bach, Bruckner.
**Schlosshof-Konzerte:** Mozart, Haydn, Saint-Saëns, Rossini, Respighi, Prokofjew

**Spielzeit 1965/66**
Sinfoniekonzert: Liszt, Chopin, Debussy
*Cardillac*, Oper von Paul Hindemith, (Insz. Reinhard Schau)
*Tiefland*, Oper v. Eugene d´Albert, (Insz. Reinhard Schau)
Sinfoniekonzert: Strawinsky, Mendelssohn B. Tschaikowsky
Sinfoniekonzert: Reger, Nowka, Schumann
Sinfoniekonzert: Gershwin, Ravel, Bach, Mussorgski/Ravel
Sinfoniekonzert: Monteverdi/Orff, Händel
Sinfoniekonzert: Mozart, Saint-Saëns, Rossini, Prokofjew

Der Operndirigent Klaus Tennstedt
Fotos: Nationaltheater Schwerin

Sinfoniekonzert: Mozart, Beethoven
*Die Zauberflöte*, Oper von Wolfgang A. Mozart, (Inszenierung: Reinhard Schau)
*Cardillac,* Oper von Paul Hindemith (Wiederaufnahme)
*Tiefland,* Oper von Eugen d´Albert (Wiederaufnahme)
*Ezio*, Oper von Georg Friedrich Händel
**Diverse Sinfoniekonzerte** mit einem bunten Strauss an Komponisten

**Spielzeit 1966/67**
Sinfoniekonzert: Wagner, Mahler: *Erste Sinfonie*
*Dantons Tod*, Oper von Gottfried von Einem (Inszenierung: Reinhard Schau)
Sinfoniekonzert: Britten, Hindemith, Strauss
*Die Zauberflöte*, von Wolfgang Amadeus Mozart (Wiederaufnahme)
Sinfoniekonzert: Gluck, Mozart, Schumann, Pfitzner, Rimski-Korsakow
drei weitere Sinfoniekonzerte, mit gemischtem Programm
*Tiefland* (Neubesetzungen), Oper von Eugen d´Albert
*Die Zauberflöte* (Neubesetzungen), Oper von Wolfgang Amadeus Mozart
Sinfoniekonzert: Liszt, Bernstein, Liebermann, Honegger
Sinfoniekonzert: Orff, Dallapiccola, Respighi
*Manon Lescaut,* Oper von Giacomo Puccini
*Katerina Ismailowa,* Oper von Dimitri Schostakowitsch

**Spielzeit 1967/68**
Neun Sinfoniekonzerte, im Allgemeinen je zwei Aufführungen
*Tosca*, Oper von Giacomo Puccini

**Januar 1969**
Nur noch ein Sinfoniekonzert: Beethoven-Programm

Eine beeindruckende Liste! Doch plötzlich reißt der arbeitsreiche Faden; das Programm der Spielzeit 1967/68 ist schon merkwürdig dünn, es gibt nur eine Puccini-*Tosca* als Neueinstudierung. Das Jahr darauf ist so gut wie leer.

Auch aus den Schweriner Zeitungen verschwinden die Nachrichten über Tennstedt. Keine Konzertankündigung, keine Rezension, kein stolzer Hinweis auf weitere Gastdirigate. Oft deutet solches Schweigen auf eine „Republikflucht" hin. Aber das kann es nicht sein, denn noch immer lebt Tennstedt mit seiner Frau in Schwerin.

Von ihm zunächst unbemerkt braut sich hinter den Kulissen des Schweriner Theaters ein heftiges Gewitter zusammen. Das unnachgiebige und oft wenig einfühlsame Verhalten des musikalischen Leiters stößt zunehmend auf Widerstand. Doch vorher sorgt der militärische Überfall auf ein kommunistisches Nachbarland dafür, dass Tennstedt endgültig mit seiner Umgebung bricht. Ein Bündel von brennenden Emotionen hat ihn erfasst: Enttäuschung, Wut, Neid, Verzweiflung.

## Gefeuert

Das Jahr 1968 gilt den revoltierenden westdeutschen Studenten als Wendepunkt für eine kulturelle und sexuelle Revolution. Die jungen Leute wollen die Denkmuster ihrer Eltern über Bord werfen und eine neue Freiheit erreichen. Für die Menschen im sogenannten „Ostblock" sind das Luxusprobleme, sie plagen ganz andere Sorgen. Sie haben die Mangelwirtschaft und die Schlangen vor den Geschäften satt. Es gibt zu wenig von allem und zu viel von dem, was man nicht braucht: Zwang und Gesinnungskontrolle, willkürliche Verhaftungen, Korruption, alles, was man überwunden glaubte. Die tschechoslowakische kommunistische Partei unter ihrem frisch gewählten Führer Alexander Dubček will es mit etwas mehr Demokratie versuchen und sich vorsichtig aus der Umklammerung des „großen Bruders" Sowjetunion lösen. Sehnsucht nach Freiheit liegt in der Luft. Die Unruhe in der Bevölkerung wächst. Doch schon bald walzen Panzer der Sowjetunion und mehrerer Ostblockstaaten den Aufstand nieder: das brutale Ende des „Prager Frühlings".

An diese deprimierende Zeit erinnert sich auch Reinhard Schau, damals Regisseur und enger Mitarbeiter Tennstedts am Staatstheater Schwerin.

**Info: Prager Frühling**

In der Nacht zum 21. August 1968 marschieren rund eine halbe Million Soldaten aus der Sowjetunion, Polen, Ungarn und Bulgarien in die Tschechoslowakei ein. Innerhalb weniger Stunden besetzen sie Flughäfen, Rundfunkstationen, Bahnhöfe, Postämter, Behörden. Es ist die größte Militäroperation in Europa nach 1945.

***Georg Wübbolt:* Was bedeutete das alles für Klaus Tennstedt?**

*Reinhard Schau:* Für ihn war es der entscheidende Knackpunkt: 1968 die Besetzung der Tschechoslowakei. Als Reaktion sind bei drei prominenten Orchestern der DDR die tschechischen Dirigenten weggeblieben: darunter Václav Neumann am Leipziger Gewandhaus, Martin Turnovský an der Staatsoper Dresden. Die haben sofort ihre Posten zur Verfügung gestellt, und auf einen Schlag waren drei prominente Stellen frei.

**Und Tennstedt hat sich sofort beworben?**

Klaus hat sich natürlich nirgendwo beworben, aber er wartete darauf, dass entweder die Komische Oper oder das Gewandhaus, und ich glaube, es war noch die Dresdner Oper, ihn auffordern, eine der Stellen zu übernehmen. Er ist mehrmals am Tag zum Briefkasten gelaufen, ob nicht vielleicht ein Eilbrief gekommen sei. Und der kam nicht. Das habe ich wirklich miterlebt. Das war der eigentliche Auslöser der großen Krise: dass er nicht angefordert wurde. Natürlich hat er sich danach gesehnt.

**Wie hat er auf Sie gewirkt?**
Ich kann das auch aus dem privaten Bereich sagen, dass er *[schüttelt seine erhobenen Hände]* immer nervöser wurde. Weil er damit gerechnet hat, dass eben drei Briefe dort waren. Dass die sich übertrumpften. Aber er bekommt nicht mal eine Einladung für ein Gastdirigat. Das hat bei ihm zu einer Übernervosität und Überreizbarkeit geführt.

Ein weiterer Grund für Ärger: Tennstedt kann seinen Mund nicht halten, wenn es um politische Überzeugungen geht, und das ist gefährlich in der DDR. Man weiß, dass die Tennstedts „unzuverlässig" sind. Der Sohn Janos hat das bei seinem Vater erlebt:

*Janos Kollmann:* Alle Schwierigkeiten öffentlich zu benennen in der DDR, wo sehr viel unter der Decke diskutiert wurde, aber dann vor dem ganzen Orchester, vielleicht sogar in der Kantine, hat auch dazu geführt, dass er innerhalb kürzester Zeit arbeitslos war.

Tennstedts verzweifelte Stimmung mündet in einen fürchterlichen Krach mit dem Orchester. Seine Laune kriecht permanent um den Tiefpunkt herum.

*Gebhard Kern, Schwerin:* Sieben Jahre sind `ne lange Zeit für einen Dirigenten im Orchester, und es regen sich Widerstände. Wenn einer da ist, der immer drückt und fordert, dann sagen die Musiker irgendwann: Jetzt habe ich die Schnauze voll, ich will meine Ruhe.

*Werner Mentzel, Konzertmeister:* Es war so, dass er hier eigentlich nicht vom Fleck kam. Und dann gab's den großen Knall, den leider ich ausgelöst habe. Wir hatten gerade – Weihnachten 1968 war `rum – die Sylvester-*Neunte* von Beethoven gehabt, und das erste Sinfoniekonzert des neuen Jahres kam. Auf dem Programm stand dieses *Pacific 231* von Arthur Honegger.

**Das musikalische Bild einer Lokomotive, die immer schneller wird.**
Niemand kannte es. Wir kamen zur ersten Probe, es war schlechtes Material. Tennstedt kam schon rein mit einer Laune, die ganz

schrecklich war. Das Stück fängt so an, dass man immer auf dem ungewohnten Taktteil einen scharfen Akzent setzen muss. Er bricht schon nach dem ersten Takt ab:

„Da stehen Akzente."

„Ja, natürlich", also noch einmal.

„Ich hab´ gesagt, da stehen Akzente, kriege ich endlich die Akzente?"

**Eigentlich musikalisch klar umzusetzen.**

Er wurde immer ungnäuslicher, immer bissiger, die Luft war elektrisch geladen wie nie, und dann ist noch was passiert. Und ich, der eigentlich sein Freund war, hatte plötzlich so eine Wut, mir ging's im Magen hoch, ich bin aufgesprungen und hab´ geschrien:

„Herr Tennstedt, Ihr Benehmen ist zum Kotzen!"

Da packt er die Taschen und rennt raus. Ich war selber erschrocken. Er ist dann sofort zum Arzt – seine Frau hat ihn vermutlich geschickt – und der hat konstatiert, dass er nervlich schwer angeschlagen ist.

In einer darauffolgenden Aussprache versucht Intendant Rudi Kostka, die aufgepeitschte Stimmung zu beruhigen. Doch längst hatte sich eine kräftige Fraktion gegen Tennstedt gebildet.

*Dieter Bülter-Marell:* Ein Oboist, der gleichzeitig Genosse und neuer Parteivorstand war, hat gesagt: „Herr Tennstedt, wir sind ein B-Orchester,[17] wir wollen gar nicht besser werden. Sie wollen das, Sie wollen Karriere machen, nicht wir. Sie überfordern uns permanent." Das war der umstrittenste Musiker, der eigentlich – musikalisch gesehen – da gar nicht hätte sitzen dürfen, der sich aber sozusagen durch die Parteimitgliedschaft hielt.

Das ist natürlich für jemanden wie Tennstedt, der mit Hingabe arbeitet und auch weiterarbeiten will, ein Schlag ins Gesicht. Da ist eine Zusammenarbeit nicht mehr möglich. Sie wird faktisch beendet.

*Reinhard Schau*: Tennstedt lebte weiter in Schwerin, aber er lebte sehr zurückgezogen und musizierte nicht mehr mit dem Orchester. Er wurde krankgeschrieben und hat dann eine richtige Auszeit genommen, war eine Zeit lang in der Klinik, ich sag´ mal, zur Erholung, um einfach Luft zu schnappen. Das war im Frühjahr 1969.

*Werner Mentzel:* Auf alle Fälle war es für das Theater wirklich schlimm. Wir waren praktisch ohne guten Chef, und danach hat sich die Chefsituation auch nie wieder erholt.

Tennstedt wird entlassen. Schwerin ist Geschichte. Das heißt aber nicht, dass er keine Arbeit hat. Inzwischen ist er besser vernetzt. In den zwei Jahren nach dem Krach in Schwerin folgen Einladungen an die Komische Oper Berlin, wo er 1970 einen Gastvertrag für regelmäßige Dirigate bekommt. Er leitet insgesamt acht Vorstellungen des Balletts *Undine* von Hans Werner Henze. Hinzu kommen Einladungen an das Gewandhaus in Leipzig und zu den Dresdner Philharmonikern. Dieter Härtwig, mit ihm seit Radebeuler Zeit verbunden, ist hier seit 1965 Chefdramaturg, und der neue Musikalische Leiter heißt Kurt Masur. Beide sorgen dafür, dass Klaus regelmäßig eingeladen wird. Er hatte dort schon zwölf Konzerte dirigiert. Je zwei weitere folgen in den Jahren 1969, 1970 und Anfang März 1971.

Foto: Wolfgang Müller/Landesbühnen Sachsen

Damit unterhält Tennstedt gute Beziehungen zu drei großen Opernhäusern der DDR. Fehlt nur noch die Staatsoper Unter den Linden. Und – ganz wichtig! – der Kontakt nach Schweden ist nie abgerissen. Tennstedt nimmt den Faden wieder auf und bringt sich für weitere Engagements ins Spiel.

Seine Konzertreihe an der Komischen Oper beginnt am 5. März 1970 mit den *Kindertotenliedern* (Solistin: Margarita Lilowa). Es ist nach der *Ersten Sinfonie* das zweite Werk, das er von Gustav Mahler aufführt. Diese Orchesterlieder sind wohl nicht zufällig ausgewählt, denn ein dreiviertel Jahr zuvor trifft Tennstedt ein völlig unerwarteter Schlag.

# HEIDI
## „eine Tochter so wie Klaus“

Heidi Tennstedt

Tennstedts Tochter Heidi aus der ersten Ehe mit Anita ist mit ihren 23 Jahren eine hübsche und kokett dreinschauende junge Frau, schlank, rötliche Haare, leichte Sommersprossen. Das prägnante Kinn und vor allem eine hochgespannte Sensibilität hat sie vom Vater. Als Kind ist sie sehr dünnhäutig, auch kränklich. Ihre Mutter führt das auf die Würzburger Hungerjahre nach dem Krieg zurück.

Heidi beginnt ein Musikstudium, bricht es aber bald wieder ab und studiert Sprachheilkunde. Sie ist, wie ihre Mutter Anita Staudt erzählt, auch charakterlich „eine Tochter so wie Klaus“. Sie wohnt bei ihrer Mutter und deren zweitem Ehemann Max Staudt in Halle, besucht aber ab und zu ihren leiblichen „Vati“ Klaus. Auch nach Schwerin kommt sie, und so hat der Vater den Kontakt nie ganz verloren.

Heidi

Schon gar nicht zu Weihnachten. Da weiß Anita eine lustige Geschichte zu erzählen. Wenn er nicht gerade zu dirigieren hat (wie meistens), kommt Klaus zu ihr und Max. Natürlich bringt er ein Geschenk für seine Heidi mit. Die sitzt schon erwartungsvoll am Fenster und ruft in Richtung Max: „Vati, Vati, da kommt der Vati.“

Heidi scheint äußerlich ein ganz normales Mädchen gewesen zu sein, doch innerlich ist sie zerbrechlich wie feines Glas. Ingrid Hellmann, eine Bekannte der Familie, kennt die ganze Geschichte:

> *Ingrid Hellmann:* Sie hatte sich irgendwann in einen Mann verliebt, der drei Kinder hatte. Sie begannen ein Verhältnis, und nach einiger Zeit hat er ihr wohl gesagt, dass er bei seiner Frau bleiben will. Dann ist Heidi mit dem Fahrrad an den Hufeisensee gefahren, etwas außerhalb von Halle. Dort muss sie sich dann hingelegt haben – betrunken wahrscheinlich, das sah man an der fast leeren Flasche – und hat eine ganze Packung Schlaftabletten genommen. In der Früh die Arbeiter, die dort entlanggegangen sind, haben sie gefunden.

Klaus Tennstedt weiß nichts von diesen Hintergründen, wird aber sofort benachrichtigt. Was mag in dem Mädchen vorgegangen sein? Hatte er sich nicht genug gekümmert? Trägt er eine Mitschuld an ihrem Freitod? Fragen, auf die es keine Antwort mehr gibt.

Und nun erinnert er sich an den Gesangszyklus der *Kindertotenlieder.* Gustav Mahler hatte sie 1904 vollendet, just nachdem seine zweite Tochter Maria-Anna geboren worden war. Alma Mahler, seine Frau:

> Maria-Anna war ganz sein Kind. Wunderschön und trotzig. Schwarze Locken, große blaue Augen. Jeden Morgen ging sie in Mahlers Arbeitszimmer. Dort sprachen sie lange miteinander. Niemand weiß, was. Aber beide kamen so verbunden und befriedigt von ihren Gesprächen an, dass ich meine heimliche Freude daran hatte.[15]

Tochter und Vater

Das Kind stirbt mit vier Jahren an Diphtherie. Alma wird ihrem Gatten vorwerfen, er habe diesen Tod herbeikomponiert.

Und plötzlich findet sich Klaus Tennstedt in einer vergleichbaren Situation. Drei schwere Schläge werfen ihn nieder, in kurzer Folge: Übergangen bei der Vergabe von Dirigentenposten, Rauswurf in Schwerin, und nun der freiwillige Tod seiner Tochter. Heidi nimmt sich am 4. Juli 1969 das Leben, 23 Jahre alt, „gegen 6 Uhr“ wird sie gefunden, wie auf der Sterbeurkunde vermerkt ist.

Heidi war ein im Grunde ungeliebtes, abgeschobenes Kind. Sie hatte bereits einen Selbstmordversuch hinter sich. War sie nach den Worten ihrer Mutter Anita „eine Tochter so wie Klaus“, so sehen wir auch bei ihrem Vater eine Persönlichkeit der zittrigen Balance zwischen Hingabe und Absturz.

Wie sehr Tennstedt von Gustav Mahler fasziniert ist, wissen wir schon lange. Nach der *Ersten Sinfonie* macht er den zweiten Schritt, er vertieft sich in die *Kindertotenlieder*, eine Auswahl von fünf Gedichten Friedrich Rückerts. Dieser hatte zwei seiner sechs Kinder verloren und als Reaktion auf ihren Tod mehrere hundert Gedichte verfasst.

Ein dreiviertel Jahr nach dem Suizid seiner Tochter dirigiert Klaus dieses zutiefst bedrückende, am Schluss ein wenig Trost spendende Werk in einem Konzert an der Komischen Oper Berlin. Es ist das private Requiem für seine geliebte Tochter und bleibt es für immer. Später wird er es oft ins Programm nehmen, gerade auch in Amerika. Doch kaum jemand ahnt, was ihn mit diesem Werk verbindet. Hier der Schluss des letzten der fünf Gedichte:

> In diesem Wetter, in diesem Saus,
> Sie ruh'n als wie in der Mutter Haus,
> Von keinem Sturm erschrecket,
> Von Gottes Hand bedecket.
> Sie ruh'n wie in der Mutter Haus!

Darin kann der trauernde Vater sich wiederfinden. Dieser Gesangszyklus markiert einen wichtigen Schritt in den Kosmos dieses Komponisten hinein. Immer mehr führt ihn Mahler durch seine ureigene Welt, durch das ganze Drama der menschlichen Existenz. Mit der *Ersten Sinfonie* hat Tennstedt das Tor aufgestoßen, mit den *Kindertotenliedern* tritt er hindurch.

Viele Jahre später sitzt er mit John Willan, seinem Produzenten bei der Plattenfirma EMI, zusammen beim Dinner. Das Gespräch kommt auf Mahler, und Klaus sagt:

> „Was meine Kollegen nicht verstehen, ist: Um Mahler zu dirigieren, muss man gelitten haben." Ich sage zu ihm:
> „Na komm, Klaus, du hast gelitten?"
> „Ha, du hast ja keine Ahnung."
> „Du hast einen Rolls-Royce zu Hause, du trägst ein sehr teures Sakko, du bist ein berühmter Dirigent, du tourst durch die ganze Welt", da sagt er:
> „Das erzähle ich niemandem, aber dir werde ich es erzählen: Wenn ich einen Wunsch in meinem Leben hätte, dann wäre es, fünf Minuten mit meiner Tochter zu verbringen."
> „Ich wusste nicht, dass du eine Tochter hast."
> „Natürlich nicht. Ich möchte wissen, warum sie sich getötet hat."
> Jetzt wusste ich nicht mehr, was ich sagen sollte. Klaus:
> „Sie war 23. Ich glaube, es hatte mit einem Mann zu tun. Aber ich würde so gerne mit ihr reden."

## Fluchthelfer Masur?

Tennstedt steht wieder einmal vor den Trümmern seines Lebens. Nicht einmal seine Heimat will ihn! Dabei hätte er sie am liebsten längst verlassen. All die Jahre sehnte er sich nach der großen Welt, wo er sein Talent beweisen und eine Karriere hätte aufbauen können. Inge ist wohl wieder einmal seine Rettung. Sein Anker, der den Abdriftenden am Boden hält.

Wie oft werden die beiden hin und her überlegt haben, wie sie die DDR verlassen könnten. Sie werden sich mit vertrauten Kollegen beraten, beim Skat unter Freunden nach kleinsten Hinweisen gelauscht haben. Immer in der Sorge, wem man trauen kann oder wer vielleicht ein „Informeller Mitarbeiter", ein Spitzel für die Stasi ist. Eine weitere lebensgefährliche Flucht über die Ostsee kommt für Inge nicht in Frage. Als letztes bliebe, ganz offiziell einen Ausreiseantrag zu stellen.

Den Weg sind einige gegangen. Aber wer ihn versuchte, musste mit ständigen und harten Schikanen rechnen, bis hin zu Strafverfolgung und Inhaftierung. Tennstedt hätte nicht mehr dirigieren dürfen, und damit ist diese Option vom Tisch. Es bleibt die bittere Erkenntnis: kein Entkommen; eingemauert.

Natürlich weiß das Ministerium für Staatssicherheit, dass die Tennstedts unzuverlässig sind. Vor allem der oft aufbrausende Klaus, der seinen Mund nicht halten kann. Der schon als junger Mann bewiesen hat, dass ihm irgendwelche Regeln und die kommunistische Weltanschauung völlig egal sind. Seine Akte mit systemkritischen Äußerungen schwillt von Jahr zu Jahr an. Längst pfeifen es die Spatzen von den Dächern, dass er nichts sehnlicher wünscht als den Arbeiter- und Bauernstaat zu verlassen.

> *Klaus Tennstedt:* Ich hasste das System – man kann es so brutal sagen – und sie hassten mich. Ich habe mich gewehrt gegen die damaligen DDR-Komponisten, sie aufzuführen. Und das sollten wir, dazu sollten wir gezwungen werden, eine Blabla-Musik. Ich meine, es gab einige, Siegfried Matthus zum Beispiel, ein Hochbegabter. Der [Friedrich] Goldmann, ein Hochbegabter. Aber die anderen, damit konnte ich nichts anfangen. Und das haben die von uns verlangt. Da haben sie mich natürlich fertig gemacht. Ich hatte das Gefühl, da ist mehr in meinem Kopf, meinem Herzen, meinem Körper, als ich in der DDR hätte tun können.

In den letzten Herbsttagen des Jahres 2014 bekam ich, der Autor dieser Zeilen, einen Anruf von Kurt Masur. Er wolle mit mir über Klaus sprechen. Ich hatte ihn schon lange darum gebeten und zunächst keine Antwort erhalten. Aber jetzt war es ihm wohl ein Anliegen, diese besondere Freundschaft noch einmal vor mir, dem Tennstedt-Biografen, auszubreiten.[18]

Bald kamen wir auf die Flucht zu sprechen. Masur ließ durchblicken, dass die Kulturbehörde der DDR Tennstedt sehr genau im Auge behielt. Klaus Gysi (der Vater des heutigen Politikers Gregor Gysi) war damals Minister für Kultur. Sein Erster Staatssekretär und späterer Nachfolger war Hans-Joachim Hoffmann („Leiter der Abteilung Kultur beim Zentralkomitee der SED"). Der sprach mit Masur über die Angelegenheit:

> *Kurt Masur:* Ich kriegte eines Tages einen Anruf vom Minister [gemeint ist Hoffmann], ich sei doch sehr befreundet mit Klaus Tennstedt, und was ich darüber denke. Sie hätten nämlich das Gefühl, dass Tennstedt aus der DDR raus möchte, und was ich dazu meine. Da wusste ich schon längst, dass Klaus unglücklich war über all die Jahre. Ich habe dem Minister damals gesagt: Herr Minister, wenn Sie den Klaus nicht kaputt machen wollen, dann lassen Sie ihn gehen, lassen Sie ihm die Freiheit. Er würde auch immer wieder zurückkommen. Und sie haben´s gemacht.

Hoffmann und Masur

„Sie hätten nämlich das Gefühl" ist wohl eine wolkige Umschreibung dafür, dass die Kulturbehörde längst über irgendwelche Fluchtwünsche informiert war. Fast alle Gesprächspartner aus der früheren DDR erklären mir jedoch, dass das von Masur beschriebene Szenario völlig unmöglich gewesen sei. Zur Erinnerung: Wer auch immer es wagte, aus der DDR zu fliehen – seine Familie zuhause musste mit den Konsequenzen leben: Berufsverbot, öffentliche Ächtung, Entfernung der Kinder von höherer Schule und Universität und so weiter. Tennstedt war nicht mächtig genug, um hier eine Ausnahme zu ermöglichen.

Warum sollte Masur sich das aus den Fingern saugen? Hat er es nötig, sich als Held zu stilisieren? Als Wiedergutmachung an seinem Freund, wofür auch immer? Natürlich impliziert er mit dieser Geschichte, dass Klaus einzig durch seine Fürsprache in die Freiheit kam.

Wir wollen nicht ganz ausschließen, dass Staatssekretär Hoffmann den Fall auch menschlich gesehen haben könnte. Schließlich war es das Kulturministerium, das sich immer wieder geweigert hatte, Tennstedt einen der großen Chefposten zu geben. Und nun hat der Mann auch noch seine Tochter verloren, durch den grausamsten aller Gründe, den Suizid. Man könnte gesehen haben, dass dieser armselige Mensch in einer Sackgasse steckt und nicht heraus weiß.

Wie man es dreht und wendet: Die Sache ist komplex, und manches passt einfach nicht zusammen. Was damals im Einzelnen geschah, lässt sich heute kaum noch entwirren. Möglicherweise hat sich hinter den Kulissen etwas abgespielt, wovon die Familie Tennstedt nichts oder nur wenig ahnte. Kurt Masur hatte immer einen heißen

Kurt Masur, Judy Grahame (Marketing Director LPO), Klaus Tennstedt Foto: John Willan

Draht zur Politspitze und damit einigen Einfluss. Zwar war er „nie in der Partei“, aber er wusste, wie man deren Kader um den Finger wickelt. So ist es auch seinem unermüdlichen Taktieren zu verdanken, dass sich die finanziell klamme DDR den Neubau des Leipziger Gewandhauses leistete. Neben dem Wiederaufbau der Semperoper Dresden ist das die wichtigste architektonisch-kulturelle Großtat des ehemaligen kommunistischen Staates. Natürlich bekränzte sich Masur mit eigenem Lorbeer: Er blieb 26 Jahre lang Chef der Institution „Gewandhaus“, sogar noch bis einige Jahre nach der Wende.

Wie war es wirklich um die Freundschaft der beiden bestellt? Leuchten wir einmal hinein in die Nischen und Kammern dieser lebenslangen Beziehung.

## Ziemlich beste Konkurrenten

### Kurt Masur und Klaus Tennstedt

Mitleid bekommt man geschenkt, Neid muss man sich verdienen, so heißt es. Dieses giftgrüne Gefühl spielt im Verhältnis der beiden Männer immer mal wieder die Hauptrolle. Dabei beginnt alles fast unschuldig am Landestheater Halle an der Saale.

***Georg Wübbolt:*** **Herr Masur, wann haben Sie Klaus kennengelernt?**

*Kurt Masur:* Im Spätsommer 1948. Klaus war damals noch Konzertmeister, ich kam als Korrepetitor und Zweiter Kapellmeister nach Halle. Er war für mich schon ein gestandener Musiker, während ich ein absoluter Anfänger war. Wir lernten uns kennen und lernten uns lieben, und wir lernten miteinander umzugehen.

**Was haben Sie mit ihm unternommen?**

Klaus hat mich stark beeindruckt durch seine Besessenheit, es gab bei ihm immer nur Alles oder Nichts. Klaus war ja so begeisterungsfähig. Er hat immer gebrannt für die Musik. Er glühte, aus den Augen und aus den Fingerspitzen.

Alle Gespräche mit Klaus, wenn sie über Musik gingen, waren mit Leidenschaft geführt. Manchmal sich gar nicht scheuend, den anderen auch mal zu beleidigen: Hier irrst du, hier machst du was falsch. Dass eine Freundschaft so tief und so eng werden kann wie unsere, ohne Neid aufeinander, das gehört zu den großen Seltenheiten.

**Waren Sie auch bei der Familie Tennstedt zuhause?**

Ja, manchmal.

**Wie war denn das, mit Vater und Mutter?**

Ganz einfach, ganz einfach. Es war eine Familie, die hatte ihren Kreis und wirkte nicht besonders spektakulär, aber sie waren sehr selbstbewusste Musiker. Sie waren natürlich stolz auf Klaus. Besonders der Vater, auch wenn er mal geschimpft hat. Seine Mutter sagte dann zu Klaus: „Schau mal, wie der Kurt arbeitet: zielstrebig und akkurat, und du hier? Wenn du nur ein wenig so wärst wie Kurt!“ Er hat mir einmal über diese Zeit gesagt: „Wenn ich von meiner Mutter den Namen Kurt schon hörte, dann wurd´s mir übel.“

Diese Geschichte hat Masur auch dem Londoner Musikschriftsteller Norman Lebrecht erzählt. Dieser fügt eine subtile Beobachtung hinzu:

> *Norman Lebrecht:* Als Kurt mir das erzählt, höre ich den unbewussten Subtext dessen, was er zu sich selbst sagt: „Wäre ich doch nur ein wenig wie Klaus! Warum kann ich nicht freier sein, wie ein natürliches Genie, das darauf hört, was in mir vorgeht, anstatt der einflussreiche Kapellmeister sein zu wollen?" Das kam sehr stark von ihm rüber.

Klaus der Chaot, Kurt der durchorganisierte Karriereplaner. Aber noch ist der junge Anfängerdirigent im Hintertreffen.

> *Kurt Masur:* Klaus und ich haben uns gegenseitig kritisiert, er natürlich im Orchester sitzend, und dann musste ich mir als junger Kapellmeister auch mal was sagen lassen.

Wahrscheinlich öfter, als ihm lieb war, und da wird es heikel: Eigentlich sollte der Dirigent dem Orchestermusiker „was sagen" und nicht umgekehrt. Sehr unbequem für Masur. Es wäre verständlich, wenn er deshalb einen leisen Groll hegte. Das hat er Klaus nicht verziehen! Wie Norman Lebrecht erfuhr, fühlte sich der junge „Dirigent für Tänze" wie in einem Schraubstock:

> *Norman Lebrecht:* Masur sagte, es war furchtbar, denn du hattest Klaus auf der einen Seite, Konzertmeister der Ersten Geigen, seinen Vater auf der anderen, Konzertmeister der Zweiten, und du, Kurt Masur, 20 Jahre alt, sagst ihnen, was sie tun sollen? Unmöglich!

60 Jahre später klingt das bei Masur etwas sanfter. Bei seinem Interview mit mir hat sich der milde Schleier der Erinnerung über die Szene gelegt:

> *Kurt Masur:* Ich nahm Klausens Kritik dankbar entgegen, weil sie mir half, weiterzukommen und Erfahrung zu sammeln. Wir haben uns immer – und das mag jetzt komisch anmuten – über den Erfolg des anderen gefreut.

Das mutet tatsächlich komisch an. Wir werden sehen, dass das Gegenteil der Fall ist. Rollen wir einmal den jeweiligen „Erfolg des anderen" zu DDR-Zeiten auf. Tennstedt verliert gegenüber Masur schon in den Startlöchern einige Jahre. Er hat noch mit dem Übergang vom Geiger zum Dirigenten zu kämpfen. Zudem verhält er sich in den Augen der Staatsorgane renitent. So sieht er immer nur die Rücklichter seines Freundes, der in der Karriere davonbraust. Wir stellen die beiden einander gegenüber:

| **Tennstedt** | (GMD = Generalmusikdirektor) | **Masur** |
|---|---|---|
| 1948-51 | Stellv. Konzertmeister 1. Viol. | Korrepetitor und „Dirigent für Tänze“, Halle |
| 1951-53 | Korrepetitor + 2. Kapellmstr. Halle | 1. Kapellmeister Erfurt |
| 1953/54 | 2. Kapellmeister in Halle | 1. Kapellmeister Städtisches Theater Leipzig |
| 1954-58 | 1. Kapellmeister in Karl-Marx-Stadt | + Dirigent der Dresdner Philharmoniker |
| 1958-62 | GMD in Radebeul „zur Bewährung“ | 1958-60 GMD in Schwerin |
| | | 1960-64 GMD Komische Oper Berlin |
| | | Beginn der Gastspiele im westl. Ausland |
| 1962-69 | GMD Schwerin, einzelne Gastspiele im Ostblock, Göteborg, Salzburg | 1964-67 rege Gastspieltätigkeit im westlichen Ausland (unter anderem Brasilien) |
| 1969 | Als GMD in Schwerin gekündigt, einzelne Gastdirigate in der DDR | 1967-72 Chefdirigent Dresdner Philharmoniker |
| | | 1970-96 Gewandhaus-Chef in Leipzig |
| 1971 | Flucht über Schweden in die BRD | Über 900 internat. Tourneekonzerte mit dem Orchester – das Karrieremaximum in der DDR |
| 1972-76 | GMD Oper Kiel, einzelne Gastspiele in Westdeutschland | |
| 1974 | Gastspiel in Toronto, Kanada, danach internationaler Durchstart | 1976-80 1. Gastdirigent Dallas Symphony. Eröffnung des neuen Gewandhauses in Leipzig 1981 |

In den „Geschichten vom Herrn Keuner“ von Bertolt Brecht gibt es eine Episode, in welcher Herr Keuner (Herr „Keiner“) sich vor Zuhörern gegen die Gewalt ausspricht. Da steht hinter ihm die Gewalt. „Was sagtest du?“ fragt die Gewalt. „Ich sprach mich für die Gewalt aus“, sagt Herr Keuner. Später wird er gefragt, ob er denn kein Rückgrat habe. Er antwortet: „Ich habe kein Rückgrat zum Zerschlagen.“

Das führt uns zu Masur. Er lässt sich sein Rückgrat nicht zerschlagen und erhält dafür eine reibungslose Karriere. War er ein überzeugter Kommunist? Wir wissen es nicht. War Karajan ein überzeugter Nazi, nur weil er in der NSDAP war? Darüber sollten wir uns heute kein Urteil erlauben. Masur jedenfalls spielt die Tonleiter der kommunistischen Machthaber und bekommt „sein“ Gewandhaus gebaut! Und er sorgt dafür, dass dieses Konzertgebäude auf ewig mit seinem Namen verbunden bleibt.

> *Peter Alward, EMI:* Man kann viel über Masur sagen, aber ein liebenswürdiger Typ war er weiß Gott nicht *[lacht].* Ich bin zur Eröffnung des neuen Gewandhauses mit Karajan und Peter Girth, dem damaligen Intendanten der Berliner Philharmoniker, nach Leipzig gefahren. Wir sind dann in Masurs Büro im Gewandhaus gegangen. Na Servus, mit goldenen Leuchtern und sowas, und die Akolythen [Untergebenen], die herum waren, so geduckt vor Masur, nicht vor Karajan, nein, vor Masur. Der war schon ziemlich despotisch in seinem Amt.

Norman Lebrecht hat Masur später zu einem ausführlichen Interview getroffen. Er erinnert sich, dass sie die erste halbe Stunde nur über Klaus sprachen.

> *Norman Lebrecht:* Mir wurde klar, dass es eine Art Symbiose zwischen den beiden gab. Ja, Klaus war neidisch auf Kurt. Und Klaus, wenn er über Kurt sprach, war immer ein bisschen zurückhaltend *[wackelnde Handbewegung]*. Aber als Klaus krank war und im Sterben lag, ist Kurt zu ihm gegangen und hat ihn aufgemuntert, und er – er liebte ihn. Ja, er hat ihn geliebt, auf seine eigene Kurt-Masur-Art. Kurt war ein unglaublich schwieriger Mann mit unglaublich schwierigen Situationen in seinem Leben. Er musste all diese Dinge tun, um zu überleben und erfolgreich zu sein. Aber in gewisser Weise ist Klaus sein *Alter Ego*. Die Person, die Kurt hätte sein können, wenn er sich erlaubt hätte, frei zu sein. Ja, wenn er sich von seinen Instinkten hätte leiten lassen und nicht von seinen Karriereplänen. Klaus wusste nie, was gut für seine Karriere war, und wenn er es wusste, war es ihm egal *[amüsiert]*. Und Klaus, das war immer Klaus.

Tatsächlich tritt Masur nicht in die „Sozialistische Einheitspartei Deutschlands" ein (die SED – wie natürlich auch Tennstedt nicht). Denn er weiß, dass man sich besser nicht allzu gemein macht mit dem System. In diesen Nachkriegsjahren sind die Beispiele Karajan und Furtwängler noch frisch: Dem Ersten wurde die Mitgliedschaft in der NSDAP nachgewiesen, dem Zweiten vorgeworfen, er sei im Land geblieben und habe sich den Nazis nicht entgegengestellt. Beide erhielten jahrelanges Dirigierverbot. Das sollte Masur nicht passieren.

Andererseits wurden nach dem Krieg Dirigentenkarrieren hochgespült, die es sonst wohl kaum so gegeben hätte. Georg Solti konnte seine Karriere beginnen, weil nach dem Krieg all jene Dirigentenstellen frei wurden und man händeringend Ersatz suchte. Man nahm buchstäblich den Erstbesten. Solti war zufällig vor Ort, und so wurde er Generalmusikdirektor an der Münchner Staatsoper, praktisch ohne jemals eine Oper dirigiert zu haben. Aus dieser Position der Stärke heraus – und mit enormem Fleiß und Charisma – konnte er seine internationale Karriere starten.

Tom Eisner, Geiger beim London Philharmonic Orchestra, wundert sich noch heute, dass Masur ihm schon 1987, also zwei Jahre vor dem Mauerfall, sagte: „Alles ändert sich gerade", und dass die Stimmung in der DDR dabei sei zu kippen. Also schlägt Masur sich rechtzeitig auf die andere Seite gegen „die Gewalt", gegen die DDR-Politspitze, von der er so lange profitiert hatte. Fortan gilt er als mutiger Held, der mit dazu beigetragen habe, dass die „Revolution zur Wende“ unblutig verlief.

Tennstedt hingegen beweist während seiner DDR-Zeit Rückgrat, und es wird ihm gebrochen. Er bekommt die Quittung für seine Aufmüpfigkeit: Alle Karrieremöglichkeiten, die ihm zugestanden hätten, werden verhindert oder zurechtgestutzt. Das ist die DDR. Zumindest in dieser Hinsicht nur die rote Fortsetzung des braunen Nationalsozialismus.

Wir können sicher sein, dass Masur die Karriere seines Freundes genau verfolgt hat. Er würde sagen: Jeder ist seines Glückes Schmied, und wenn du, mein lieber Klaus, auf die politischen Verhältnisse keine Rücksicht nehmen willst, dann musst du eben die Konsequenzen tragen.

Doch das Blatt wendet sich. Als Tennstedt später diese unerwarteten Erfolge in London und Amerika, ja auf der ganzen Welt feiert, da ist es an Masur, neidisch zu sein, auch wenn er das nicht zugeben würde. Endlich kann Tennstedt zeigen, was er hat:

> *Tomoko Masur:* Eines Tages in den achtziger Jahren kamen er und Inge hier in Leipzig mit seinem Rolls-Royce an, der passte gerade so durch die Einfahrt. Ich dachte: boah, dieser dicke Rolls-Royce.
>
> *Kurt Masur:* Da war er mächtig stolz drauf. Später hat er ihn verkaufen müssen, sagte: Weißt du, ich konnte das nicht aushalten. Die Bediensteten haben den Wagen immer vor den Hoteleingang gestellt, und ich habe mich dann drinnen so hingesetzt, dass ich den Wagen im Blick hatte. Und bald fingen Kinder an, daran zu kratzen, da bin aber raus! Einmal haben sie den Rolls-Royce-Engel vom Kühler abgebrochen.

...im neuesten Rolls-Royce Foto: Edith Albrecht

Es bleibt dabei: Die vorherrschende Emotion zwischen den beiden ist Neid. Der Bruder des Neids ist der Hass, und der liegt auch irgendwo auf der Lauer, zumindest bei Klaus. Mir gegenüber beschließt Masur seine Erinnerung mit einer rührenden Aussage:

> Wenn ich zurückdenke, wen ich als besten Freund in meinem Leben bezeichnen würde, dann ist es Klaus.

Inge Tennstedt, Kurt Masur, Klaus Tennstedt, Tomoko Masur Foto: Judy Grahame

## Eine kleine Bildbetrachtung

Dieses Foto entstand bei einem gemeinsamen Treffen in einem Londoner Restaurant Mitte der 1980er Jahre. Beide Dirigenten befinden sich auf dem Höhepunkt ihrer Karriere. Dies ist natürlich nur ein Schnappschuss, ein zufälliger Moment, der sich in der Sekunde danach schon hat auflösen können; aber er sagt einiges über die vier Protagonisten.

Masur dominiert das Bild. Er präsentiert sich selbstgewiss und als Herr der Lage. Er umfasst die beiden Tennstedts wie ein Übervater, der sich noch um das Wohl seiner beiden Schützlinge kümmern muss. Und sie von Herzen liebt?

Inge traut dem nicht. Sie schaut zu Klaus, als wolle sie ihn fragen: Was sagst du zu dieser seltsamen Umarmung? Als Antwort schaut Klaus lieber nirgendwo hin. Er scheint sich jedenfalls nicht wohlzufühlen, ist eher eingeklemmt wie in einem Schwitzkasten. Auch seine Hände sehen nicht gerade entspannt aus. Die einzige unbeschwerte Person auf dem Bild ist Tomoko, frei und fröhlich, mit bezaubernder Ausstrahlung. Die andern drei scheinen eine recht komplizierte Geschichte miteinander zu teilen.

# Sprungbrett in die Freiheit
## Göteborg 1971

Wer als Künstler aus der DDR im Westen arbeiten will, muss für die Staatssicherheit eine Reihe von Kriterien erfüllen. Eines davon lautet: Er oder sie sollte eine Familie zurücklassen, zu der eine emotionale Bindung besteht, am besten mit Kindern.

Dass Klaus Tennstedt auf seine Inge nicht verzichten kann, ist bekannt. Außerdem dirigiert er an der Komischen Oper Berlin und in Dresden, und das würde er nicht so einfach aufgeben. Es scheint also Gründe genug zu geben, dass er mit Sicherheit zurückkommen würde. Und seine Kinder? Zugegeben, weder zu Janos noch zu Heidi hat er ein besonders enges Verhältnis. Aber ihre bloße Existenz könnte hilfreich gewesen sein, um im Westen arbeiten zu dürfen.

Zum ersten Mal erhält Tennstedt für den Sommer 1966 eine Konzerteinladung nach Göteborg, der quirligen Universitätsstadt an der schwedischen Ostseeküste. Aus ungeklärten Gründen wird das Konzert jedoch abgesagt.

Ein Jahr später klappt es dann doch. Für ein Konzert am 18. August 1967 beantragt er ein Ausreisevisum und bekommt es auch, zusammen mit den Proben für gut eine Woche. Wahrscheinlich bringt ihn die Ostseefähre von Sassnitz nach Göteborg. Er dirigiert ein buntes Arienprogramm mit der amerikanischen Sängerin Felicia Weathers, begleitet von den Göteborger Symphonikern. Pünktlich kehrt er nach Schwerin zurück und legt damit den Grundstein für weitere Konzertreisen ins halbwegs befreundete Ausland.

Eine dritte Einladung erfolgt erst im Frühjahr 1971. Janos Kollmann erinnert sich an Erzählungen seiner Mutter Inge. Er gibt folgendes zu Protokoll:

> *Janos Kollmann:* Es gab die Idee, die auch offiziell an das Kultusministerium herangetragen wurde, ob mein Vater nicht für eine begrenzte Zeit nach Schweden, also nach Göteborg gehen könnte. Das Orchester dort wollte ihn fest verpflichten.

Tatsächlich erhält Tennstedt die Zusage für ein längeres Engagement am dortigen *Stora Teatern*. Er wird eine komplette Neuinszenierung der Johann-Strauß-Operette *Die Fledermaus* einstudieren und dirigieren. Das bedeutet mehrwöchige Proben ab Anfang Januar, für die er nun Zeit hat. Premiere ist am 18. Februar 1971, danach dirigiert er eine Reihe von Aufführungen. Das bedeutet, dass er sich drei Monate in Schweden aufhalten wird, und entsprechend dürfte das Visum ausgestellt worden sein. Zwischen den Vorstellungen kehrt er in die DDR zurück, da er im März und April noch Verpflichtungen an der Komischen Oper und bei den Dresdner Philharmonikern hat.

Der Gedanke an Flucht lässt Tennstedt keinen Augenblick los. Doch von jeder Reise wird er zurückkehren, vor allem, weil seine Inge zuhause bleiben muss. Wann bietet sich endlich die passende Gelegenheit? Vielleicht hier in Schweden? Aber wohin? Wieder bei Null anfangen, ohne ein Netz an Freundschaften und beruflichen Kontakten, wie er es im Osten aufgebaut hat?

Noch findet sich keine Gelegenheit zur Flucht. Stattdessen genießt Tennstedt das bunte Musikleben Göteborgs. Dabei fällt er Torgny Gustafsson auf, ein inzwischen emeritierter Physikprofessor, der Anfang 1971 noch hier lebte:

> *Torgny Gustafsson:* Tennstedt dirigierte einige Aufführungen von *Die Fledermaus* an der dortigen Oper (Stora Teatern). Er besuchte auch häufig die Konzerte des Sinfonieorchesters. Was vielleicht noch interessanter ist (angesichts der konservativen Musik, die er später aufs Programm setzte): Er besuchte alle Kammermusikkonzerte, in denen „moderne Musik" gespielt wurde (das taten nicht viele, und wir beachteten uns gegenseitig).
>
> Ich sehe ihn noch vor mir, wie er in der Pause eines dieser Konzerte aus dem Saal stürmte, begeistert mit beiden Händen klatschte und sich dabei irgendwie eine Zigarette anzündete. Die Pause verbrachte er dann im Freien, paffte frenetisch und kam dann zur zweiten Hälfte zurück. Nach der zweiten Hälfte weiter mit Zigaretten.
>
> Einer von uns, ein Dirigierstudent, sagte, er wolle nie wieder in seine Konzerte gehen wolle – Tennstedts Mimik und Gesichtsausdruck seien einfach zu viel für ihn, und wir alle stimmten zu.

Der Unterschied zwischen Göteborg und Schwerin ist nicht zu übersehen. Tennstedt erlebt, dass man hier seine Meinung frei äußern kann. Anders als in seiner Heimat gibt es keine Schlangen vor den Geschäften und alles zu kaufen. Verlockende Aussichten.

Ein paar Monate zuvor, Ende 1970. Abendvorstellung an der Komischen Oper Berlin, im Osten der geteilten Stadt.[19] Unter den vielen westdeutschen Besuchern sitzt auch der Intendant der Städtischen Bühnen Kiel, Dr. Joachim Klaiber. Von seiner Loge aus hat er freie Sicht

Tennstedt in der Komischen Oper Berlin

auf den Dirigenten des Abends, auf Klaus Tennstedt. Und was er sieht und hört, jagt ihm eine Gänsehaut über den Rücken.

Klaiber ist nicht ohne Grund hier, er hat ein Problem: Zum Ende der Spielzeit 1971/72 wird sein bisheriger GMD Hans Zender das Haus verlassen. Er soll das Rundfunkorchester Saarbrücken übernehmen. Zender, selbst Komponist mit moderner Musiksprache, wird mit dem Kieler Publikum nicht warm. Er gilt als kühl und zurückhaltend, ist aber bei den Musikern beliebt.

Intendant Klaiber sucht deshalb einen Nachfolger. Wir wissen nicht, welchen Konzert- oder Ballettabend mit Tennstedt er besucht, aber er ist sofort Feuer und Flamme für das, was er sieht: Temperament und Ausstrahlung des Dirigenten überzeugen ihn auf Anhieb. Die beiden treffen sich. Klaiber fragt seinen Gesprächspartner, was er davon halte, GMD in Kiel zu werden. Der Umworbene winkt ungläubig ab. Wie soll das gehen? Die Hürden für ein festes, dauerhaftes Engagement sind einfach zu hoch. Zwar habe er bald eine Opernproduktion in Göteborg, so Tennstedt, aber auch von dort könne er nicht einfach in den Westen reisen. Und vor allem: Wie könne seine Frau herüberkommen? Die Sache scheint aussichtslos.

Doch Klaiber lässt nicht locker. Er glaubt fest daran, seinen Mann gefunden zu haben. Wann wird Tennstedt wieder in Göteborg sein? Zur *Fledermaus* im Februar 1971, notiert der Kieler Intendant in seinem Terminkalender. Dort sieht man sich wieder, und der Eindruck verfestigt sich: Klaiber will genau diesen Mann. Insgeheim sucht er nach Wegen, die das ermöglichen. Diplomatische Kanäle, politische, finanzielle, Austauschmöglichkeiten. Am Ende scheitert es immer daran, dass Inge Tennstedt im Osten bleiben müsste, und das geht nicht. Ende der Diskussion.

In Kiel reißen sich derweil 40 Bewerber um die vakante GMD-Stelle. Von diesen bleiben drei übrig, die zu einem Probedirigat eingeladen werden sollen: Gerhard Mandl, von 1966-1969 hier schon einmal GMD; dann Edward Downes, Kapellmeister am Royal Opera House in

London; und, wenn er denn zur Verfügung stünde, Klaus Tennstedt. Der steht erst an dritter Stelle auf der Wunschliste für das Orchester, wenn er denn überhaupt auf einer Wunschliste steht. Denn das Ganze ist ein bisschen undurchsichtig.

Was hier genau passiert, darüber gibt es widersprüchliche Angaben. Kein Wunder, denn die reichlich verwickelten Ereignisse liegen mehr als 50 Jahre zurück. Obenan die Frage: Wie ist es Tennstedt gelungen zu fliehen?

Zentrales Dokument ist ein von den DDR-Behörden irrtümlich ausgestelltes Dreimonatsvisum. Um es noch komplizierter zu machen: Er selbst kann sich nicht mehr genau erinnern. Mal spricht er von ein paar Tagen, die das Visum noch gültig gewesen sei, mal von drei Wochen, mal von drei Monaten.

Sicher ist, dass Tennstedt im Frühjahr 1971 die *Fledermaus*-Serie in Göteborg dirigiert. Dafür benötigt und erhält er ein Drei-Monats-Visum. Sicher ist auch, dass er am 19. und 20. August 1971 dort zwei weitere Konzerte zu dirigieren hat. Dafür braucht er eigentlich nur ein 10-Tage-Visum. Irrtümlich wird ihm aber ein Drei-Monats-Visum ausgestellt, vermutlich weil er bereits vorher ein solches erhalten hatte. Das neue Dokument könnte ab dem 15. August 1971 gültig sein. Damit hätte er bis zum 15. November Zeit, sich um Fluchtmöglichkeiten für seine Frau zu kümmern. Denn man würde ihn erst zu diesem Datum in der DDR zurückerwarten.

Dr. Joachim Klaiber

In der Zwischenzeit sorgt Klaiber dafür, dass die Kandidaten Downes und Mandel ausgebootet werden. Er pokert hoch. Unter nicht ganz geklärten Winkelzügen umgeht er das Orchester und bringt seinen Favoriten in Stellung. Robert König, Orchestervorstand der Oper Kiel, wundert sich über eine merkwürdige Begebenheit:

*Robert König:* Der Klaiber saß am Ende von Downes´ Konzert im Schlossrestaurant und wartete auf ihn, mit einem ausgefüllten Vertrag. Da kam der Downes und sagte: „Herr Dr. Klaiber" – das habe ich wörtlich von Klaiber –, „ich kann diese Stelle nicht annehmen. Ich habe einen Brief aus dem Orchester erhalten. Wenn ich die Stelle annehmen würde, hätte ich keinen ruhigen Tag mehr in Kiel." Das ist etwas, das wir als Orchester überhaupt nicht verstanden haben. Wir haben das auch immer angezweifelt.

Damit ist der Weg frei für Klaus Tennstedt. Klaiber ist denn auch bei den Augustkonzerten in Göteborg dabei. Dort kann er seinem Schützling die gute Nachricht überbringen, dass er als GMD angenommen wurde. „Aber", betont Klaus noch einmal mit Nachdruck, „ich gehe auf keinen Fall, wenn meine Frau nicht mitkommt." Ihm wird eröffnet, dass das wohl nur über einen professionellen Fluchthelfer ginge. Klaus bekommt die Telefonnummer einer „Organisation Loeffler" aus Berlin. Sofort ruft er an. Als er hört, was das kostet, sinkt ihm der Mut. Mindestens 10.000 DM West,* wie soll er die aufbringen? Man beruhigt ihn, er könne in Raten zahlen. Ein Treffen in Berlin wird vereinbart, die Raten werden festgelegt. Inge muss informiert werden. Wie hoch ist das Risiko für sie? Kurz stellt er sich vor, wie es ohne sie wäre... Aber nein, kategorisches Nein: Ohne Inge keine Flucht.

Wenn sie nicht herauskäme, hieße es für ihn zurückfahren, so bitter das auch wäre. Zurück in die alte Heimat, wo nicht künstlerische Qualität, sondern politisches Stiefellecken zählt. Ostberlin, Dresden und Leipzig sind Städte mit Weltklasse-Orchestern und -Opernhäusern. Dort würde er sicher eine leitende Position übernehmen. Irgendwann einmal. Aber überall hinreisen wie Kurt Masur? Sicher nicht. Er müsste sich weiter mit der Kulturbehörde herumschlagen. Er müsste zurück in eine Stadt, die er hasst. Mit einem Opernhaus, das ihn rausgeworfen hat. In ein politisches System, das ihm zuwider ist und mit dem er sich nie wird arrangieren können.

Aber warum hat er ein Visum für drei Monate bekommen? Ist es wirklich ein Versehen oder rollt ihm jemand den roten Teppich in die Freiheit aus? Von dem Gespräch zwischen Kurt Masur und Staatssekretär Hoffmann weiß Tennstedt natürlich nichts. Könnte es sein, dass man ihn sehenden Auges gehen ließ? Kenner der DDR bezweifeln das stark. Ein Blick in die Stasiakten hätte darüber Aufschluss gegeben, doch die sind dem Autor bis heute verwehrt.

In Göteborg steckt man die Köpfe zusammen. Tennstedt erfährt, dass er nach den beiden Konzerten sofort in die Bundesrepublik ausreisen kann. Schließlich würde man ihn erst in drei Monaten zurückerwarten. Genug Zeit, um die nächsten Schritte vorzubereiten. Doch jetzt muss er sich entscheiden: Rückkehr in das verhasste Regime oder Flucht in den Westen, mit allen Risiken?

Er wählt die Flucht. Nach den seelischen Trümmern und Niederlagen der letzten Jahre ist das die Chance für einen Neuanfang.

Inge muss über die Pläne informiert werden. Wie ihr beibringen, was jetzt auf sie zukommt? Von Westdeutschland aus gäbe es keine

*nach heutigem Wert um die 20.000 Euro oder Dollar

Möglichkeit, mit ihr in Kontakt zu treten, er dürfte ja gar nicht dort sein. Aber von Göteborg aus wäre ein Anruf unverdächtig. Er weiß, dass die Leitung abgehört wird. Also darf er nichts von Fluchtplänen verlauten lassen. Man reicht ihm den Hörer. Klaus erzählt, wie großartig die Konzerte waren, die Zuhörer begeistert, das Wetter ein Traum, und dann sagt er zu Inge:

„Wenn es an der Tür klopft, dann frag nicht. Geh einfach mit."

„Was soll ich?"

„Wenn jemand klopft, dann geh einfach mit."[20]

**Info: Einblick in Stasiakten**

Kurz nach der Wiedervereinigung 1989/90 wurde eine Behörde gegründet, welche die geheimen Unterlagen des Ministeriums für Staatssicherheit (Stasi) den geeigneten Personen zugänglich macht. Es handelt sich um 111 Kilometer Akten, darunter Karteikarten, Fotos, Filme und Tondokumente. Als Betroffener darf man nur seine eigene Akte einsehen. Ausnahmen, wie im Fall Tennstedt als Person des öffentlichen Interesses, werden unter bestimmten Voraussetzungen gewährt.

Ein paar gefühlvolle Worte zum Schluss, dann wird das Gespräch beendet. Hoffentlich hat Inge verstanden. Aber jetzt muss es schnell gehen. Die deutsche Botschaft in Stockholm wird kontaktiert. Man rät ihm, nach Hamburg zu fahren, um zunächst die Formalitäten für die Einbürgerung zu erledigen. Klaus setzt sich in den Zug und reist über Dänemark in die lang ersehnte neue Heimat.

In Hamburg angekommen, muss er, wie alle Flüchtlinge aus der DDR, eine langwierige Prozedur über sich ergehen lassen. Er wird medizinisch untersucht. Es gibt mehrere intensive Befragungen durch den Bundesnachrichtendienst und andere Geheimdienste. Denn das ist die Gelegenheit, mehr über den ostdeutschen Staat zu erfahren. Er bekommt Essensmarken, neuen Pass, Arbeitserlaubnis. Eine Wohnung in Hamburg wird ihm zugewiesen, Grießstraße 29. Die Stimmung ist aufmunternd. Er bekommt lächerliche 100 DM Begrüßungsgeld. Am Ende landet Klaus vor einer Kommission, die endgültig über seinen zukünftigen Status entscheidet: Hier haben wir einen hochqualifizierten Operndirigenten. Kein Problem. Herzlich willkommen.

Für Tennstedt geht es Schlag auf Schlag. Jede Stunde ein neuer Eindruck, jeden Tag neue Kurven auf der Achterbahn ins westdeutsche Abenteuer. In ihm dreht sich ein Strudel der Gefühle: Angst, Zweifel, Hoffnung. Kann er den Ratschlägen seiner neuen Freunde trauen? War es richtig, das sicher Erreichte für eine völlig unbekannte Zukunft

WOLFGANG LOEFFLER

1 BERLIN 47
BRITZER DAMM 42
TELEFON 6 21 15 07

**V e r e i n b a r u n g :**

Zwischen Herrn, ~~Frau~~ Klaus Tennstedt wohnhaft: . 2 Hamburg 26 ..... Griesstraße 29 ......Telefon:............und der Fluchthilfe - Organisation LOEFFLER kommt es zu folgender Vereinbarung:

Herr, ~~Frau~~ Tennstedt gibt der Organisation den Auftrag, folgende Personen illegal aus der "DDR" in die BRD und zwar nach....... ...Hamburg...............zu bringen.

1.)..Ingeborg Tennstedt....geb.am: 11.8.24...AF blaugr..GR......
2.).......................geb.am:...........AF.........GR......
3.).......................geb.am:...........AF.........GR......
4.).......................geb.am:...........AF.........GR......

Für diese Aktion ist pro Person ein Betrag von..11.000.--DM zu zahlen. Davon sind heute 3.000.-DM zur Deckung der Vorkosten pro Person gezahlt worden. (Werden ~~bis zum..........~~1971 überwiesen)
Die Restsumme ist bei...................zur Sicherheit hinterlegt.
Sollten die Personen zu 1 ~~2,3,4~~ entgegen den Abmachungen nicht gewillt sein, ihre Heimat zu verlassen, oder durch deren Verhalten unnötige Unkosten entstehen, ist die Organisation berechtigt, sich mit Hilfe der Vorauszahlungen schadlos zu halten. Die Restsumme wird bei Übergabe der Personen Zug um Zug bezahlt.
Die Organisation verpflichtet sich, die Aktion bis spätestens zum ..1.Oktober........1971 durchzuführen.
Sollte die Organisation bis zu diesem Zeitpunkt nicht in der Lage sein, von sich aus die Aktion durchzuführen, wird die Vorauszahlung an den Auftraggeber zurückgezahlt.
Besondere Abmachungen:..Ausreisegenemigung wird von Organisation besorgt. Unkostenbetrag von DM 1.000.-- sind heute bezahlt.......
............................................................
Gerichtsstand ist Berlin-West.
..1 Berlin 47.......den 25.8......1971

Für die Organisation: Auftraggeber:

W. Loeffler

Konten: Postscheckkonto Berlin-West Nr. 1248 48
Berliner Volksbank Knto Nr. 0105 1695
Sparkasse der Stadt Berlin-West Konto Nr. 144/000548

Fluchthelfervertrag zwischen W. Loeffler und Tennstedt, insgesamt über 11.000 DM aufzugeben? Und immer wieder die schlimmste aller Sorgen: Was, wenn Inges Flucht scheitert?

Der freie Teil von Berlin wird zu dieser Zeit nicht nur von westdeutschen Wehrdienstverweigerern, von Soldaten und Geheimdienstlern aller Art bevölkert, sondern auch von geflohenen DDR-Bürgern. Auch Tennstedt lebt eine Zeit lang in Berlin. Wer Kontakt zu Verwandten und Freunden im Osten sucht, ist hier gut aufgehoben. Denn eine Schar von Fluchthelfern steht bereit. Sie bieten ihre riskanten Schmugglerdienste heimlich und gegen harte D-Mark an.

Am 25. August 1971 trifft sich Tennstedt mit Wolfgang Loeffler, einem der umtriebigsten Schleuser Westberlins, zufällig auch Inhaber eines Reisebüros. Zur Vertragsunterzeichnung muss Tennstedt 3.000 Westmark plus weitere 1.000 Mark in bar mitbringen. Woher hat er so viel Geld? Völlig undenkbar, dass ihm eine Bank einen Kredit gewährt hätte. Plausibel wäre, dass er seine Gage aus den beiden Göteborg-Konzerten verwendet hat. Umgerechnet 4.000 DM für zwei Konzerte – ein denkbares Honorar für einen wenig bekannten Dirigenten. Wenn alles klappt, muss Tennstedt noch weitere 7.000 DM aufbringen, ein Schuldenberg, den sich nur gut Betuchte leisten können.

Auch Dr. Klaiber hat keine Zeit zu verlieren. Er muss sich an die Quadratur des Kreises machen: Einerseits soll sein neuer Generalmusikdirektor der Öffentlichkeit vorgestellt werden. Andererseits soll die Personalie möglichst geheim bleiben. Damit auch das Orchester seinen neuen Chef kennenlernt, wird sehr kurzfristig ein Matinee-Konzert im Kieler Schloss angesetzt, für Sonntag, den 12. September 1971, nur drei Wochen nach der Flucht. Und schon am Montag, dem 13. September verkünden die *Kieler Nachrichten* in einer kurzen Notiz: Der neue Generalmusikdirektor des Kieler Opernhauses heißt Klaus Tennstedt. Auch das ist nicht ohne Risiko, denn im Osten könnte man herausfinden, dass er jetzt in der BRD ist.

> *Robert König, Orchestervorstand Kiel:* Das Ganze wurde sehr bedeckt gehalten. Seine Frau sollte in ähnlicher Weise nachkommen, und die wäre in sehr großer Gefahr gewesen.

Alles in allem eine intrigante Meisterleistung des Intendanten Klaiber, der immer noch von seinem guten Riecher überzeugt ist. Klaus Tennstedt ist angekommen im Westen. Fehlt nur noch seine Inge.

## Fluchthelfer für Inge

Inge Tennstedt weiß nicht, was sie machen soll. Sie fühlt sich überrollt von einer Situation, die weder in Ruhe besprochen noch vernünftig geplant werden konnte. Da Klaus nach Ablauf der Konzertwoche nicht zurück ist, wird ihr schnell klar, dass er die Gelegenheit zur Flucht ergriffen hat. Ihre Gedanken kreisen um die kryptischen Worte: „Wenn es an der Tür klopft, frag nicht, geh mit." Wird Klaus dafür sorgen, dass sie ebenfalls herauskommt? Und schon fühlt sie sich in der Zwickmühle: Muss sie sich gegen ihren Sohn Janos entscheiden? Der sitzt am Ende des Chemiestudiums an seiner Doktorarbeit. Er ist natürlich alt genug, um selber zurechtzukommen. Klaus aber braucht sie, er braucht sie dringend. Doch genauso braucht Inge ihren Klaus, denn alleine in Schwerin würde ihr jede künstlerische Unterstützung fehlen. Ihre Gesangskarriere wäre mausetot.

Nach einigen Wochen klopft ein Mann an Inges Tür, er sagt:

„Kommen Sie mit."

„Aber ich muss erst noch packen."

„Das brauchen Sie nicht. Sie sind bald zurück." Beide verlassen das Haus.[21]

Der Mann informiert Inge, was jetzt auf sie zukommt. Er wird ihr die Details der bevorstehenden Flucht einschärfen. Nichts darf sie aufschreiben, alles muss sie sich genauestens einprägen. Sie kommt sich vor wie in einem Agentenfilm, nur dass sie nicht im Kino sitzt. Ein Passbild wird gebraucht, die erforderlichen Papiere für eine Bahnfahrt ins ungarische Budapest müssen eingeholt werden. Alles sehr geheimnisvoll, aber soviel ist klar: Es wird die gefährlichste Reise ihres Lebens.

Klar ist auch: Sollte die Flucht scheitern und die Sache auffliegen, so sind ein paar Jahre Gefängnis nur der Anfang, ein Wiedersehen in weitester Ferne. Und das Risiko wächst. Denn die DDR-Staatssicherheit wird immer raffinierter darin, Republikflüchtlinge aufzuspüren. Sie beginnt, die westlichen Schleuser mit eigenen Leuten zu infiltrieren. Sie bietet sogar ihrerseits Fluchten an, um dann die Ertappten zu verhaften.

Inge erlebt schlaflose Nächte. Es bekümmert sie, dass sie ihren Sohn Janos zurücklassen muss. Noch Jahre später liegt ihr das auf der Seele: Bin ich eine schlechte Mutter? Was wird mein Sohn von mir denken, da ich mich für Klaus entscheide? Eine Wunde, die sich nie ganz schließt.[22]

Dieser Sohn, Janos Kollmann, spielt im folgenden Fluchtdrama eine wichtige Rolle. Er ist eingeweiht, denn er soll seine Mutter mit dem Auto nach Dresden fahren. Das ist riskant, denn wenn herauskommt, dass er an der Flucht beteiligt war, ist es mit dem Studium vorbei.

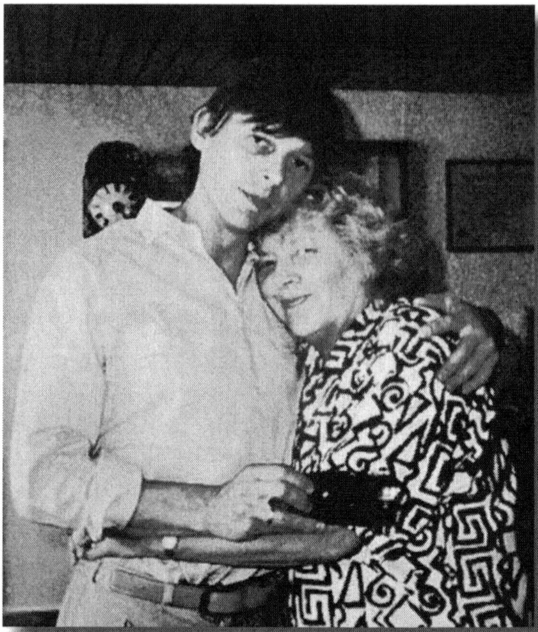

Mutter und Sohn: Inge & Janos Kollmann

***Georg Wübbolt:* Herr Kollmann, konnten Sie mit Ihrer Mutter offen über die Flucht sprechen?**

*Janos Kollmann:* Ja, wir haben sehr viel geredet.

**Wie haben Sie sich besprochen?**

Meine Mutter und ich haben nur geredet, wenn wir uns gesehen haben. Telefonieren war nicht so gut. Jedenfalls hat mein Vater Kontakt zu einer Fluchthelferorganisation aufgenommen. Dann hat sich jemand, der offensichtlich mit dieser Flucht beauftragt war, bei meiner Mutter gemeldet.

**Wie sollte die Flucht ablaufen?**

Der erste konkrete Treffpunkt war in der ungarischen Hauptstadt Budapest, auf einem Bahnhof, in einer Bahnhofsgaststätte. Aber da musste sie erst einmal hinkommen. Dazu brauchte sie ein Papier, mit dem sie von Schwerin über Leipzig nach Dresden kommen konnte. Von Schwerin fuhr sie mit dem Auto zu mir nach Leipzig, wo ich Chemie studierte. Von dort habe ich sie nach Dresden gebracht, und von Dresden ist sie dann mit dem Zug nach Budapest gefahren. Dafür brauchte man eine Fahrkarte, und da brauchte es ebenfalls eine Sondergenehmigung. Kompliziert, aber so war das damals.

**Wie ging es weiter?**

*Janos Kollmann:* In Dresden haben wir in einem Hotel in der Nähe des Bahnhofs gefrühstückt und irgendwann hieß es: Jetzt ist es so weit. Dann bin ich mit ihr zum Bahnhof. Dort sind wir so die Treppe runtergegangen, und dann habe ich mich verabschiedet. Ich dachte nur, das war's jetzt. Deine Mutter siehst du nie wieder!

Bis hierher ist es noch der einfache Teil der Flucht. Ab jetzt wird es kompliziert und hoch riskant. Eine Kleinigkeit, und alles fliegt auf. Jederzeit kann ein Schaffner oder Grenzbeamter misstrauisch werden und Inge die unterschwellige Nervosität anmerken.

*Janos Kollmann:* Du wirst sie nicht wiedersehen! In der Sekunde denkst du, die Welt geht unter. Das ist schrecklich, deine Familie kaputt. Und dann war sie weg. War einfach weg, mit dem Zug weggefahren nach Budapest, und Budapest war noch nicht der Westen.

**Gab es Tränen?**

Wir haben beide geweint, ja. Aber viel weinen auf dem Bahnhof ist nicht so gut, wenn man so was vorhat. Ich glaube, auch darüber musste man nachdenken.

Und dann war sie weg, der Vorhang war gefallen. Ich bin mit dem Auto zurück nach Leipzig gefahren und habe ein paar Tage nichts gehört. Das konnte einerseits sehr gut sein, es konnte aber auch blöd sein, weil alle wussten, dass Menschen, die illegal über die Grenze aus der DDR ausreisen wollten, schrecklich gelitten haben, sie sind im Gefängnis gelandet.

**Wie ging es für Ihre Mutter in Budapest weiter?**

Meine Mutter ist mit ihrem DDR-Ausweis von Dresden nach Budapest gefahren. Sie hatte aber Dokumente dabei, die einen Grenzbeamten stutzig gemacht hätten, wenn er intensiv geforscht hätte.

In Budapest angekommen, verbrachte meine Mutter die Nacht in der verabredeten Bahnhofsgaststätte. Offensichtlich war sie die Erste von einer ganzen Gruppe. Die Gruppe wurde größer und größer. Am nächsten Morgen, nach dieser Nacht im Restaurant, waren sie anscheinend komplett. Dann wurden alle zum Flughafen in Budapest gebracht, und von dort ging der Flug in die Tschechoslowakei, nach Prag. Also immer noch im Osten, richtig prickelnd. Auf dem Flughafen in Prag, so ist mir überliefert worden, hat die Gruppe dann neue Papiere bekommen.

**Westdeutsche Pässe?**

Westdeutsche Pässe mit entsprechender Legende. Die Passfotos stimmten mit den Flüchtlingen überein, aber die Namen waren anders. Jeder hatte die Aufgabe, „seine" neuen Daten, die ganze Lebensgeschichte zu lernen. Das geschah zwar im Transitraum, aber der war immer noch in einem östlichen Land. Das hätte alles noch auffliegen können. Von dort ist die ganze Gruppe unbeschadet nach West-Berlin geflogen.

**Haben Sie sich für Ihre Mutter gefreut?**

*Janos Kollmann:* Ja natürlich. Ich habe doch mit allen Fasern meines Herzens diese ganze Geschichte verfolgt und die Verzweiflung meiner Eltern gesehen.

Es war ja nicht nur das Vierteljahr, wo er auf dieser Seite war und meine Mutter auf der anderen, sondern davor waren es zwei Jahre Existenzangst in Schwerin, für beide. Wenn eine Familie von der Gage einer nicht so doll bezahlten Sängerin leben muss, das ist schon schlimm. Und mein Vater, der mit jeder Faser seines Herzens an der Musik hängt, der diese Arbeit nicht machen kann, sich nicht weiterentwickeln kann, das muss für ihn schrecklich gewesen sein. Das hat sich natürlich auf mich übertragen.

**Wann haben Sie sich wiedergesehen?**

Das war erst viele, viele Jahre später möglich, denn wer die DDR illegal verlassen hatte, galt als Krimineller und wurde auch als solcher verfolgt. Erst später gab es eine Amnestie, so dass die Westflüchtlinge nicht mehr als Verbrecher galten. Wir haben uns dann viele Jahre später in der damaligen Tschechoslowakei wieder getroffen.

**Das war in den achtziger Jahren?**

Ja, das war lange vor der Wende 1989. Wir DDR-Bürger konnten damals in den Osten reisen, in die Tschechoslowakei und nach Ungarn. Meine Eltern sind auch dorthin gefahren, und so haben wir uns zum ersten Mal seit ihrer Flucht wiedergesehen. Ich bin mir natürlich sicher, dass in den Hotels überall kontrolliert und beobachtet wurde, wer sich mit wem traf. Denn es waren sehr viele Deutsche dort, verschiedene Autos aus West und Ost trafen sich da. Jahre später fassten sich meine Eltern ein Herz und besuchten mich dann auch in Leipzig.

## HERZKLOPFEN
### Verhör durch die Stasi (Staatssicherheit der DDR)

Doch für Janos Kollmann ist die Geschichte noch nicht zu Ende. Mit dem Wartburg seiner Mutter fährt er zurück nach Leipzig und hofft, seine Dissertation in Chemie beenden zu können. Er sitzt auf heißen Kohlen, denn er weiß, wie sich der Staat an den Zurückgebliebenen rächt.

**Wie ging es nach der Flucht Ihrer Mutter weiter?**
*Janos Kollmann:* Ich hörte zunächst nichts. Ein paar Tage später bekam ich endlich einen Anruf von meiner Mutter *[Pause].* Dass alles gut gegangen sei; das war natürlich mit viel Weinen am Telefon verbunden. Aber wie geht es jetzt weiter? Die Emotionen am Telefon... Jeder, der da in der Leitung zuhörte, konnte eine völlig aufgewühlte Familie erleben.

Dann hörte ich wieder nichts, bis mich zwei Tage später ein Herr aus Schwerin anrief. Er fragte mich, ob ich wüsste, wo meine Mutter sei. Ich sagte: Jaja, sie hat mich gestern von da-und-da angerufen.

**Das wusste die Stasi natürlich.**
*Janos Kollmann:* Die zweite Frage war: Ob ich wüsste, wo das Auto meiner Eltern steht. Da habe ich gesagt: Das kann ich Ihnen auch sagen, es steht bei mir in der Garage, es ist kaputt. Dieses Frage- und Antwortspiel endete damit, dass er mich für den nächsten Tag 10 Uhr nach Schwerin beorderte. Da bist du so erschlagen, so geschockt.

Stasi-Emblem

Also bin ich am nächsten Tag nach Schwerin gefahren zu der Adresse, die mir genannt wurde. Was ich vorher nicht wusste: Dort war das Untersuchungsgefängnis von Schwerin. Das hat mich noch mehr geschockt. Da bin ich von einem Herrn empfangen worden, der sich zwei Stunden oder länger mit mir unterhielt.

**Wie haben Sie sich gefühlt?**
*Janos Kollmann:* Ich war völlig von der Rolle. Schon wenn du durch so eine Eichentür reinkommst, die hinter dir ins Schloss fällt, und davor ist die nächste Eichentür, und nach dieser Tür dich jemand

unfreundlich nach dem Ausweis fragt… unangenehm. Und dieser Beamte hat nach mehr als zwei Stunden das Gespräch mit mir beendet, nachdem er eine ganze Reihe von Suggestivfragen gestellt hatte, wie: „Sie haben doch gewusst, dass Ihre Eltern in den Westen gehen. Warum haben Sie das nicht gemeldet?“ Solche feinen Sachen. Irgendwann war er zufrieden oder nicht zufrieden, ich weiß es nicht. Er entließ mich, und ich durfte durch die Eichentüren wieder raus.

Damit war der Kontakt zur Staatssicherheit – ich nehme an, das war sie, der Herr hat sich nicht vorgestellt – beendet. Das war äußerst schockierend, äußerst schockierend.

**Konnten Sie Ihr Studium fortsetzen?**

Ich konnte es an der Universität zunächst nicht fortsetzen. Ich war wochen- und monatelang im Ungewissen. Das hat sich dann aber geregelt, und nach einem halben Jahr habe ich meine Dissertation zu Ende schreiben dürfen und habe den Abschluss gemacht.

Die größte Sorge des Ehepaars Tennstedt, dass Inges Flucht scheitern könnte, hat sich also in Luft aufgelöst. Auch Geldsorgen scheinen sie nicht zu haben. Das neue Jahr 1972 füllt sich schnell mit Gastspielen an verschiedenen norddeutschen Theatern. Natürlich arbeitet Tennstedt schon in Kiel, seiner zukünftigen Wirkungsstätte.

Im Januar 1972 dirigiert er *Salome* an der Deutschen Oper in West-Berlin. Dort übernimmt er auch die Proben und mehrere Vorstellungen von *Der Besuch der alten Dame*, einer Oper von Gottfried von Einem (nach Friedrich Dürrenmatt). Es ist die deutsche Erstaufführung, Premiere ist am 1. März 1972. Auch die alte Beziehung zu Rolf Liebermann und der Hamburgischen Staatsoper wird aufgefrischt. Für den 2. und 11. März wird ihm dort die musikalische Leitung von Janáčeks Oper *Aus einem Totenhaus* angeboten (die Vorstellung am 11. muss er „wegen Krankheit“ absagen). Am 7. April übernimmt er in Hamburg Richard Wagners *Fliegenden Holländer*, mit René Kollo als Gast. Und bald schon schlägt sich das nächste Kapitel in seinem Leben auf.

## Sichere Basis
### Generalmusikdirektor in Kiel 1972–76

„Durch Reibung entsteht Energie."
*Klaus Tennstedt*

Intendant Dr. Joachim Klaiber hat es geschafft, sich über alle Köpfe hinwegzusetzen und seinen Favoriten Klaus Tennstedt zu installieren. Am 15. September 1972 beginnt der neue Chef mit der Arbeit. Der Vertrag läuft über vier Jahre bei einem Monatsgehalt von 3.500 D-Mark, was heute etwa 7.000 Euro entspräche. Für so ein großes Haus ist das weit am unteren Ende der Honorarskala. Damit hat er eine äußerst wichtige Hürde genommen. Hier ist die Basis, von der aus er operieren kann, von der aus vielleicht eine Karriere noch möglich ist. „Als ich mit 46 Jahren in den Westen kam," so Tennstedt, „war ich doch völlig unbekannt und froh über die Stelle in der Provinz." Immer wieder überfallen ihn Zweifel über die Zukunft: „Mit fünfzig wird man nicht mehr groß engagiert. Da drängen die Jungen nach, die Säbelfechter" [abfällig gemeint für das Bild eines Dirigenten].

...noch ein wenig verzagt?
Foto: F. Magnussen/Stadtarchiv Kiel

Wer glaubt, dass Tennstedt nun ein zuvorkommender und höflicher Mensch geworden sei, sieht sich schnell getäuscht. Bald schon schlagen die alten Gewohnheiten im Umgang mit seinen Musikern wieder durch. Gerda Angermann, Solocellistin im Kieler Orchester:

> Die Stimmung war oft angespannt. Er hat nicht lange um Worte gerungen, sondern alles gleich ausposaunt, was ihm so einfällt. Das haben nicht alle vertragen, und manche waren ziemlich aufmüpfig.
>
> *Gunnar Taubitz, Solo-Klarinette, Kiel:* Manchmal mussten wir die Probe unterbrechen, weil er die 1. oder 2. Geigen zu sehr angemeckert hatte. Dann meldete sich der Orchestervorstand und sagte:

„So können Sie nicht mit uns reden, wir unterbrechen die Probe." Dann sind wir aufgestanden, und die Probe war vorbei. Tennstedt hat sich natürlich aufgeregt, ist schnell ins Dirigentenzimmer und hat sich ´ne Zigarette angezündet.

*Dieter Reuland, Posaunist, Kiel:* Klaus Tennstedt war ganz anders als der unterkühlte Hans Zender: gefühlsbetont, sprunghaft, manchmal sogar jähzornig. Er hatte die vier Opern von Wagners *Ring des Nibelungen* übernommen und dirigierte sie auf seine Art: nicht so homogen, aber spannend. Wer glaubte, er höre nicht so genau, sah sich schnell getäuscht. Korrekturen hat er oft nicht in dem Moment angebracht, aber dann im Gespräch nach den Proben. Da war Tennstedt offen, ein sehr geselliger Typ. Um ihn war manchmal eine gewisse Unruhe.

*Gunnar Taubitz, Soloklarinettist:* Die Proben waren oft so angespannt, dass wir dachten, das wird nie was. Doch nach der Aufführung hat er alle umarmt und gesagt: „Ihr wart so toll, ihr wart so klasse", und alles war gut. Er stand ja auf dem Standpunkt: Durch Reibung entsteht Energie.

Da hilft es, wenn man gelegentlich Schützenhilfe bekommt. Heidrun Kuschel, genannt Heidi, ist Leiterin des Künstlerischen Betriebsbüros (KBB). Sie gilt als der „gute Geist" der Städtischen Bühnen Kiel. Eine ihrer wichtigsten Aufgaben ist es, bei Absagen oder krankheitsbedingten Ausfällen schnellstmöglich für Ersatz zu sorgen. Sie nimmt Klaus unter ihre Fittiche, denn der muss sich erst noch an die neue Freiheit gewöhnen. Sie organisiert für ihn, schreibt Briefe, erledigt Behördengänge. Man könnte sagen, sie nimmt für einen Moment die Rolle von Inge ein. Da Heidi und Klaus häufig zusammen zu sehen sind, kommt natürlich das Gerücht auf, sie hätten was miteinander. Doch das ist eher unwahrscheinlich.

Nachdem Inge die Flucht gelungen war und sie endlich wieder mit ihrem Ehemann vereint ist, betont sie oft, wie dankbar sie Heidi sei. Ihrem Klaus habe sie in der Anfangszeit enorm geholfen und sich rührend um ihn gekümmert. In der Folge sieht man Inge und Heidi öfter beisammen. Wir werden später auf diese besondere Beziehung zurückkommen.

Tennstedt beginnt seine Arbeit in Kiel mit der Richard-Strauss-Oper *Salome*, die er schon in Schwerin einstudiert hatte. Premiere ist Anfang Oktober 1972. Im Anschluss bricht der Kritiker der *Kieler Nachrichten*, Rolf Gaska, in fassungslose Begeisterung aus:

> Ereignisse im Orchester: der Klang, facettenreich wie selten, rauscht auf zu großem, federndem Bogen; er ballt sich zu fahlem Bild und fällt in sich zusammen; er schärft sich zu dramatischer Aktion; er zieht sich zurück auf die äußerste Position eines flirrenden Pianissimo; er wechselt ins Lichte und ins Schattige; er changiert wie Seide; er gewinnt etwas Wucherndes, Pflanzenhaftes, Exotisches; er verfestigt sich augenblicksweise zu heftigen Akzenten; er explodiert in strahlende Vielfarbigkeit; er schmiegt sich an eine Melodie und vergißt sie in dem fiebrigen Drang, mehr, ja alles zu fassen, was noch nicht Klang ist. „Gott, diese nervöse Musik!" Richard Strauss' Vater stöhnte verzweifelt, als ihm der Sohn auf dem Klavier vorspielte.
>
> Doch diese nervöse Musik ist das Beste, was die Kieler Aufführung der *Salome* zu bieten hat. Klaus Tennstedt, der neue Generalmusikdirektor der Landeshauptstadt, macht aus der Oper eine Stunde des Orchesters. (...) Dass das Premierenpublikum nach eindreiviertel Stunden in Ovationen ausbrach, nimmt bei solchen Qualitäten nicht wunder.

Klaus Tennstedt und Dr. Joachim Klaiber

Foto: F. Magnussen/Stadtarchiv Kiel

Aber die Zeit der guten und wohlwollenden Kritiken, wie Tennstedt sie noch aus der DDR gewohnt war, ist vorbei. Selbst bei kleinsten negativen Andeutungen ist er jedes Mal wie tödlich getroffen. Und es wird mit den Jahren schlimmer, so als säße ihm ein bösartiger Kobold im Nacken. Derselbe Rolf Gaska ist nicht immer einverstanden mit der eigenwilligen musikalischen Lesart des Dirigenten:

> Klaus Tennstedt, um es bildhaft zu sagen, raubte Brahms den Atem, indem er ihn ständig unter Hochspannung setzte. Er übertrieb.

In das gleiche Horn stößt der Musikwissenschaftler und Kritiker Wulf Konold. Er beklagt bei der *Neunten* Beethoven die „Übersteigerung aller Mittel" speziell im Finale. Er schreibt:

[Tennstedt] konnte sich nicht genug tun mit immer stärkeren dynamischen Ausbrüchen. Dazu kam, daß er mit seiner teilweise überaus schnellen, teilweise extrem langsamen, durch aufgesetzte Fermaten zerrissenen Tempogestaltung die Ausführenden schlichtweg überforderte. (...) Warum denn immer vor Freude brüllen? Heftiger Beifall des vollbesetzten Hauses.

Foto: F. Magnussen/Stadtarchiv Kiel

Hier blitzt eine Facette auf, warum Tennstedts Art zu musizieren in Deutschland so oft nicht ankommt: zu übertrieben emotional! Andere kreiden ihm „verwaschene Artikulation", „übergroße Emphase" oder „geradezu ungehemmte Leidenschaftlichkeit" an. Noch einmal Rolf Gaska, er trifft zielsicher den Punkt:

[Tennstedt] ist ein außerordentlich „feuriger" Musiker, der primär von der Klangsinnlichkeit ausgeht und der deshalb Ohr und Herz sehr viel leichter und direkter erreicht, als dies einem analytischen Künstlertyp möglich ist. (...) Im Kieler Schloss prasselte es Beifall sowohl für Mozarts *Jupiter-Sinfonie* wie für Mahlers *Erste*.

Sogar die Hamburger Zeitungen werden auf ihn aufmerksam, nehmen aber auch kein Blatt vor den Mund. Schon ein läppischer Nebensatz wie „der aber nur Unruhe und Nervosität weckte" kann dafür sorgen, dass der Kritisierte die nächste Probe absagt. „Krankheitsbedingt“, wie es immer heißt. Das ist auf den ersten Blick schwer zu verstehen.

Denn kaum jemand sieht, wie viel Arbeit hinter so einer Aufführung steckt: Lange vor den ersten Proben vertieft sich Tennstedt in die Partitur; liest die Noten und hört innerlich den Klang; spielt einzelne Stellen am Klavier; findet heraus, warum es so und nicht anders klingen müsste; überlegt sich die Bogenstriche für die Streicher; findet die besondere Artikulation für seine Bläser; beginnt die Proben mit diesen Erkenntnissen und legt damit die Basis für die Aufführung; schwitzt und zittert dann vor Lampenfieber: Wird gelingen, was er sich vorgestellt hat? Und mit dem ersten Auftakt taucht er ein in diese andere Welt der Musik, in das Reich hinter den Worten und Bedeutungen. Immer wieder bemerken Zeitgenossen, dass er „wie im Fieber“, „mit fanatischer Hingabe“ für die Musik brennt. Am Ende gibt es prasselnden Beifall, und alles scheint gut. Doch am nächsten Morgen liest er in der Zeitung, was alles nicht gut war. Hätte er ein stabiles Selbstwertgefühl, könnte er das mit einer Handbewegung wegwischen. Aber so ist er nicht.

Für ihn ist die Musik der einzig entscheidende Sinn und Inhalt des Lebens. Menschen zählen in seinen Augen nur, insofern sie dieser höchsten Kunst dienen. Indem sie das, was er für richtig erkannt hat, mit ihm umsetzen. Daher gerät er öfters mit seinen Musikern aneinander, die sehr viel pragmatischer schon an die nächste Pause denken. Er kann sich wenig in den Anderen einfühlen. Wie eine Inselbegabung, ein *Savant*, der Höchstleistungen erreicht in seinem Metier, doch außerhalb dessen nicht viel zustande bringt. Selbst wenn er sich Hobbies zulegt, wie Sterne gucken, Ballon fahren, segeln und Tischtennis spielen – all das kratzt nur an der Oberfläche. Er verliert schnell das Interesse, denn seine ganze Aufmerksamkeit, seine Energie, der Sinn des Lebens gilt der Musik. Wird dieser Kern in Frage gestellt, dann wird der ganze Mensch in Frage gestellt. Dann bricht die Welt zusammen.

Das ist der Preis, den er bezahlen muss für seine Genialität, es ist ein hoher Preis. Wer wollte mit ihm tauschen?

Zwei Monate nach der *Salome* folgt die Premiere von Mozarts *Così fan tutte*. In den Jahren darauf folgen die Neueinstudierungen aller weiteren späten Mozart-Opern, dazu Wagners *Parsifal*, die *Elektra* von Richard Strauss und *Die Verurteilung des Lukullus* von Bertolt Brecht und Paul Dessau. In den Konzertprogrammen muss Tennstedt jetzt nicht mehr ungeliebte DDR-Komponisten abfrühstücken. Er kann sich

Theater und Oper Kiel Foto: Georg Wübbolt

auf seine Komponistengötter Mozart, Beethoven, Bruckner, Brahms, Richard Strauss und immer mehr auch Gustav Mahler konzentrieren.

Hier liegt zukünftig sein Schwerpunkt, anders als es sich Tennstedt im Osten hätte erlauben dürfen. Mag dort die Qualität mancher Kompositionen zu wünschen übrig lassen: Es wird in der DDR viel mehr Neues auf die Bühne gebracht. Der Staat kümmert sich um seine Künstler, indem er sie aufführt. Allerdings wird im Gegenzug ein politisches Wohlverhalten verlangt.

In Westdeutschland hingegen werden die modernen Komponisten noch lange zwischen Orchesterkrachern versteckt. Ein typisches Konzertprogramm geht so: Leichtfüßige Ouvertüre (gern Mozart, Beethoven oder von Weber), dann ein Solistenkonzert oder, wenn überhaupt, ein nicht zu langes modernes Stück für die erste Hälfte. Pause. Als Hauptwerk einer der großen Klassik-Romantiker. Das ist besonders beim Kieler Spielplan 1975/76 zu sehen, dem letzten, den Tennstedt verantwortet.

Und nun geht endlich los, wovon Tennstedt immer geträumt hat. Sein Wirkungskreis ist nicht nur auf Kiel beschränkt. Bedeutende Orchester laden ihn ein. Der *Kieler Express* berichtet am 1. November 1973 von reger Gasttätigkeit:

> Im vorigen Jahr war es u. a. ein Konzert in Rio de Janeiro. Für 1974 will Tennstedt die *Boulevard Solitude* von Hans Werner Henze in

der Staatsoper München dirigieren, im Mai in Toronto ein Konzert, danach in München die Eröffnung der *Musica Viva* im Bayerischen Rundfunk und später in Wien die Wiener Symphoniker und die Philharmoniker sowie in Berlin ein Mozartkonzert im *RIAS (Rundfunk im amerikanischen Sektor)*.

Dieser Mann hat auch noch Hobbies, z.B. studiert er den Sternenhimmel mit einem Stativfernrohr mit 70facher Vergrößerung, und nebenbei spielt er gern Skat.

Der „neue“ Tennstedt kann endlich seine persönlichen Lieblinge durchsetzen. Es sind die großen Publikumsmagneten, mit zwei bemerkenswerten modernen Ausnahmen: Wolfgang Fortner und Luigi Nono. Hier ein Überblick; Opernspielplan 1975/76 der Oper Kiel:

*Othello*, Giuseppe Verdi
*Die Entführung aus dem Serail,* Wolfgang Amadeus Mozart
*Hoffmanns Erzählungen,* Jacques Offenbach
*Bluthochzeit,* Wolfgang Fortner
*Der Mantel/Gianni Schicchi,* Giacomo Puccini
*Don Giovanni,* Wolfgang Amadeus Mozart
*An die Große Sonne voller Liebe,* Luigi Nono
(nicht dirigiert von Tennstedt)
*Così fan tutte,* Wolfgang Amadeus Mozart (WA = Wiederaufnahme)
*Die Hochzeit des Figaro,* Wolfgang Amadeus Mozart (WA)
*Die Zauberflöte,* Wolfgang Amadeus Mozart (WA)
*Elektra,* Richard Strauss (WA)
*Die Verurteilung des Lukullus,* Paul Dessau (WA)
*Rigoletto,* Giuseppe Verdi (WA)
*Parsifal,* Richard Wagner (WA)
*My Fair Lady,* Frederick Loewe (nicht dirigiert von Tennstedt)
*Die Fledermaus,* Johann Strauss (nicht dirigiert von Tennstedt)
*Wiener Blut,* Johann Strauss (WA) (nicht dirigiert von Tennstedt)

Kein einziger DDR-Komponist ist mehr dabei. In die Kieler Zeit fallen auch einige christlich inspirierte Werke: die rein orchestrale *Sinfonia da Requiem op. 20* von Benjamin Britten (nicht zu verwechseln mit dem *War Requiem*), das Verdi-*Requiem* und das *Stabat Mater op. 58* von Antonín Dvořák. Das ist insofern erstaunlich, als Tennstedt sich früher um religiöse Themen wenig geschert hat, passend zur politischen Grundhaltung der DDR, die Religiöses zu unterdrücken versuchte.

Später in Amerika und vor allem in London kennt man ihn nur noch als Dirigenten der großen Klassiker von Mozart bis Mahler und

Richard Strauss, mit wenigen Ausnahmen. Doch es ist beeindruckend, ein wie umfangreiches Repertoire der Musik des 20. Jahrhunderts er beherrscht.

**Konzerte: Neuere Musik in Kiel 1972-76, GMD Klaus Tennstedt**

Benjamin Britten: *Sinfonia da Requiem op.20*
Arvo Pärt: *Perpetuum Mobile op.10*
Gottfried von Einem: *Violinkonzert* („eher tonal")
Paul Hindemith: *Cellokonzert*
Bernd Alois Zimmermann: *Photoptosis*
Erich Urbanner: *Violinkonzert*
Bela Bartók: *Violakonzert Nr. 1, op. posthum* („eher tonal")
Dan-Corneliu Georgescu: *Alb-Negru* (Deutsche Erstaufführung),
Arnold Schönberg: *Fünf Stücke für Orchester op.16*
Wolfgang Fortner: *Immagini*
Paul Hindemith: *Sinfonische Metamorphosen* („eher tonal")
Heinrich Konietzny: *Triadisches Konzert für Violine* (Uraufführung)
Olivier Messiaen: *Oiseaux exotiques*

Tennstedt scheint sich damit abgefunden zu haben, in Kiel einige weitere Jahre verbringen zu müssen. Das Ehepaar mietet zunächst ein einzelnstehendes Haus im Kolonnenweg 16 in Heikendorf, einem früheren Fischerort gegenüber von Kiel. Wenige Monate später wird ganz in der Nähe ein achtstöckiges Hochhaus fertiggestellt. Tennstedt interessiert sich sofort für die geräumige Wohnung im obersten Stock. Sie bietet einen fantastischen Blick über die Kieler Förde. „Ich zahle jeden Preis," tönt er begeistert gegenüber dem Makler. Schnell nimmt Edith, die Frau seines Zahnarztfreundes Dr. Dietrich Albrecht, die Sache in die Hand: „Er war ja etwas unreif, was Kaufverhandlungen angeht." Am Ende besitzen die Tennstedts ein Refugium, von dem Klaus zeitlebens schwärmen wird: Vom Balkon aus genießt man den Blick auf die weite Ostsee bis fast zu den Dänischen

Apartmenthaus in Heikendorf Foto: Georg Wübbolt

Inseln. Die Fähren von und nach Skandinavien, die großen Containerschiffe und bunten Segelboote machen das Herz frei und lassen allen Druck vergessen. „Der schönste Platz auf Erden“, wird er jedem Besucher vorschwärmen, „Kalifornien oder die Rocky Mountains sind nichts dagegen“.

Blick vom Balkon auf einen Teil der Kieler Förde Foto: Janos Kollmann

*Klaus Tennstedt:* Kucken Sie mal hier raus, wie das aussieht. Die lebendige Förde, die offene Ostsee, das ist mit nichts zu vergleichen. Wunderbar [ist zwar] der Central Park in New York, wunderbare Häuser für 20 Millionen Dollar. Da kucken Sie auf den Park, das ist jeden Tag dasselbe. Aber hier die Förde lebt. Hier kommen U-Boote, hier kommen 20, 30 große Windjammer vorbei. Das ist unvorstellbar.

„Ein Zwei-Millionen-Dollar-Blick“, begeistert er sich in der *Bild*-Zeitung. Die Wohnung hat fünf Zimmer, darunter ein geräumiges Wohnzimmer, für ihn und Inge je ein Schlafzimmer plus Gästezimmer. Die Adresse Roesoll 13 in Kiel-Heikendorf bleibt ihr Zuhause bis ans Lebensende.

Allmählich dürfte sich Tennstedt auch beruflich einigermaßen wohl fühlen. Wird er sich damit abfinden müssen, dass die Karriere auf diesem Niveau steckenbleibt? Zuviel Zeit hat er im Osten verschwendet. Hier, auf der „richtigen“ Seite des Eisernen Vorhangs, fehlen die Kontakte, um in der internationalen Musikszene noch eine bedeutende Rolle zu spielen. Immer wieder befallen ihn Zweifel, ob er mit seiner Flucht richtig gehandelt hat. „Kiel war wieder Provinz," sagt er in einer Rundfunksendung. „Ich dachte aber: Irgendwas steckt noch in dir, das vielleicht mehr sein kann." Eine unruhige Grundstimmung umweht ihn, das bemerken auch die Musiker. Holger Garbs ist Schlagzeuger des NDR-Orchesters in Hamburg und spielt manchmal in Kiel als Aushilfe.

> *Holger Garbs:* Irgendwie war er musikalisch immer im Zweifel: Ist das so richtig, was ich mache oder liege ich hier falsch? In Hamburg, aber auch, als er noch in Kiel als GMD war, kam er dauernd in die Kantine und erstmal ´n Bier holen. Er hat sich dann irgendwo dazugesetzt, und dann hat man halt geredet. Er war sehr kollegial, nicht so wie andere „große" Dirigenten war er eher ein Kumpeltyp.

> *Robert König, Orchestervorstand Kiel:* Man konnte sich mit Tennstedt sehr, sehr gut unterhalten. Leider hat er auch getrunken. Er ist nie sturzbetrunken gewesen, aber er hatte oft eine Fahne. Er rauchte auch viel, er rauchte eigentlich immer. Hat seine Zigaretten auf der Heizung getrocknet und dann geraucht. Das mit dem Alkohol kam später.

Auch dem EMI-Mitarbeiter Peter Alward bleibt dies nicht verborgen. Für ihn hat es eher mit dem Suizid seiner Tochter Heidi zu tun. John Willan, Tennstedts Produzent bei der EMI und später Geschäftsführer des London Philharmonic Orchestra, hält allerdings nichts von solchen Anwürfen.

> *John Willan:* Er und ich saßen oft zusammen und tranken, aber er trank nicht mehr als ich. Er liebte sein Bier. Sobald eine Aufnahmesitzung beendet war, sagte er immer: „Wo ist mein Bier?" Und dann trank er eins, vielleicht auch zwei oder drei, aber das war‘s. Er war nie betrunken. Ich habe ihn auch nie um 9 oder 10 Uhr trinken sehen, wie es ein Alkoholiker tun würde. Ich glaube nicht, dass er ein Alkoholproblem hatte. Da gibt´s wahrlich andere.

## TORONTO, Kanada

### Start in ein neues Leben 1974

Der tschechische Dirigent Karel Ančerl ist 1968 – dem Schockjahr des „Prager Frühlings“ – aus Wut und Enttäuschung aus seiner Heimat geflüchtet. Er emigriert nach Kanada und wird bald Chef des Toronto Symphony Orchestra. Nach vier Jahren im Amt stirbt er überraschend mit nur 65 Jahren. Und so macht sich der Managing Director des Orchesters, Walter Homburger, auf die Suche nach einem Nachfolger. Er möchte jemanden, der die alte europäische Kapellmeistertradition verkörpert. Der ist vermutlich im deutschsprachigen Raum zu finden.

Zufällig erfährt Homburger von einem nicht mehr ganz jungen Chefdirigenten in der Provinzhauptstadt Kiel. Er besucht ein Konzert mit dem Beethoven-*Violinkonzert* (Solist: Itzhak Perlman) und der *Siebten Sinfonie* von Anton Bruckner.

Der Eindruck auf den Besucher ist derart überwältigend, dass Tennstedt auf der Stelle für zwei Konzerte ins kanadische Toronto eingeladen wird, für das nächste Jahr, den Mai 1974. Doch nach anfänglicher Euphorie melden sich schnell die Zweifel.

**Info: Walter Homburger,** geboren 1924 in Deutschland, wandert 1940 mit seiner Familie nach Kanada aus. Bald schon managt er Künstler wie den Pianisten Glenn Gould, den er rund 20 Jahre lang betreut.

1962 wird er Intendant des Toronto Symphony Orchestra und bleibt es für 25 Jahre. Seine Vorliebe gilt weniger der modernen Musik als mehr den alten Meistern. Tennstedt scheint für ihn genau der Richtige zu sein.

> *Klaus Tennstedt:* Das erste Gefühl war Angst. Das ist, als ob ein Allgemeinarzt plötzlich zum Chefarzt einer Uniklinik berufen wird. Der fühlt sich zuerst auch nicht allzu gut.

Und es wird nicht besser, je näher der Termin heranrückt. Mit flatternden Nerven fliegt er seinem ersten Engagement auf der anderen Seite des Nordatlantiks entgegen. Er hat ein reines Beethoven-Programm mitgebracht: Die *Egmont-Ouvertüre*, das *Violinkonzert* (Solist wieder Itzhak Perlman) und die *Fünfte Sinfonie*, alles Stücke, die er bis in die kleinste Note kennt. Das Violinkonzert hatte er sogar einmal selber gespielt.

Angekommen im Probenraum des Toronto Symphony, tritt er mit diesem flauen Gefühl im Magen vor das Orchester. Merkt man ihm seine Nervosität an? Er weiß ja, sein Englisch ist lausig. Hoffentlich wird er die richtigen Worte zusammenstoppeln. Walter Homburger stellt ihn den Musikern vor. Von denen hat keiner den Namen Tennstedt je gehört. Aber zum Glück sprechen Musiker überall auf der Welt so viel Italienisch, dass sie bei *molto piano* und *crescendo* wissen, was gemeint ist. Der erste Teil der Probe vergeht wie im Flug.

Wenig später der zweite Teil. Nachdem das Orchester eingestimmt hat und Tennstedt seinen Platz auf dem Podium einnehmen will, wird er mit einer angenehmen Überraschung begrüßt: Er bekommt einen herzlichen Applaus von den Musikern! Dies ist eine ungewöhnliche Ehre und wird selten jemandem zuteil. Jetzt weiß er: Das Orchester ist auf seiner Seite!

Nach dem Konzert sind Publikum und Kritiker aus dem Häuschen. Die Kunde von diesem sensationellen *No-name* läßt die Telefondrähte glühen. Walter Homburger hat bereits Columbia Artists (CAMI) informiert, das mächtigste Musikmanagement der Welt. Es schickt sofort einen Scout nach Toronto. Dieser meldet, dass hier ein neuer Stern am Dirigentenhimmel aufsteigt. Den will sich CAMI sofort schnappen und vermittelt ihn sogleich dem Musikchef des Boston Symphony, Seiji Ozawa. Auch der ist rein zufällig bei CAMI unter Vertrag.

...mit Chipmunk (Streifenhörnchen)

Bevor ihm sein neu entdecktes Juwel unter den Händen weggerissen wird, macht Walter Homburger die nächsten Termine fest. Tennstedt muss versprechen, regelmäßig zu kommen. Außerdem wird der private Kontakt intensiviert. Es folgen Einladungen, *Sightseeing*-Touren und ein aufregend neuer Nervenkitzel: Homburger entführt seinen Freund auf ein paar Rundflüge mit seiner Cessna und bringt ihm das Starten und Steuern der Maschine bei.[23] Bis zur eigentlich fliegerischen Kunst, dem Landeanflug mit *Touchdown*, kommt es allerdings nicht. Trotzdem behauptet Tennstedt in Interviews, dass er ein Flugzeug steuern könne, was in der Luft ja durchaus stimmen mag. Doch mancher Journalist macht daraus den Besitz eines Flugscheins. Davon ist Tennstedt meilenweit entfernt.

Doch wen kümmert es? Hier in Kanada ist die Luft so frei, die Menschen großzügig und gastfreundlich, viel lockerer als in Deutschland. Walter Homburger zeigt seinem Maestro auch die Rocky Mountains weiter im Westen des riesigen Landes. Reine Natur breitet sich aus in aberhunderten von Kilometern, ohne eine Menschenseele, mit Bären und Elchen und der einsamen Hütte am See. Es ist wie der Eintritt in eine neue Welt. Tennstedt bewundert das grandiose Panorama von Banff. Am nahe gelegenen Lake Louise werden er und Inge regelmäßig sommerliche Erholungswochen verbringen. Dann laden sie gern liebe Freunde ein: seinen Zahnarztfreund aus Heikendorf, Dietrich Albrecht (genannt Dracula) und seine Frau Edith, den Regisseur Dieter Bülter-Marell aus Radebeuler Zeiten und dessen Frau Ursula. Oft ist auch Heidi Kuschel dabei, die Leiterin des Künstlerischen Betriebsbüros in Kiel.

Diese Heidi spielt im Leben der Tennstedts eine immer größere Rolle, nicht nur organisatorisch, sondern auch privat. Der Vorname weckt für Klaus natürlich Erinnerungen an seine verstorbene Tochter Heidi, und so entwickelt sich mit der Zeit eine starke emotionale Bindung zwischen den beiden Tennstedts und Heidi Kuschel. Sie nennt Inge „Frau Mutter" und Klaus „Herr Vater", wie Edith Albrecht erstaunt berichtet. Heidi scheint glücklich darüber zu sein, wieder so etwas wie eine Familie gefunden zu haben. Sie begleitet Klaus und Inge hin und wieder auf Konzertreisen. In Minneapolis ist sie manches Mal dabei. Mit ihrem fließenden Englisch ist sie eine unschätzbare Hilfe. Auch das Verhandeln und Taktieren liegt ihr im Blut.

Hier in der malerischen Bergwelt kann Klaus entspannen. Aber weit gefehlt zu glauben, dass seine charakterlichen Eigenheiten sich ebenso zur Ruhe begeben hätten. Das erlebt Dieter Bülter-Marell:

Tennstedt und Bülter-Marell: roll 'n rock

> Er kriegte ganz plötzlich seine verrückten Ideen. Wir gingen am See spazieren, und da sagt er: „Diesen Stein, den rollen wir jetzt hinein in den

Fotos: Ursula Bülter-Marell

See." Und er war ja nun wirklich nicht der Kräftigste. Außerdem, mit seinen Händen, auch wenn er nicht mehr Geige gespielt hat, saß er ja bei den Proben noch am Klavier. Ich sagte: Klaus, du machst dich noch kaputt, und er: Das muss jetzt sein. Und dann haben wir diese Bäume genommen und versucht, den riesigen Stein da reinzuwuchten. Wir haben es sogar geschafft, in zwei Stunden oder so, es war unglaublich.

Edith Albrecht hat mit Klaus eine Geschichte erlebt, die ihrer Meinung nach charakteristisch für ihn ist.

*Edith Albrecht:* Er wollte immer der Beste sein, immer der Größte. Einmal haben sie mich mitgenommen zum Angeln, obwohl ich das nicht mag. Mein Mann gab mir einen Stock in die Hand und machte einen Wurm ans Ende der Schnur. Klaus fühlte sich bemüßigt, mich aufzuklären wie man angelt. Ich hielt die Schnur ins Wasser, und schwupps! hatte ich eine große Forelle. Noch mal rein, noch eine. Wir kriegten vier Fische. Und Klaus wurde sauer. Ihm hat das nicht gepasst. Als wir wieder bei unserer Hütte waren, sagte mein Mann: „Komm, gib den Tennstedts zwei Fische." Aber Klaus hat die nicht angenommen. Nein! Er wollte einfach nicht – mit so´ner Flappe. Ich fand das kindisch.

Dr. Dietrich Albrecht

Außer Angeln entdeckt Tennstedt an diesem wunderschönen Ort eine weitere Leidenschaft, das Ballonfahren: „Das muss ich machen, wenn ich in Banff bin", schwärmt er,

„2000 Meter über der Erde schweben." Es ist besonders die Stille, die ihn dort oben überwältigt, „das Fahren mit dem Wind, wenn der Wind selbst zum Schweigen kommt."

Inge bleibt lieber am Boden: „Ich bin doch nicht verrückt," sagt sie entrüstet, „es reicht, wenn ich hinter ihm herfahre und ihn am Ende wieder aufsammeln kann."[24]

Tennstedts Zeit in den Bergen dient jedoch nicht nur der Entspannung. Drei Spielzeiten lang dirigiert er das Canadian Chamber Orchestra. Das sind Musikstudenten, die ihr Sommerfestival in Banff veranstalten. Tennstedt versichert:

> Die kanadischen Rocky Mountains sind die schönsten Berge, die ich je gesehen habe. Ich komme hierher, um zu fischen und mich auszuruhen und um ein wenig mit den bemerkenswerten Studenten hier zu arbeiten.[25]

Diese jungen Musiker hängen an seinen Lippen. Sie erleben, wie ein Weltklassedirigent aus einem scheinbar einfachen Musikstück ein Wunderwerk zaubern kann.

Schon ein halbes Jahr nach dem Debüt in Toronto übernimmt Tennstedt eine Serie von sieben Konzerten mit dem Boston Symphony Orchestra, einem der *Top-Five*-Orchester der USA. Man fragt den Maestro, was er gern dirigieren möchte, und ungläubig antwortet er: „Sie meinen, ich darf mir das aussuchen?"

Das darf er, und er wählt die *Vierte Sinfonie* von Johannes Brahms, davor dessen *Akademische Festouvertüre op. 70* und das *Violinkonzert op. 77* (Solistin: Miriam Fried). Als Termine sind der 12., 13., 14. und 17. Dezember 1974 festgemacht. Wenig später, am 19., 20. und 21. Dezember, soll die *Achte Sinfonie* von Anton Bruckner folgen. Ein hochromantisches Programm bei einem der besten Orchester der Welt!

Tennstedt kommt mit klopfendem Herzen in Boston an. Wird das gutgehen? Ist er, der kleine Kapellmeister aus der Provinz, überhaupt würdig, vor ein solches Orchester zu treten? Ein Orchester, bei dem sich die Spitzendirigenten dieser Welt den Taktstock in die Hand geben. Gleich sieben Konzerte sollen es sein. Sieben Mal Lampenfieber bis zum Zerreißen, sieben Mal die Möglichkeit zu versagen. Die vollkommen neue Umgebung, der Jetlag, die ungewohnte Sprache – plötzlich schlagen die Wogen der Erwartungen über ihm zusammen. „Inge, ich schaff´s nicht," ruft er zuhause an, „ich komme zurück."

Worauf er das Donnerwetter seines Lebens zu hören bekommt: „Ich bin explodiert am Telefon," sagt seine Frau. „Geh da rein und dirigiere! Also bitte!"[26]

Nervös zieht er an der nächsten Zigarette. Gleich kommt die erste Probe. Sie wird zeigen, ob das Orchester ihm folgt. Doch nach der Pause empfangen ihn die Musiker mit begeistertem Klopfen und Schlagen auf den Notenpulten – hat man sich mit Toronto abgesprochen? Sogleich geht es weiter.

„Wenn ich einen Dollar bekäme", sagt der *Boston-Globe*-Kritiker Michael Steinberg, „für jedes Mal, wenn mich jemand gefragt hat: \`Wer ist dieser Klaus Tennstedt?´, könnte ich eine Woche Urlaub nehmen. Sein Name ist hier so gut wie unbekannt."

Nach dem ersten Konzert schreibt er, es gebe zwar hier und da verblüffend Neues, die *Akademische Festouvertüre* sei sogar ein nie gehörtes Feuerwerk. Dennoch ist er nicht ganz zufrieden:

> *Michael Steinberg:* Die Anspannung, die unter solchen Umständen verständlich ist, mag das Problem gewesen sein, und das Orchester, das den Dirigenten ganz offensichtlich mochte, (...) verfiel hin und wieder in überraschend nervöse Fehler.

Doch diese Bedenken sind weggeblasen durch die darauffolgenden Konzerte mit der *Achten* Bruckner, von der Michael Steinberg schier überwältigt ist:

> Freitag, 20. Dezember 1974
>
> **Bruckner, Tennstedt, BSO – once-in-a-lifetime music (Musik wie nur einmal im Leben)**
>
> Es gibt eine Geschichte, dass Händel gesagt hat, als er beschrieb, wie er den *Halleluja*-Chor komponierte: „Ich glaubte, ich sähe den Himmel offen und Gott selbst." Ich habe keine Ahnung, ob die Geschichte wahr ist, aber wenn sie es ist, wünschte ich, Händel hätte auf Anton Bruckner gewartet, um das zu sagen, denn es ist seine Musik, die das perfekt beschreibt.
>
> Gestern Abend schenkte uns das Boston Symphony eine dieser großen Bruckner'schen Erleuchtungen – die *Achte Sinfonie* unter Klaus Tennstedt, dirigiert und gespielt, wie man nur wenige Dinge im Leben dirigiert und gespielt hört.
>
> Das Orchester spielte wunderschön, mit einer herrlichen Erhabenheit im Blech, aber vor allem mit einem leuchtenden und tiefgründigen Streicherton, wie man ihn hier in Jahrzehnten nicht mehr gehört hat. Am Ende gab es eine johlende, füßetrampelnde Ovation – auch die Spieler applaudierten herzlich – und es ist

klar, dass Tennstedts Auftritt eines der besten Dinge ist, die dem Boston Symphony seit langem passiert sind. Er wird sicher wiederkommen.

Damit ist das Tor zur großen sinfonischen Welt aufgestoßen. Tatsächlich wird Tennstedt in den nächsten Jahren allein hier in Boston zu 35 Konzerten wiederkommen (einschließlich Tanglewood). Er selber kann es kaum fassen:

*Klaus Tennstedt:* Dieser Riesenkontinent wird zu einem Dorf, wenn einem ein Konzert gelingt, was Aufsehen erregt; das spricht sich herum. Es sprach sich so schnell herum, dass die sogenannten *Magic Five*, die fünf großen amerikanischen Orchester, sofort zugriffen. Das erste war Boston Symphony, ein weiß Gott grandioses Orchester. Danach kam Cleveland, danach Philadelphia, dann kamen New York Philharmonic und Chicago Symphony. Und damit war natürlich die Karriere gelaufen. Ich habe dann nicht mehr die Zeit gehabt, in Deutschland zu dirigieren, außer mit den Berliner Philharmonikern. Das ist leider so. Man hat mich später manchmal gefragt, mein Gott, warum bist du nicht bekannter in Deutschland?

„Keine Zeit" ist natürlich eine beliebte Ausrede. „Immer noch nicht gewollt" wäre treffender. Es bleibt die nie geschlossene Wunde in seinem Leben. Er kann es schwer ertragen, dass man ihm in seiner Heimat weiterhin mit Misstrauen begegnet. Doch wie anders jetzt in Amerika!

Henry Fogel, der spätere Intendant des Chicago Symphony Orchestra, bekommt einen Anruf von seinem Kollegen Richard L. Kaye aus Boston:

*Henry Fogel:* Dick Kaye sagte ganz aufgeregt: „Wir hatten gerade einen Dirigenten, von dem niemand je gehört hat, mit einer Brahms-Sinfonie – fantastisch!" Ein paar Tage später rief er wieder an und sagte: „Der Bruckner war sogar noch großartiger! Columbia Artists hat längst Kontakt mit ihm aufgenommen."

Das ist für Intendanten keine gute Nachricht, wie wir gleich sehen werden. Für Tennstedt aber ist es der Start in ein neues Leben. In ein Leben, das er sich kaum noch erhoffen durfte, aber immer erträumt hat. Er ist 49 Jahre alt.

# Dirigent der Dirigenten

## Columbia Artists Management Inc.

Die Agentur Columbia Artists Management Inc. (CAMI) wurde 1930 vom legendären Arthur Judson (1881–1975) gegründet. Er war der erste Musikmanager, der große Macht auf sich vereinigte, indem er gleichzeitig Intendant des Philadelphia Orchestra und des New York Philharmonic war. Er investierte früh in das neue Medium Fernsehen, in einen Sender namens Columbia Broadcasting System (CBS), noch heute einer der größten Amerikas. Er übernahm den ersten Teil des Namens für seine neue Musikagentur: Columbia Artists Management Inc. (CAMI) mit Sitz in New York.

Mittlerweile war Ronald Wilford (1926–2015) ihr Chef. Wie ein Marionettenspieler zog er die Fäden für seine Klienten: Karajan, Kleiber, Abbado, Levine, Ozawa, Blomstedt, Muti, Masur, Gergiev und nun auch Tennstedt standen bei ihm unter Vertrag. Im überwiegenden Teil des 20. Jahrhunderts blieb Columbia Artists die führende Musikagentur auf der Welt. Auf dem Höhepunkt ihrer Macht waren zwei Drittel aller Spitzenkünstler mit ihr vertraglich gebunden, darunter rund 100 Dirigenten, 800 Sänger und 300 Instrumentalisten. Damit verfügte Wilford über die alles beherrschende Macht in den Konzertsälen und Opernhäusern der Welt. Seine Dirigenten leiteten Institutionen wie die Metropolitan Opera, das New York Philharmonic, das Boston Symphony, das Philadelphia Orchestra, die Berliner Philharmoniker, die Salzburger Festspiele und verschiedene Londoner Top-Orchester, alle zur gleichen Zeit.

So konnte er schamlos und fast nach Belieben Preise festsetzen und schreckte auch nicht davor zurück, Intendanten gnadenlos zu erpressen. Man sieht es Henry Fogel, dem langjährigen Manager des Chicago Symphony Orchestra, heute noch an, wie unwohl er sich dabei fühlte:

> *Henry Fogel:* Gelegentlich wollten sie, dass man einen ihrer jungen Künstler engagiert. „Wenn du unseren Star haben willst, musst du auch diese Unbekannten nehmen, zu diesen Bedingungen *[abwehrende Hände]* und für folgendes Honorar". Wilford konnte Karrieren aufbauen oder kaltblütig zerstören. Und das ließ er sie spüren.

Besonders für Dirigenten schlug er immer noch mehr heraus, da sie durch das Jet-Zeitalter mehrere Orchester gleichzeitig übernehmen konnten: Drei Monate auf diesem Kontinent, drei auf jenem, den Rest als Gastdirigent um die Welt, natürlich *First Class,* bezahlt vom Veranstalter. Und nach jedem Konzert klingelte die Kasse. An Wilford kam keiner vorbei. „Ich bin überhaupt nicht wichtig", sagte er der *New York Times*. Das Gegenteil war der Fall.

Zu dieser Gelddruckmaschine soll nun auch Tennstedt gehören. Dumm nur, dass er schon woanders unter Vertrag steht: bei der Hamburger Agentur Sudbrack. Also muss Wilford seine Neuentdeckung von dort loseisen. Joachim Nerger, heute Inhaber der Firma, erzählt von einer geradezu surrealen Begegnung der beiden Manager:

Rolf Sudbrack trifft Ronald Wilford im noblen Hotel Atlantic an der Hamburger Außenalster, um die Übernahme zu verhandeln. Die Atmosphäre ist spendabel und zuvorkommend. Man einigt sich darauf, dass Sudbrack das Deutschland- und Europageschäft für eine Übergangszeit behält und den Rest sofort an Columbia Artists übergibt, inklusive einer nicht unbedeutenden Ablösesumme. Als der neue Vertrag unterschrieben ist, verliert der Amerikaner sofort sein freundliches Interesse. Ganz der eiskalte Manager, der gerade sein Opfer über den Tisch gezogen hat. „Richtig brutal", sagt Nerger, „da war jede zwischenmenschliche Beziehung abrupt beendet."*

Für Tennstedt geht es nun Schlag auf Schlag. Die *Big-Five*-Orchester überschütten ihn mit Angeboten. Das Jahr 1974 ist der Auftakt, 1975 der Durchbruch zu einer atemberaubenden internationalen Karriere.

---

*Wilfords Macht schwand erst, als sich einige seiner Topmanager abwerben ließen oder eigene Firmen gründeten und auch das Plattengeschäft durch Internet und Streamingdienste generell schwieriger wurde. Ronald Wilford verstarb 2015 in New York. Im Sommer 2020 musste die Agentur wegen Corona Insolvenz anmelden. Zu alter Größe findet die Nachfolgeorganisation *Camimusic* noch nicht zurück.

## DAS JAHR 1975

Zurück aus Boston stürzen die erlebten Triumphe über ihm zusammen. Er ahnt, was für eine Lawine da auf ihn zurollt und fürchtet, unter ihr begraben zu werden. Es folgt, nicht unerwartet für sein fragiles Selbstwertgefühl, ein schwerer Zusammenbruch: „Ich kann das nicht, ich bin für all das nicht gut genug.“ Er fühlt sich dem plötzlichen Druck, den übergroßen Erwartungen nicht gewachsen, und er fällt für Wochen aus. Ein krasser Abgrund tut sich auf zwischen dem bisherigen Selbstbild als Chef eines mittelgroßen norddeutschen Opernhauses und dem neuen, gleißenden Rampenlicht der Weltbühne. Norman Lebrecht:

> Das konnte er nicht überbrücken. Inge hat natürlich versucht, ihn wieder zusammenzuflicken. Er sagte zu mir: „In dieser Zeit habe ich Mahler erst richtig entdeckt. Ich habe mich ans Klavier gesetzt und angefangen, seine Partituren zu studieren. Das war eine Zäsur“, sagte er, „ein gravierender Einschnitt!“

Bis dahin hatte er nur die *Erste Sinfonie* und die *Kindertotenlieder* aufgeführt, in Kiel einmal die *Fünfte Sinfonie*. Jetzt, in dieser selbsterzwungenen Pause, vertieft er sich in die übrigen Orchesterwerke des großen Sinfonikers. Dafür nimmt er sich – neben allen anderen Verpflichtungen – mehr als drei Jahre Zeit! Drei lange Jahre, in denen er sich in die Partituren vergräbt und versucht, den Motiven, Melodien und Stimmungen nachzuspüren, die ihm aus den Noten heraufsteigen. Auch liest er sich in die ständig wachsende Literatur ein, um das Seelenleben Mahlers in den Kompositionen aufzuspüren und in den Aufführungen zu spiegeln. Ab der Spielzeit 1977/78 beginnt er mit der Einspielung sämtlicher Mahler-Sinfonien für die Schallplatte, zunächst im Studio.

„Man muss gelitten haben, wenn man Mahler dirigieren will“, diesen Satz wiederholt er in Interviews fast gebetsmühlenartig. Meint er damit die lange Reihe von Nackenschlägen in seiner DDR-Karriere? Den Suizid seiner Tochter, der ihn lange bekümmert? Wohl auch; doch es sind eher die inneren Kämpfe, die er aufgrund seiner charakterlichen Veranlagung mit sich austrägt. Es ist, als ob das ohnehin dünne Eis seines Selbstvertrauens nicht mehr trüge, als ob sich eine verborgene Schublade in seinem Wesen öffnete, aus der eine Reihe widersprüchlicher Gefühle hervorbrechen. Endlich hat er bekommen,

Foto: Louis Hood/University of Minnesota Performing Arts Archive

was er immer wollte, und er kneift. Er hat doch gewusst, dass mehr in ihm steckt, und jetzt, wo er es zeigen kann, verlässt ihn der Mut? Er bekommt donnernden Applaus, aber hört er ihn überhaupt? Endlich steht er vor den besten Orchestern der Welt, und am Ende des Tages heißt es: „Inge, ich schaff's nicht".

Und dann ergießt sich ein Füllhorn von Dollars über ihn. Warum nur war er all die Jahre neidisch auf Kurt Masur? Endlich kann er es ihm zeigen, dem vermaledeiten Freund. Aber was er jetzt bräuchte, wären dessen eiserne Nerven, ein undurchdringliches, dickes Fell aus Selbstsicherheit, an dem alles abperlt. „Wärst du doch ein bisschen so wie Kurt", hört er seine Mutter schimpfen. Wie recht sie doch hatte. Stattdessen ist er mit einer hochsensiblen Künstlerhaut geschlagen.

Dazu die Verpflichtungen in Kiel, die anstehenden Proben und Vorstellungen, der Bürokram – sie werden zur Last. Es wird hektisch. Termine für die plötzlichen Engagements in Amerika müssen freigeschaufelt werden. Die Routine tut gut, es muss weitergehen.

Wir sehen ihn im März 1975 in Caracas bei der Filharmonia Nacional de Venezuela. Im Juli – die Kieler Oper hat Sommerpause – erobert er Cleveland. Kurz danach dirigiert er wieder das Boston Symphony Orchestra, diesmal weit draußen auf dem Lande in Tanglewood, dem jährlichen Sommerfestival des Orchesters. Ein paar Kritiken gefällig?

John von Rhein, für das *Akron Beacon Journal*, Cleveland, 12. Juli 1975:

> Es ist sehr lange her, dass ich das Cleveland Orchestra so brillant, so klar, so strahlend gehört habe wie in diesem Eröffnungskonzert. Ein Dirigent von seltener Inspiration und Autorität stand am Pult. Sein Name ist Klaus Tennstedt.
>
> Seine ungekünstelte Art, sein makelloses Gehör, seine Gabe, wunderbar gemischte Klänge hervorzuzaubern – all dies macht ihn um Klassen besser als viele der heute bekannten Taktstock-Löwen.

Judith Eckelmeyer, *The Sun Press*, 17. Juli 1975, über Tennstedt und das Cleveland Orchestra:

> Als hätte ein Merlin seinen erderschütternden Zauber ausgeheckt, so beherrschte und besänftigte und tanzte und strömte, geradezu forderte er die Musik, die er hören wollte. Das Orchester reagierte darauf mit seiner bis dahin besten Aufführung in dieser Saison.

Im September 1975 berichten die *Kieler Nachrichten,* dass Tennstedt seinen Vierjahresvertrag am Opernhaus der Landeshauptstadt nicht verlängern werde. Der plötzlich ungeheuer gefragte Maestro will in nächster Zeit überhaupt keine festen Verpflichtungen mehr eingehen. Allein in den USA hat er im kommenden Jahr 30 Konzerte zu dirigieren! Mehr passt nicht in seinen vollen Terminkalender, denn noch ist er an Kiel gebunden. Er träumt davon, sechs Monate des Jahres diesseits und sechs Monate jenseits des Atlantiks zu verbringen. Neben diesen Verpflichtungen laufen am Münchener Cuvilliés-Theater die Vorbereitungen für die Oper *The Rake´s Progress* von Igor Strawinsky. Doch zu viele Termine kollidieren, so dass Tennstedt die Produktion absagen muss.

Natürlich darf ein Abschiedskonzert in Kiel nicht fehlen. Weiß man endlich, wen man da verloren hat? Susanne Materleitner titelt am 10. Juni 1976 in den *Kieler Nachrichten*:

> **Ovationen für Tennstedt. Der Kieler Generalmusikdirektor dirigierte sein Abschiedskonzert**
>
> ...brach ein Beifallssturm aus. Das Kieler Konzertpublikum schickte sich an, einen GMD zu feiern, der nach vier Jahren zu groß für diese Stadt geworden ist.

Tennstedt kann sich endlich über eine steile internationale Karriere freuen. Ein weiteres Jahr später ist der Terminkalender mit 57 Konzerten vor allem in Nordamerika gefüllt. Der besseren Übersicht halber sind hier nur die Hauptwerke aufgeführt.

**Termine 1977 (Auszug)**

| | |
|---|---|
| 5., 8., 11. Jan. 1977 | Boston. Schubert, *Große C-Dur* |
| 13., 15. Jan. 1977 | Boston. 4. Mahler |
| 25., 27., 28. Jan. | Toronto. 5. Prokofjew |
| 1., 2. Feb. | Toronto. 8. Dvořák |
| 8., 9. Feb. | Washington DC. 4. Bruckner |
| 18., 19. Feb. | Cincinnati. 7. Bruckner |
| 24., 26. Feb., 1. März | New York. 5. Prokofjew |
| 11., 12. März | Dallas. 4. Brahms |
| 23., 26. März | San Francisco. 5. Prokofjew |
| 30. März, 1. April | San Francisco. Schubert, *Große C-Dur* |
| 8., 9., 12. April | Philadelphia. 7. Bruckner |
| 25., 26., 27. April | Berlin. Berliner Philharmoniker: 2. Bruckner |
| 2. Mai | Toronto. |
| 7. Mai | London. Mozart: Sinfonie Nr. 41 *„Jupiter"* |
| 8., 9., 11. Mai | Hamburg, NDR. Strawinsky: *Feuervogel* |
| 12. Juli | München, Bayer. Rundfunk. 7. Prokofjew |
| 22. Juli | Cleveland. 7. Bruckner |
| 23. Juli | Cleveland. Strawinsky: *Feuervogel* |
| 25. Juli | Toronto. 8. Dvořák |
| 29. Juli | Tanglewood, BSO. 7. Beethoven |
| 30. Juli | Tanglewood, BSO. 3. Beethoven |
| 31. Juli | Tanglewood, BSO. 2. Beethoven |
| 4. Aug. | Philadelphia. Orff: *Carmina Burana* |
| 8., 10. Sep. | Toronto. 1. Beethoven |
| 15., 17. Sep. | Toronto. 3. Beethoven |
| 26. Sep. | London STUDIO - 1. Mahler, Abbey Road Studios |
| 4., 5. Okt. | London STUDIO - 1. Mahler, Abbey Road Studios |
| 4., 5. Okt. | London, LPO. 7. Bruckner |
| 29. Okt. | Croydon. London Symphony Orch. 9. Beethoven |
| 30. Okt. | London. LSO. 1. Brahms |
| 3., 5. Nov. | Boston, BSO. 7. Bruckner |
| 14. Nov. | Hamburg, NDR. 1. Mahler |
| 1., 2. Dez. 1977 | München, BR Orchester. 5. Prokofjew |
| 29., 30. Dez. 1977 | New York Philharmonic. 8. Bruckner |

# Amerika zu Füssen

## Minneapolis

„Ich bin immer noch aufgeregt, wenn ich über ihn rede, so als wäre es gestern gewesen."
*William Schrickel, Minnesota Orchestra, über Tennstedt*

Um die amerikanischen Orchester muss sich Tennstedt nicht bemühen. Er wird gelockt, umschmeichelt, mit Herzlichkeit und persönlichen Einladungen überschüttet, man reißt sich um ihn. Auf diesem Kontinent warten der donnernde Applaus und das große Geld. William Schrickel, damals Kontrabassist des Minnesota Orchestra in Minneapolis, USA, stellt den verehrten Maestro auf den höchsten Sockel: „Außerhalb des Podiums hatte er wohl eine etwas kindliche Art, aber auf dem Podium, da war er wie ein Gott."

In Kiel arbeitet Tennstedt noch für 3.500 D-Mark im Monat, in Amerika bekommt er mehr als das Doppelte, 3.500 Dollar für ein einziges Konzert. Meist sind es drei hintereinander, mit den Proben kommen in anderthalb Wochen mehr als 10.000 Dollar zusammen. Dazu Erster-Klasse-Flug von und nach Hamburg. Natürlich auch für Inge, sie muss ja immer mit. Unterkunft und Verpflegung sind meist aus eigener Tasche zu bezahlen.

Inge ist sparsam. Zum Einkaufen fährt sie mit dem Bus, nicht mit dem Taxi. Sie lässt sich vorher genau über die Vor- und Nachteile ihrer Unterkünfte berichten: Welches Apartment kostet wie viel und – ganz wichtig! – hat es eine Küche? Klaus erwartet natürlich sein Essen auf dem Tisch.

Tennstedt verdient so viel Geld, er könnte sich die teuersten Hotels leisten, mit Extraservice und Minibar. Aber in ihm und erst recht in seiner Frau stecken immer noch die Magerjahre der DDR. Damals leistete man sich wenig, weil es ja auch nur wenig gab, wofür man sein Geld ausgeben konnte. Die Bernsteins und Karajans dieser Welt reisen mit vielköpfiger Entourage von Kontinent zu Kontinent, für Tennstedt reicht seine Frau. Sie ist für ihn Köchin, Organisatorin, Chauffeurin, Geld- und Terminverwalterin. Er nennt sie „Mutter", und ja, sie ist zweifellos seine treu sorgende Ehefrau. Natürlich weiß er, was er an ihr hat: „Meine Frau ist pures Gold."

Die Agentur verdient kräftig mit. Nicht weniger als stattliche 20 Prozent der Gage soll CAMI für sich beansprucht haben. Ronald Wilford will natürlich bestimmen, welche Orchester in den Genuss des Maestros kommen dürfen. Er findet, dass sein Schützling Perlen vor die Säue wirft, wenn er sich von diesem Minnesota Orchestra einladen lässt. Er versucht, das Engagement so klein wie möglich zu halten. Am anderen Ende des Seils zieht Richard Cisek, Manager des Orchesters. Er will Tennstedt so oft wie möglich bei sich haben und macht ihn schnell zum Ersten Gastdirigenten. Vielleicht hilft das.

Die Musiker des Orchesters fangen schnell Feuer. „Für Klaus zu spielen, war eine extrem aufregende Erfahrung“, sagt die Cellistin Mina Fisher. „Was für ein Musiker!“ schwärmt Klarinettist Joseph Longo. „Er schaffte es, dass wir weit über unseren Fähigkeiten spielten. Diese Art von Erregung habe ich niemals wieder erlebt, weder bei uns Musikern noch beim Publikum.“

Doch Minneapolis oder Toronto passen nicht in das Konzept eines Ronald Wilford. Beide Orchester werden nun einmal nicht zur obersten Kategorie der amerikanischen Klangkörper gezählt. Das dürfen – verdient oder nicht – die so genannten *Big Five* für sich beanspruchen: New York Philharmonic, Boston und Chicago Symphony, Philadelphia und Cleveland Orchestra.

Richard Cisek erinnert sich lebhaft an die Kämpfe mit Wilford. Wir erleben, was der Mann aus Minneapolis alles unternimmt, um seinen Dirigentenstar bei Laune zu halten und an sich zu binden: Die Tennstedts feiern ein tiefverschneites Weihnachten bei den Ciseks; sie verbringen zusammen Urlaube in Kalifornien; sie fliegen gemeinsam nach Florida zu Disney World – das Buhlen um den Gefeierten hat kein Ende.

Richard Cisek

Ich bin mit Richard Cisek (1928–2021) im Gebäude des Minnesota Orchestra verabredet. Hinzu kommt der Kontrabassist und Dirigent William Schrickel, der in den meisten Proben und Konzerten Tennstedts dabei war. Beide zeigen noch heute ihre uneingeschränkte Verehrung für den Meister.

**Herr Cisek, Herr Schrickel, wann haben Sie Klaus Tennstedt zum ersten Mal erlebt?**

*Richard Cisek:* Das war 1976, wir mussten einen erkrankten Dirigenten ersetzen. Ich rief in Boston an, und da hieß es: Wir hatten gerade diesen Kerl aus Deutschland, der aus dem Nichts kam und ein großer Hit war. Also rief ich sofort Ronald Wilford an, und wir konnten hier ein Konzert mit Klaus Tennstedt arrangieren.

**Wie war das Konzert?**

*Richard Cisek:* Außerordentlich gut! Unsere Musiker waren so aufgedreht und wollten plötzlich, dass er ihr bester Freund wird. Also sagte ich zu Klaus: „Ich würde mich freuen, wenn wir dich regelmäßig sehen könnten." Und so kam es.

**William, wie empfanden Sie das?**

*William Schrickel:* Ich denke, Liebe zu ihm ist das richtige Wort. Ich weiß, es klingt irgendwie abgedroschen, aber wir haben ihm alles von den Lippen abgelesen, und er wusste das. Was für ein großartiges Gefühl für einen Dirigenten, irgendwo hinzukommen, und sie folgen dir, wohin du sie führst. Er konnte sogar sein Repertoire frei wählen.

William Schrickel

**Wie hat er auf Sie gewirkt?**

*William Schrickel:* Außerhalb des Podiums war er eher kindlich-einfach. Nicht kindisch! Er war lustig, man konnte sich gut mit ihm unterhalten.

*Richard Cisek:* Andere Dirigenten haben diese künstliche Patina, mit der sie sich umhüllen, damit die Leute denken, sie seien etwas Besonderes. Nicht so Klaus, er war nur daran interessiert, auf dem Podium etwas Besonderes zu sein. Ansonsten war er wie ein alter Schuh, sehr bequem.

**Und die Proben?**

*William Schrickel:* Da ging es jedes Mal um Leben und Tod. Nein, es war wichtiger als Leben und Tod! Auch wenn wir nur ein Klavierkonzert oder so etwas begleitet haben. Man sieht, wie er schwitzt, wie er so ... *[macht extreme Bewegungen]* alles gibt, was er hat. So war er auch bei den Proben. Das hat er sich nicht für´s Konzert aufgehoben.

**Was war so besonders?**

*William Schrickel:* Er war überwältigend emotional, das werde ich wohl nie wieder erleben. Er war der größte und tiefgründigste Dirigent, unter dem ich je gespielt habe. Manche Sachen, wie die *Vierte Sinfonie* von Bruckner mit Klaus, da war der Saal in Ekstase. Die Leute haben geschrien, wie sie noch nie zuvor geschrien haben und seitdem auch nicht mehr.

**Wie oft ist er nach Minneapolis gekommen?**

*Richard Cisek:* In den vier Jahren, in denen Klaus unser Erster Gastdirigent war, hat Ronald Wilford uns vier oder fünf Wochen pro Jahr zugestanden. Später war damit leider Schluss.

Als Höhepunkt und Ausnahme von dieser Wilford-Regel dirigiert Tennstedt eine siebenwöchige Konzertserie mit 17 Konzerten, von Ende Dezember 1980 bis Mitte Februar 1981. Kurz vorher verbringen Klaus und Inge das Weihnachtsfest bei der Familie Cisek – Entspannung vor dem Marathon.

31. Dezember 1980 - 3. Januar 1981 (3 Konzerte, davor Proben)

C. M. von Weber, *Einladung zum Tanz*
C. M. von Weber, *Konzertstück für Klavier und Orchester* (Solist: Garrick Ohlsson)
Schostakowitsch, *Klavierkonzert Nr. 1*
Johann Strauss, Jr., Ouvertüre zu *Die Fledermaus*
Johann Strauss, Jr., *Kaiserwalzer*

7. - 9. Januar 1981 (3 Konzerte)

Haydn, *Sinfonie Nr. 64*
Mozart, *Hornkonzert Nr. 4* (Solist: A. Kendall Betts)
Beethoven, *Sinfonie Nr. 4*

14. - 17. Januar 1981 (4 Konzerte)

Glinka, *Ouvertüre zu Ruslan und Ludmilla*
Glasunov, *Violinkonzert* (Solistin: Silvia Marcovici)
Dvořák, *Sinfonie Nr. 9* („Aus der Neuen Welt“)

4. - 7. Februar 1981 (4 Konzerte)

R. Strauss, *Der Bürger als Edelmann*
R. Strauss, *Also sprach Zarathustra*

11. - 13. Februar 1981 (3 Konzerte)

Mahler, *Sinfonie Nr. 3* (Solistin: Ortrun Wenkel)

Es gibt kaum einen Tag Pause, denn die Zeit dazwischen ist mit Proben ausgefüllt. Für Minneapolis bleibt diese Periode eine Ausnahme, so lange wird er nie wieder bleiben können. Ronald Wilford will auf keinen Fall, dass sich sein Super-Maestro weiter mit diesem Orchester abgibt. Nur noch eine einzige Woche bietet er für 1982/83 an. Große Aufregung hinter den Kulissen. Doch so schnell gibt der Intendant nicht auf. Er hat eine Idee, wie er Wilford vielleicht doch noch umgehen kann: Er muss Tennstedt persönlich stärker an sich binden.

***Georg Wübbolt:* Haben Sie sich mit Klaus angefreundet, damit er öfter zu Ihnen kommt?**

*Richard Cisek:* Sicher nicht. Nein, wir sind nur Freunde, wir mögen uns.

**War seine Frau Inge auch dabei?**

*Richard Cisek:* Interessanterweise war es Wilford, der mir sagte: Seine Frau Inge trifft wirklich die Entscheidungen *[lächelt vielsagend]*. Ich freute mich darauf, sie endlich kennenzulernen. Ich erwartete eine robuste, harte Frau. Als ich zu dem Appartement kam, klopfte ich, um die beiden zum Abendessen abzuholen. Sie öffnete, und ich hatte sofort das Gefühl: Diese Frau werde ich mögen! Und daraus entwickelte sich eine wundervolle Beziehung. Inge ermutigte sein Engagement. So durften wir vier wundervolle Jahre erleben.

...mit Micky Maus

*William Schrickel:* Ich erinnere mich, dass er einmal nach Disney World gefahren ist, und wie sehr er das geliebt hat.

**Kalifornien oder Florida?**

*Richard Cisek:* In Orlando, Florida. Meine Frau Carroll und ich flogen mit ihm und Inge dorthin. „Meine zwei Jungs“, so nannte uns Inge *[lacht]*. Sie war die Erwachsene, und wir waren immer zu Späßen aufgelegt. „Lazy, lousy, killer Klausy“ *[lacht]*, so nannten wir ihn. Er signierte und unterschrieb sogar mit L.L.K.K!

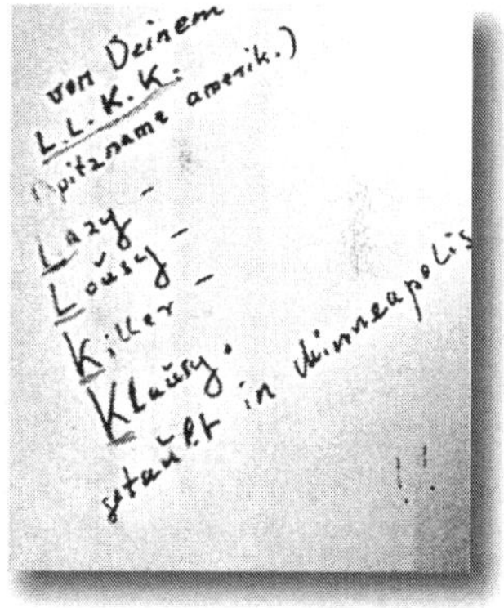


*Richard Cisek:* Aber in Disney World war er sehr vorsichtig, er wollte nicht mit auf die hohen Achterbahnen. Er hat sich schon damals Sorgen um sein Herz gemacht. Da stand er dann rauchend *[macht Raucher-Handbewegung, lacht]*.

Einmal in Disney World kamen wir an einem Getränkestand vorbei, und zwei College-Kids, kleine Jungs, riefen: „Schau mal, da ist Klaus Tennstedt!“ Und sie rannten zu ihm. Das hat ihn wirklich berührt.

**Was unternahmen Sie sonst noch?**

*William Schrickel:* Nach einer Probe haben wir unten eine Tischtennisplatte aufgebaut. Klaus liebte es, Tischtennis zu spielen, aber er hasste es, zu verlieren. Ich habe eine Geschichte von unserem ehemaligen Solohornisten Phil Meyers gehört, der sagte: In New York hatten sie die ganze Zeit eine Tischtennisplatte stehen, und Tennstedt war oft Gastdirigent bei den Philharmonikern. Irgendwann in der Mittagspause spielten sie Tischtennis, und Phil machte den unverzeihlichen Fehler, Klaus zu schlagen. Als die Probe weiterging, hatte Tennstedt ihn auf dem Kieker, Phil konnte nichts richtig machen. Als die Probe zu Ende war, ging Phil zu ihm und sagte: „Das kannst du nicht machen. Es tut mir leid, dass ich dich beim Tischtennis geschlagen habe, aber das kannst du nicht an mir auslassen."

*Richard Cisek:* Und er war überhaupt nicht bescheiden! Ich erinnere mich an einen Interviewer, der ihn fragte: „Was halten Sie von sich als Dirigent?" Er sofort: „Ich bin phantastisch" *[lacht].*

**Wie haben Sie Inge erlebt?**

*William Schrickel:* Dass seine Frau mit ihm reiste, war wirklich gut. Sie hat für ihn gekocht, er selbst konnte nicht kochen, er konnte einfach gar nichts. Und dann rauchte er diese starken Zigaretten, und man wusste, dass er ganz gerne einen trank *[macht Trinkbewegung].*

*Richard Cisek:* Er hatte eine persönliche Schwäche, die mir sehr viele Sorgen bereitete und ihm noch mehr. Wann immer er eine schlechte Kritik bekam, war es, als hätte ihm jemand einen Pfahl ins Herz getrieben. Ich sagte dann: „Klaus, nur eine einzige Kritik, sogar nur ein Teil einer Kritik, und..." *[schüttelt den Kopf].*

**Ist das oft passiert?**

Er hatte eine extrem dünne Haut. Einmal hatte er etwas im Hals. Der Arzt sah es sich an und sagte, es könnte vielleicht Krebs sein. Danach ging ich in sein Zimmer, und Klaus saß da wie ein Häufchen Elend. Er war einfach zusammengebrochen. Aber eines konnten ihm auch die Ärzte nicht verbieten *[schmunzelt]*: mit dem Rauchen aufzuhören.

**Und mit dem Trinken, nehme ich an.**

Bier, und jede Art von Single Malt Whisky. Aber ich habe ihn nie betrunken gesehen oder dass er die Kontrolle verloren hätte.

**Über Frauen wollen Sie nicht reden?**

Nein. *[Pause]* Es ging von beiden Seiten aus: Sie liebten ihn, und er liebte sie. Er war immer hinter jungen Frauen her. Das hat nie aufgehört.

**Und Inge?**

Ja, sie wusste von dem Problem.

# Ende mit Schrecken

## Chef des NDR-Sinfonieorchesters Hamburg 1979–81

Welcher Dämon mag Tennstedt geritten haben, Chef des Sinfonieorchesters des Norddeutschen Rundfunks (NDR) werden zu wollen? Längst dirigiert er doch all die Super-Orchester in Amerika, ist laut *New York Times* „the world´s most wanted guest conductor", der begehrteste Gastdirigent der Welt. Und auch seine Schallplattenkarriere hat Fahrt aufgenommen mit einer fest terminierten Mahler-Gesamteinspielung für die EMI. Was will er denn noch mehr?

Hofft er auf zusätzliche Medienpräsenz, etwa eine Konzertreihe im Fernsehen? Bernstein und Karajan haben es vorgemacht. Da rollt der Rubel, und von den Philharmonikern in Wien und Berlin bekommt jeder so viel vom Kuchen ab, dass es allemal für ein Häuschen auf Mallorca reicht. Der NDR zeichnet praktisch jedes Konzert fürs Radio auf, das wäre ein weiterer Mosaikstein für den Weltruhm. Oder ist es – Gott bewahre! – die unstillbare Sehnsucht nach Anerkennung im Vaterland?

Wahrscheinlich eine Mischung aus allem. Den Ausschlag mag gegeben haben, dass beim NDR jedes Konzert automatisch live aufgenommen wird. Live! Das schätzt er besonders. Nachbearbeitet wird zwar auch, aber das ist ihm viel lieber als diese Studioaufnahmen, bei denen Stück für Stück und manchmal sogar taktweise sogenannte *Takes* zusammengesetzt werden. Wenn Tennstedt nun alle Konzerte aufnehmen lassen könnte? Das wäre eine reizvolle Perspektive.

Allerdings ist die Situation des NDR-Orchesters Ende der 1970er Jahre ziemlich verfahren. Mit dem bisherigen Chefdirigenten Moshe Atzmon hatte man sich, nun ja, auseinandergelebt. Und dann steht das Orchester wieder mal zur Disposition: zu teuer, ein Klotz am Bein, also am besten ganz auflösen. Und dann auch noch ohne Chefdirigenten, das ist eine weitere offene Flanke. Diese Position muss also schnellstmöglich besetzt werden. Also kontaktieren die damaligen Orchestervorstände Karl Henke (Geiger),[27] Waldemar Erbe (Posaunist) und Ekkehard Krüger (Kontrabassist) einige der in Frage kommenden Pultstars.

Karajan braucht man gar nicht erst zu fragen. Bernstein wird gefragt, sagt aber ab. Karl Henke selbstbewusst: „Für uns sollten nur die Besten in Frage kommen", und so wird eine Liste der Topdirigenten

Kleiber

Sawallisch

Solti

Previn

Maazel

Celibidache

erstellt, die sonst noch auf dem Markt sind: Carlos Kleiber, Wolfgang Sawallisch, Georg Solti, André Previn, Lorin Maazel, Sergiu „Celi" Celibidache. Bescheidenheit geht anders. Tennstedt steht jedenfalls nicht auf der Liste.

Mit Celi geht es los, inkognito. Man trifft sich an einer geheimen Adresse in Stuttgart. Er empfängt die Bittsteller mit den Worten: „Ausgerechnet ich als Ausländer muss euch Deutschen die Kultur wieder beibringen." Das ist typisch Celi, ein freundlicher Charakter war er noch nie. Gern hätte er das Angebot angenommen, aber es wird nichts draus, denn man stelle sich vor: Ein Dirigent, der es kategorisch ablehnt, Aufnahmen für Schallplatte, Radio und Fernsehen zu machen, ausgerechnet der soll Chef eines Rundfunkorchesters werden?*

Bald zieht die Gesandtschaft weiter zu den beiden Münchnern Wolfgang Sawallisch, der dankend ablehnt, und zu Carlos Kleiber, der zur verabredeten Zeit einem Mittagskonzert mit Leonard Bernstein lauscht. Als sie dann bei ihm in der Küche sitzen und die NDR-Vorstände ihre Wünsche vortragen, ziert sich der Meister, wie er es schon immer zu tun beliebte:

„Ich hab´ so wenig Repertoire, ich bin doch nichts für euch." Was blanker Unsinn ist, aber er jammert weiter:

„Ich brauch´ auch immer so lang, um Neues zu lernen, das ist doch nichts für den Rundfunk." Verärgert hält seine Frau Stanka dagegen:

„Glauben Sie ihm das nicht, er kann viel mehr als er sagt." Carlos bremst, seine Frau treibt, auch dieser Anlauf geht ins Leere.

Georg Solti sagt ab, nachdem er das Orchester einmal dirigiert hat. „Ehrlich gesagt", so der NDR-Solocellist Bernhard Gmelin, „war ich froh, denn Solti war ein schrecklicher Mensch." Maazel läßt ausrichten, er

---

*In späteren Jahren hat Celi merkwürdigerweise CD-, Rundfunk- und Fernsehaufnahmen zugelassen. Ich selbst habe als Fernsehregisseur ein Verdi-*Requiem* mit ihm aufgezeichnet. Nach seinem Tod präsentiert der Sohn Sergiu junior – charakterlich ganz der Vater – einen Stapel „heimlich" gemachter Aufnahmen, mit großem Presserummel, ein Vermächtnis in klingender Münze.

wolle gerne, ist dann aber zu teuer, und mit den anderen auf der Liste wird es auch nichts. Was nun?

Zufällig übernimmt Klaus Tennstedt im Mai 1977 drei Programme mit dem NDR Sinfonieorchester. Er springt kurzfristig ein, während die drei NDR-Vorstände noch auf der Suche sind. In der Not frisst der Teufel Fliegen, also warum nicht auch Tennstedt in Erwägung ziehen? Seine Karriere soll steil nach oben gehen – allerdings nur in Amerika, in Deutschland schätzt man ihn immer noch nicht. Er gilt als unzuverlässig. Absagen seien an der Tagesordnung. Und nun steht er kurz davor, ausgerechnet sein erstes Dirigat mit dem NDR-Orchester absagen zu müssen, wie Carl-Heinz Mann, Kritiker beim *Hamburger Abendblatt* am 9. Mai 1977, berichtet:

> Die NDR-Sinfoniekonzerte gestern und heute hingen (und hängen) am sprichwörtlichen seidenen Faden, genauer: an einer entzündeten und äußerst schmerzhaften Beinvene. Der Gast Klaus Tennstedt dirigiert gegen den ausdrücklichen Rat seines Arztes. Einmal ist es ihm ein widerwärtiger Gedanke, einen Termin absagen zu müssen; zum anderen weiß er einen ihm besonders lieben Gast in der Musikhalle: seine 81jährige Mutter. Sie kam aus Halle herübergereist, um ihren fast über Nacht prominent gewordenen Sohn zu sehen.

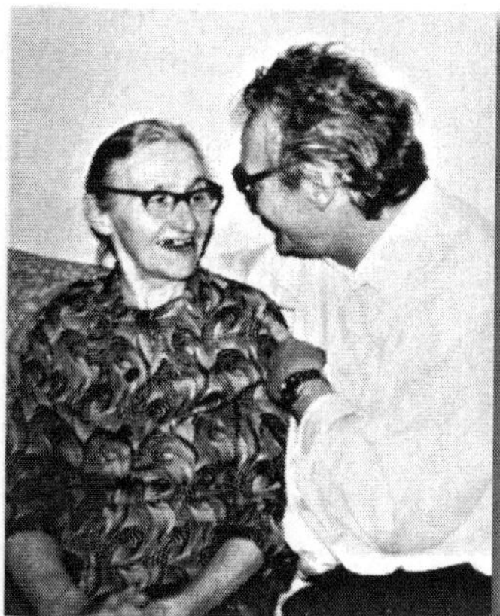

...mit Mutter Agnes Tennstedt

Seine Mutter! Noch kann Tennstedt sie nicht in der DDR besuchen, die Mauer steht ja noch. Aber für alte Leute ist es möglich, in den Westen zu reisen und dort auch gern zu bleiben, schließlich wäre man einen nutzlosen Rentenbezieher los. Doch Mutter Agnes kehrt anschließend nach Halle zurück.

Hinter den amerikanischen Kulissen sieht man mit Sorge, dass der in Amerika so Gefeierte ein Auge auf das NDR-Orchester geworfen hat. Auch sein deutscher Manager Rolf Sudbrack ist höchst skeptisch, wie die Solocellistin Gerda Angermann weiß:

> Tennstedt selbst hat mir erzählt, dass sein Management gar nicht daran interessiert war, dass er das NDR-Orchester übernimmt. Tennstedt hingegen empfand es als große Ehre.

Aber noch ist nichts entschieden, das Dirigenten-Karussel dreht sich weiter. Einladungen zum Probedirigieren gehen nun an die zweite

Garde: an Janos Ferencsik (Ungarische National Philharmonie), Bernhard Klee (Chef der NDR Radiophilharmonie Hannover) und an den jungen Christoph Eschenbach, damals ein weltweit gefeierter Pianist, aber als Dirigent noch in den Anfängen.

Schließlich die Wende. Die zweite Konzertserie mit Tennstedt und dem NDR-Orchester im November 1977 wird laut *Hamburger Abendblatt* ein so „stürmisch bejubelter" Erfolg, dass der Meister nicht dem Verstand, sondern seinem Herzen folgt, seinem geradezu triebhaften Wunsch nach Anerkennung im Vaterland. Die Orchestermitglieder sprechen sich mit deutlicher Mehrheit für den neuen Hoffnungsträger aus, und kurz vor Weihnachten steigt weißer Rauch auf: Der neue Chef heißt Klaus Tennstedt! Der Vertrag läuft über drei Jahre und beginnt mit der Spielzeit 1979/80.

Bisher sieht die Kritik freundlich darüber hinweg, dass Tennstedt kein Liebhaber der Neuen Musik ist. Aber nur bis zur ersten Pressekonferenz. Gemeinsam mit Professor Uwe Röhl, dem Leiter der Hauptabteilung Musik des Norddeutschen Rundfunks, stellt Tennstedt sein Programm für die erste Spielzeit vor. Für das *Hamburger Abendblatt* sitzt wieder Carl-Heinz Mann im Auditorium. Am nächsten Tag lesen wir:

> Klaus Tennstedts Pläne als Chef der NDR-Sinfoniker 20.4.1979
> **Routine ohne jedes Risiko**
> Klaus Tennstedt, mit Beginn der kommenden Spielzeit neuer Chef der NDR-Sinfoniker und Dirigent von acht der insgesamt zwölf Konzerte, erklärte gestern vor der Presse mit sympathischer Offenheit, wo die Schwerpunkte seiner künftigen Arbeit in Hamburg liegen werden: Bruckner und Mahler, Mozart und Brahms – jene vier, die ihn zu Weltruf geführt haben. Sie werden die Götter sein, denen vor allen anderen geopfert werden soll.

Der Titel verheißt zwar nichts Gutes, aber der Anfang ist freundlich. Doch dann schlägt der Ton um. Carl-Heinz Mann stichelt schon bei den nächsten Werken – Igor Strawinskys *Petruschka* und Carl Orffs *Carmina Burana* –, sie seien „originellere Einsprengsel". „Die Moderne", beißt er dann zu, „taucht sehr sparsam auf. Solisten wie gehabt." Diese Solisten sind immerhin Weltstars wie Gidon Kremer, Brigitte Fassbaender, Alfred Brendel, Kyung-Wha Chung und die wunderbare Arleen Augér. Am Ende setzt der Rezensent zum Axthieb an, der Tennstedt vorerst fällen wird:

> Routine liegt diesmal weit vor Phantasie. Aufs längst Bewährte, Risikolose wird ausschließlich gesetzt. Selbst Hamburgs schlecht bezahlte Symphoniker erweisen sich da in Programm

> und Solistenauswahl als ungleich mutiger und unkonventioneller als die unkündbaren, bestbesoldeten NDR-Mannen. So, mit dem fast hemmungslosen Spekulieren aufs bloße Genießen, macht man sich auf Dauer selbst überflüssig.

Das ist zu viel, Tennstedt ist außer sich. Er meldet sich sofort krank, das Orchester in Aufruhr. Er hat noch gar nicht angefangen, und schon zerreißt ihn die Presse! Am liebsten würde er auf der Stelle hinschmeißen. Im Hintergrund warten doch nur die Amerikaner, die ihn auf Rosen betten, und hier zu Hause kriegt er gleich eine schallende Ohrfeige. Uwe Röhl hat größte Mühe, den Furor seines neuen Chefdirigenten zu dämpfen.

Carl-Heinz Mann ahnt natürlich nicht, was er da angerichtet hat. Aber warum sollte er auf die Befindlichkeiten eines Dirigenten Rücksicht nehmen? Helmut Söring, der spätere Feuilletonchef des *Hamburger Abendblatt,* über den Kollegen Mann:

Karikatur: Walter Bösch

> Das war ein schwieriger Typ, der nahm oft sehr persönlich. Es kann sein, dass ihn bei der Pressekonferenz jemand angemacht hat, vielleicht der Tennstedt. Immer, wenn jemand unwirsch auf Manns Fragen antwortete, nahm er das übel. Das habe ich mit ihm einige Male erlebt. Das ist eben dieser Typ Mensch *[lacht].*

Ob das Scharmützel noch weitergeht, ist nicht bekannt. Außer einer pflichtgemäßen Gegendarstellung von Uwe Röhl liest man im *Abendblatt* nichts mehr zu dem Thema. Vermutlich sind alle Seiten von der allzu heftigen Reaktion des neuen Chefs überrumpelt worden. Ein Mann mit stärkerem Selbstbewusstsein hätte die Sache an sich abprallen lassen. Tennstedt kann das nicht. Jede Kritik ist wie ein

Tiefschlag in den Magen, und er findet immer noch keine Mittel dagegen.

So ein Start hinterlässt natürlich Skepsis bei allen Beteiligten, vor allem bei den Musikern, mit denen auszukommen sowieso nicht immer leicht ist. Und mit Tennstedt schon gar nicht. Nur: Diese Probleme hat er ausschließlich mit deutschen Orchestern in Ost und West, nicht mit amerikanischen und nicht mit englischen. Das liege daran, heißt es, dass er sprachlich etwas unbeholfen sei. In Deutschland versteht kaum jemand, warum dieser Mann dort drüben so erfolgreich ist. Man witzelt im Orchester: „Das kann nur daran liegen, dass keine Sau dessen Englisch versteht." Dieter Göltl erzählt dazu folgende Anekdote, deren Pointe aus einem Wortspiel zwischen den gleich klingenden Wörtern „juice" und „Jews" (zu Deutsch „Saft" und „Juden") besteht:

> *Dieter Göltl:* Das war mit den New Yorker Philharmonikern und dem „juice". Irgendeine Passage klang ihm wohl zu hausbacken, und dann forderte er „more juice, more juice". Nach dem dritten Mal ist der Konzertmeister aufgestanden und hat gesagt: „Sir, we´re all Jews [wir sind alle Juden]." Gelächter.

Wie Musiker so sind, machen sie gern Witze über ihren Chef. Einer davon speist sich aus dem speziellen Nummernschild von Tennstedts Auto, zugelassen im Landkreis Plön mit dem Kürzel PLÖ.

PLÖ-TK

> *Dieter Göltl:* Er hatte diesen nagelneuen BMW mit dem Kennzeichen PLÖ-KT oder TK. Das stand für Klaus Tennstedt. Er hat zum Beispiel eine Ansage gemacht, wenn es ein rhythmisches Problem gab: „Meine Herren, Sie müssen doch unterscheiden zwischen einer punktierten Note und einem äh Dings." Das war dann ein PLÖKT. Und PLÖKT wurde das Verb für undefinierte Anweisungen. Das haben wir oft benutzt. Wenn einer was wollte, und wir haben ihn nicht verstanden, dann sagten wir: Jetzt hast du wieder gePLÖKT.

Ein Spaß, mehr nicht. Solche Witze gibt es über jeden Dirigenten. Tennstedt beginnt seine erste NDR-Saison am 24. September 1979 mit Anton Bruckners *Achter Sinfonie*, einem Werk, mit dem er kurz zuvor in Boston für Furore gesorgt hatte. Die Kritik im *Abendblatt* ist freundlich und nicht von Herrn Mann. Kurz darauf gehen Chef und Orchester auf ihre erste Konzertreise in die Schweiz, vom 27. September bis 3. Oktober 1979, nach Neuchâtel, Montreux und Locarno. Die Kritiken sind gut, die Missverständnisse scheinen ausgeräumt.

Die Hoffnung auf zahlreiche Fernsehaufnahmen erfüllt sich nicht. Die Ausbeute ist mager:

- Gustav Mahler: *Kindertotenlieder,* mit Brigitte Fassbaender
- Werke von Richard Strauss: *Tod und Verklärung* (1980); *Konzert für Oboe und kleines Orchester* (Solist: Manfred Zeh); *Till Eulenspiegels lustige Streiche op.28* und *Don Quixote* (1980)
- Zwei lokale *Nordschau*-Interviews von je vier Minuten Länge.

Die Liste der Hörfunkproduktionen von Tennstedt und dem NDR-Sinfonieorchester ist viel länger und beeindruckender. Praktisch jedes seiner Konzerte wurde aufgezeichnet. Insgesamt sind es 56 Werke, eine beachtliche Ernte aus nur anderthalb Jahren. Anders als vom Kritiker unterstellt, hat Tennstedt auch die Moderne nicht vernachlässigt, wie folgende Namen bezeugen: Alban Berg, Arnold Schönberg, Tadeusz Baird, Bernd Alois Zimmermann, Alfred Schnittke, Wolfgang Fortner. Auch Komponisten, die noch weitgehend der Tonalität verpflichtet sind, gehören in diese Reihe: Béla Bartók, Sergej Prokofjew, Igor Strawinsky, Dimitrij Schostakowitsch und vor allem Richard Strauss. Die Solisten verheißen höchstes Niveau: Alexis Weissenberg, Gidon Kremer, Kyung-Wha Chung, Arleen Augér, Alfred Brendel, Claudio Arrau, Martha Argerich, um nur einige zu nennen. Ansonsten finden sich Tennstedts übliche Favoriten, die zwei M´s und die drei B´s: Mozart und Mahler, Beethoven, Brahms und Bruckner.

Die Konzertkritiken sind nun überwiegend positiv, später sogar eine von Carl-Heinz Mann. Doch im Orchester wachsen die Vorbehalte. Diese musikalische Ehe auf Zeit ist von Anfang an kein *honeymoon*. Auch Waldemar Erbe, seinerzeit Orchestervorstand und Soloposaunist, hat einen zwiespältigen Eindruck von Tennstedt.

> *Waldemar Erbe:* Er kam aus Amerika mit dem Flugzeug, und in letzter Minute ging es dann zur Probe in den Sender. Da setzte er sich neben einen hin und roch nach Zigaretten und Bier. Das war die eine Seite. Die andere ist, einen besseren Dirigenten kriegen wir jetzt nicht.

Ein Lückenbüßer also. Gerda Angermann kennt Tennstedt seit der gemeinsamen Arbeit in Kiel. Auch privat, denn sie und ihr Mann Karl

Henke laden ihn gelegentlich zum Mitsegeln auf der Kieler Förde ein.

...als Skipper Foto: Karl Henke

> *Gerda Angermann:* Wenn ich an das NDR-Orchester denke, dann war seine sprachliche Ausdrucksweise ein Problem. Das war immer gleich sehr direkt und vielleicht nicht so elegant, was er gesagt hat. Die Musiker haben entsprechend hässlich reagiert. Besonders arrogant waren die NDR-Bläser. Von denen kamen die meisten Querschüsse gegen ihn.

Allmählich wächst dieses schwer fassbare Unbehagen gegenüber dem Chef, der gar nicht wie ein Chef wirkt. Dem das Charisma eines Pultlöwen wie Lorin Maazel völlig fehlt. Tennstedt ist der krasse Gegenentwurf zu so einem selbstbewussten Taktstock-Imperator. Man nimmt seinen Unmut nicht ernst und auch seine Wut nicht, die hin und wieder hervorschießt. Man zieht ein wenig die Mundwinkel herab. Natürlich nur hinter vorgehaltener Hand, aber für die sensiblen Antennen eines Tennstedt wohl wahrnehmbar. Während der Proben eine leise Unruhe, die sich durch Schwätzchen mit dem Nachbarn zu einem gedämpften Dauerpegel ausbreitet. So einer hat Erfolg in Amerika? Das verstehe, wer will. Er sieht nun einmal aus wie der stellvertretende Parteisekretär des Zentralkomitees der SED. Und dann dieser ostdeutsche Akzent. „Er war vom Aussehen her immer auf der Flucht, ganz blass und übernächtigt," sagt Dieter Göltl. Und wie immer verlangt er von den Musikern schon in der Probe Höchstleistungen.

> *Holger Garbs, NDR-Schlagzeuger:* Der hat ja schon geschwitzt, da haben wir noch gar nicht angefangen. Der war ja immer klatschnass. Und diese ewigen Selbstzweifel: War ich da wirklich gut? Das saß ihm dauernd im Nacken, dieses Gespenst.
>
> **Ein Künstler eben?**
>
> Das war ein grundehrlicher Musiker. In sich war er nicht so gefestigt. Er war unheimlich empfindlich, auch nicht selbstsicher genug.

Das Verhältnis zwischen dem NDR-Orchester und seinem Chefdirigenten bleibt angespannt. Man wird einfach nicht warm miteinander. Der Wiener Philharmoniker Peter Schmidl bringt es auf den Punkt: „Ich möchte nicht vor einem Orchester stehen. Die sind wie Piranhas, die jederzeit irgendwo hinbeißen können."

Karikatur: Walter Bösch (früherer Erster Geiger des NDR-SO) – in Proben gezeichnet

Dass der Dirigent aber auch zurückbeißen kann, erlebt das NDR-Orchester am 6. März 1981 auf einer Konzertreise ins benachbarte Ausland. Noch organisiert Manager Rolf Sudbrack die Tour. Sie führt in die Schweiz, nach Frankreich und in die Niederlande. In Paris mit dabei: Martha Argerich, Piano Superstar. Mit ihr hatte Klaus Tennstedt bereits im Juni 1979 im Kieler Schloss konzertiert; man kam gut miteinander aus. Leider hat die gefeierte Pianistin keine Zeit, zu Proben nach Hamburg zu kommen.

Das Programm in Paris: Die etwa achtminütige Mozart-*Sinfonie Nr. 32, KV 318*, dann das Chopin-*Klavierkonzert Nr. 2* und nach der Pause die *Erste Sinfonie* von Gustav Mahler.

*Karl Henke:* Wir kamen direkt nach einer langen Busfahrt in Paris an und mussten gleich zur Probe in den Salle Pleyel. Wir hatten dann eine wirklich anstrengende Probe mit der Argerich. Tennstedt hat zwar toll begleitet, aber es war alles stressig.

Am Abend wird die Pianistin stürmisch gefeiert. Die Zeitschrift *La Vie Musicale*[28] bescheinigt ihr „immaterielle Leichtigkeit“ und „vollendete Eleganz“. Nach der Pause folgt die *Erste Sinfonie* von Gustav Mahler. Auf den Kritiker wirkt Tennstedt nervös, verschwitzt, mit abrupten Bewegungen dirigierend, und das übertrage sich auf das Orchester. Das sei zwar gut, aber mehr auch nicht.

Irgendwas liegt in der Luft. Müde? Unkonzentriert? Ausgelaugt von der elend langen Busfahrt über die Dörfer? Vor allem die Trompeten haben heute nicht ihren besten Tag. Karl Henke:

> Da war er schon etwas irritiert. Er hatte sich bei Martha doch ziemlich verausgabt. Und dann war beim Mahler vielleicht noch etwas nicht perfekt. Am Ende tosender Beifall, Bravo-Rufe, die Leute brüllten: Bis! Bis! Bis! Vielleicht hat er das falsch verstanden und so etwas wie ein Zischen daraus gehört.

Liegt, wie so oft bei dem dünnhäutigen Tennstedt, alles an einem Missverständnis? Liegt es daran, dass er der französischen Sprache nicht mächtig ist? „Bis“ (scharf ausgesprochen: Biiss) heißt Zugabe. Aber der ohnehin äußerst geladene Maestro glaubt vielleicht, er werde ausgezischt. Und schiebt es auf die Patzer im Konzert, besonders von den Trompeten und Posaunen, auf die er schon lange nicht mehr gut zu sprechen ist. Dabei könnten es auch nur die mangelnden Fremdsprachenkenntnisse sein, die das Fass zum Überlaufen bringen. Karajan, Kleiber, Solti, Bernstein, Maazel, sie alle beherrschen neben ihrer Muttersprache noch drei bis sechs Fremdsprachen, Tennstedt nicht mal eine richtig. Und so rollt das Unheil heran. Karl Henke:

> Nach dem Ende drehte er sich zum Orchester und reckte die Faust zu den Blechbläsern. Dann rannte er an uns Geigern vorbei und rief völlig aufgebracht, mitten im Applaus: „Ich lass mir von euch die Karriere nicht kaputt machen“, so etwas in der Art. Der war außer sich, das war eine Art Kurzschluss.

Peter Alward, damals Repräsentant von Tennstedts Plattenfirma EMI und mit einem professionellen Ohr für Qualität, ist an diesem Abend anwesend. Sein Urteil ist vernichtend:

> *Peter Alward:* Besonders die Trompeten haben da rumgefurzt wie sonst was, und das hat ihn zur Weißglut gebracht. Klaus konnte furchtbar aufbrausend und wütend sein, schlug um sich, verbal. Der war fuchsteufelswild und hat gesagt, ich mach´ nicht weiter, ihr könnt mich mal.

Programmheft Paris

Nicht einmal Inge, die ihren Mann auch auf dieser Tournee begleitet, kann ihn noch umstimmen. Ziemlich nervös kommt sie aus dem Dirigentenzimmer und sieht sehr besorgt aus – was man sonst von ihr nicht kennt. Karl Henke versucht zu retten, was längst nicht mehr zu retten ist. Er stürmt hinter die Bühne in der Hoffnung, den Rasenden noch beruhigen zu können. Henke:

> Ich bin zum Dirigentenzimmer, und da hat er mich gar nicht reingelassen, hat von innen gegen die Tür getreten. Dann hat er das mit der Karriere nochmal gesagt und: „Ihr könnt alleine weiterfahren."

Blankes Entsetzen. Wie soll es jetzt weitergehen? Bald schießen die Theorien ins Kraut. Solocellist Bernhard Gmelin hält es für möglich, dass Tennstedt den Eklat bewusst provoziert hat:

> *Bernhard Gmelin*: Wir hatten den Eindruck, dass er sowieso gehen wollte und nur einen Grund suchte, um den Absprung zu finden.

Da mag etwas dran sein. Allen voran sein amerikanischer Manager Ronald Wilford betreibt die Ablösung Tennstedts. Er will die totale Kontrolle. Die hat er auf seiner Spielwiese in den USA und im großen Rest der Welt, nicht aber beim NDR. Schließlich versucht Uwe Röhl, Abteilungsleiter Musik des Senders, den unkontrolliert Wütenden wieder einzufangen.

> *Karl Henke:* Wir sind zusammen in sein Zimmer gegangen. Er hatte sich noch nicht beruhigt. Dann hat er dem Herrn Röhl klipp und

Albtraum eines NDR-Musikers    Karikatur: Walter Bösch

klar gesagt, dass er die Tournee abbricht. Wir sollten am nächsten Tag eigentlich in Amsterdam spielen.

Sein Hamburger Manager Rolf Sudbrack wird sofort informiert, er kann es nicht fassen. Tennstedt ist seine große Nummer. Hastig versuchen er und Röhl, einen Ersatzdirigenten zu finden. Man hängt sich ans Telefon. Herbert Blomstedt ist gerade in den Niederlanden, ebenso der Russe Kirill Kondraschin. Der wohnt praktischerweise in Amsterdam, wo er unter Bernard Haitink Zweiter Dirigent des Concertgebouw Orchestra ist und demnächst Chef des Orchesters des Bayerischen Rundfunks werden soll – ein versierter Mahler-Dirigent.

*Karl Henke:* Blomstedt konnte nicht; er hat gesagt, wenn die Tournee weitergeht, kann ich das machen, aber nicht heute. Dann haben sie es hinbekommen, dass der Kondraschin das übernommen hat, von heute auf morgen. Das war im Concertgebouw Amsterdam.

Mit Kondraschin hatten wir nur eine Stunde Probe vor dem Nachmittagskonzert, und wir waren hell begeistert, wie er das gemacht hat, der ältere Herr. Tosender Beifall. Die haben ihm eine schöne Flasche Cognac ins Dirigentenzimmer gestellt. Als wir nach dem Konzert zu ihm hereinkamen, hatte er schon mit Freunden auf den Erfolg angestoßen.

Gleich am nächsten Morgen komme ich zum Frühstück, und hast du schon gehört, Kondraschin ist tot. Mein Gott, das war so richtig eine dramatische Reise.

Kirill Kondraschin stirbt am 7. März in seiner Amsterdamer Wohnung an einem Herzinfarkt, drei Stunden nach dem Konzert am Nachmittag. Karl Henke weiter:

Wirklich tragisch. Und so hatten wir wieder eine dirigentenlose Zeit, es war das Jahr 1981, furchtbar.

Nach der Katastrophe von Paris sagt Tennstedt alle weiteren Konzerte mit dem NDR ab. Die Feuilletons werden über die wahren Gründe im Unklaren gelassen. Gerüchte schießen ins Kraut: Man habe sich „einvernehmlich getrennt", Tennstedt sei mit einem Kreislaufkollaps zusammengebrochen und so weiter.

Danach herrscht Funkstille, elf lange Jahre. Nach zaghaftem Kontakt mit Karl Henke kommt es am 11. und 12. Juni 1992 zu einer Art Versöhnung. Im großen Saal des Kieler Schlosses wird ein riesiger Bahnhof aufgefahren: Mit schwerer Übertragungstechnik zeichnet der NDR ein Fernsehkonzert mit Tennstedt und seinem alten Orchester auf. Der Solist ist Nigel Kennedy mit dem Beethoven-*Violinkonzert op. 61.* Der damalige Paradiesvogel der Geigenzunft vermarktet sich blendend mit Punkfrisur und Seeräuber-Schärpe. Später geigt er die *Vier Jahreszeiten* von Antonio Vivaldi gekonnt gegen den Strich, mit Pop-Attitüde und rasanten Tempi; die Platte verkauft sich millionenfach.

Gerda Angermann, Karl Henke und Tennstedt Foto: Karl Henke

Tennstedt ist zuerst nicht begeistert, als seine Plattenfirma EMI ihm vorschlägt, mit Kennedy zusammenzuarbeiten, diesem „terrible punker“, wie er ihn nennt. Doch nach der ersten Probe wirft Tennstedt seine Vorurteile über Bord:

Tennstedt und Nigel Kennedy

*Klaus Tennstedt:* Er ist ein fantastischer Geiger, ich glaube einer der besten heute. Mich nannte er immer „big monster“ *[lacht].*

*Nigel Kennedy:* Es war die idealste musikalische Zusammenarbeit, die man sich nur wünschen kann, wirklich. Wir sprachen fast nie über das, was wir taten. Wir spielten einfach und reagierten aufeinander. Er war ein brillanter Musiker und so ein netter Kerl.

Es bleibt die letzte Zusammenarbeit mit dem NDR. Tennstedt und Deutschland, das hat nie zusammengepasst. Ein alter Weggefährte aus DDR-Zeiten, Reinhard Schau, kommt zu dem treffenden Schluss:

> Der ist erst frei geworden, als er sich von all dem befreit hat. Eigentlich auch von Deutschland, West und Ost egal, von Deutschland.

Schon einen Monat nach dem Eklat von 1981 finden wir Klaus Tennstedt in Amerika beim Philadelphia Orchestra wieder. Die *New York Times* berichtet begeistert. Die Welt scheint wieder in Ordnung. Tennstedt ist jetzt 54 Jahre alt und neben Carlos Kleiber der einzige Deutsche seiner Generation, der es in die *Top Ten* der internationalen Musikwelt geschafft hat.

Das Desaster von Paris markiert einen tiefen Einschnitt in seinem Leben, mehr als ihm wahrscheinlich bewusst ist. Aus seiner DDR-Zeit ist nicht überliefert, dass er jemals ein Konzert oder eine Opernvorstellung abgesagt hätte. Das scheint sich allmählich zu ändern.

# EMI
## auf dem Weg zu zeitlosem Ruhm?

Wieder ist es Ronald Wilford, der durch seine vielfältigen Kontakte Tennstedts Karriere vorantreibt und ihm 1975 den ersten Plattenvertrag zuschiebt. Er vermittelt ihn an die EMI, zu deren Imperium der Hauptsitz in London und mehrere Dependancen weltweit gehören. Das Ziel ist eine Gesamtaufnahme aller Sinfonien von Gustav Mahler. Das ist so ziemlich das Anspruchsvollste, was es auf diesem Gebiet gibt. Noch ist nicht ganz klar, mit welchem Orchester das geschehen soll. Das London Philharmonic hat Tennstedt jedenfalls noch nicht dirigiert. Gut möglich aber, dass der Kontakt längst geknüpft ist. Wilford ist überzeugt, dass sein Schützling dafür die richtige Wahl ist. Entsprechend zieht er hinter den Kulissen die Fäden. Im Mai 1977 lernt Tennstedt das London Philharmonic kennen, ein halbes Jahr später beginnen die ersten gemeinsamen Aufnahmen, vor allem im Studio.

Dabei sieht es zunächst gar nicht so aus, als ob sich bei der EMI überhaupt jemand für den Deutschen interessiert. „Wir hatten keine Ahnung, wer er war“, sagt John Willan, einer der wichtigsten Produzenten. „Ich war nicht sehr beeindruckt von ihm. Ich hielt es für einen weiteren Fehler des Managements von unserer internationalen Klassikabteilung.“ Der deutsche Flügel des Unternehmens hält die Personalie für völlig verrückt: „Der war eben noch Chefdirigent der Provinz-Oper in Kiel, und mit dem wollt ihr alle Mahler-Sinfonien aufnehmen?“

John Willan und Klaus Tennstedt

John Willan erhält die ungeliebte Aufgabe, Tennstedt zu betreuen. Und es dauert noch eine ganze Weile, bis er merkt, dass er mit seiner Einschätzung falsch lag. Dass seine Firma ein Juwel in Händen hält.

Peter Alward ist zu dieser Zeit ebenfalls Mitarbeiter bei der EMI, zuständig für Künstler wie Simon Rattle, Itzhak Perlman und Nigel Kennedy. Zu Karajan pflegt er intensiven Kontakt und hat auch oft mit Tennstedt zu tun.

**Info EMI:**

1931 gegründet als **E**lectric and **M**usical **I**ndustries Ltd, war die EMI einige Jahrzehnte lang das größte Plattenlabel der Welt. Im selben Jahr eröffnete EMI die legendären Abbey Road Studios, berühmt geworden durch Aufnahmen und Vertrieb der Beatles-Platten, mit denen sie Milliarden verdiente. Während des Zweiten Weltkriegs und danach entwickelte die Firma auch – ähnlich dem Konkurrenten Decca – Radar- und Lenkwaffen. Nach wechselvoller Geschichte wird der Klassikkatalog seit 2011 unter dem Dach von Warner Music weitergeführt.

***Georg Wübbolt:* Herr Alward, wer war Klaus Tennstedt für Sie?**

*Peter Alward:* Er war sein eigener größter Feind. Indem er selbstzerstörerische Dinge gemacht hat, wo er vielleicht von vornherein wusste, dass sie schiefgehen würden. Aber das war auch der Grund, warum er von seinen Musikern geliebt wurde – mit Ausnahme des NDR, aber das lassen wir beiseite. Es ging ihm nicht um Ruhm oder Image, das war ihm völlig egal. Er war auch nicht besonders eitel. Beim Dirigieren war es nicht diese choreographierte Schönheit eines Carlos Kleiber. Sondern alles stand im Dienst der Musik, und dafür haben ihn die Musiker geliebt und respektiert. Deswegen sind auch diese außergewöhnlichen Ergebnisse zustande gekommen.

**In Amerika gehen die Musiker noch immer durch die Decke vor Begeisterung.**

Aber auch anderswo. In Japan war er ein Gott! Und jedes Werk war bei jeder Aufführung anders. Jedes Werk, von dem man glaubte, es von ihm schon zu kennen. Er konnte einen überraschen.

**Und in Deutschland?**

Die Deutschen mochten ihn einfach nicht. Die hatten lieber solche Fossilien wie Günter Wand.

**Ich habe mal ausgerechnet, was er so verdienen konnte. Hat ihn sein Manager Ronald Wilford zum Millionär gemacht?**

Der hat tatsächlich eine Zeit lang viel Geld verdient, und das gönne ich ihm von Herzen. Aber dieses Fenster war nicht sehr lange offen.

...mit Edith Albrecht am neuen Rolls-Royce Foto: Dietrich Albrecht

Er hatte das Glück, in einer Zeit zu arbeiten, in der die Schallplattenindustrie noch große Wünsche erfüllen konnte.

**Allein die EMI produzierte fast 50 Aufnahmen mit ihm. Wofür gab er sein Geld aus?**

Ich weiß noch, als er so viel verdiente, dass er sich einen Rolls-Royce Corniche für 75.000 Pfund [damals etwa 250.000 DM] leisten konnte. Und es musste unbedingt ein hellblauer sein, dann ein grüner, scheußlich. Ich bin da mitgefahren. Er fuhr wie eine gesengte Sau, das war furchtbar. Er hat es natürlich genossen, dass er endlich den Ruhm hatte und viel Geld verdienen konnte.

**Könnte man sagen, dass er sich durch das viele Rauchen und Trinken selbst zerstört hat?**

Er hat immer wieder versucht, etwas weniger zu rauchen, aber das hat nicht lange gehalten. Inge hat er beschimpft: „Du bist zu dick." Aber wenn sie etwas gegen sein Rauchen gesagt hat, dann wurde er sauer.

**Wie war Inge?**

Sie war eine wunderbare Frau, Klaus hätte sich keine fürsorglichere Frau wünschen können. Er hat sie nicht sehr nett behandelt. Auf der Ehefrauen-Skala von eins bis zehn war sie eine Zwölf. Inge war ein Engel, und was sie manchmal mit ihrem Klaus durchgemacht hat, das geht auf keine Kuhhaut.

**Was hat sie durchgemacht?**

Das war das Problem, er war ein großer Schürzenjäger. Inge war darüber vollkommen im Bilde, sie wusste genau Bescheid. Er nannte sie „Mutter". Ich glaube, er sah sie mehr als eine mütterliche Figur in seinem Leben. Und dafür war sie goldrichtig. Aber sie konnte auch austeilen. Sie war kein braves Weibchen. Sie war eine starke Frau, und sie kannte ihren Klaus sehr gut.

**Hat er Ihnen zu Hause die Wand mit den Ehrungen gezeigt?**

Absolut, absolut *[lacht]*. Das hat ihn natürlich wahnsinnig gefreut. Er spürte auch in den letzten Jahren, als er relativ selten auftrat, dass das Publikum ihn wirklich verehrt, geliebt hat.

**Und jetzt war es Masur, der neidisch war?**

Natürlich, natürlich. Masur war ein Machtmensch. Inge war immer sehr skeptisch. Ich hatte nicht den Eindruck, dass sie den Masur mochte. Abgesehen davon gibt es so viele Ekelpakete unter den Dirigenten. Tennstedt war kein Ekelpaket per se, er war, was er war. Leute absichtlich verletzen, despotisch sein, das war nicht sein Ding. Da gibt es andere.

Interessant war auch, mit welchen namhaften Solisten er zusammengearbeitet hat, und nicht nur einmal: Lucia Popp, Brigitte Fassbaender, Itzhak Perlman, Pinchas Zukerman, Bernd Weikl, Martha Argerich. Die ihn wollten und immer wieder zurückkamen. Weil die genauso wie die Orchestermusiker spürten, wir sind eine Einheit. Er ist nicht der Stardirigent und wir sind nur Solisten. Und er konnte fantastisch begleiten.

...mit Jessye Norman

**Sie haben Jessye Norman vergessen.**

Mit der gibt es eine wahnsinnig komische Geschichte. Die beiden mochten sich sehr bis zu einem Punkt, und der kam 1987. Wir hatten vor, eine Platte zu machen mit Wagner-Auszügen mit Klaus und Jessye. Es war alles *fixed*, die Aufnahme fand auch statt in den berühmten *Abbey Road Studios* in London. Klaus sagte zu Jessye schon ein paar Monate vor der Aufnahme: Wir müssen natürlich vorher eine Klavierprobe machen. Sie weigerte sich.

**Klaus wollte die Klavierprobe?**

Klaus wollte die unbedingt, aber sie wollte nicht. Und es ging immer so hick-hack, immer so weiter. Sie kam, und sie weigerte sich noch immer. Klaus war extrem wütend und wollte alles absagen. Ich habe gesagt, bitte Klaus, lass das, es wird schon werden.

Erste Sitzung. Klaus probte mit dem Orchester, und dann kam Jessye. Sie fingen an, und sie waren nicht zusammen. Er klopfte ab, fing wieder an, waren wieder nicht zusammen. Klopfte ab das zweite Mal, und da schrie er sie an vor dem Orchester: „Siehst du, hättest du eine Klavierprobe gehabt, wäre das nicht passiert." Sie war natürlich beleidigt, ging raus, ich hinterher, versuchte sie zurückzuholen. Diese Sitzung war eine Katastrophe. Beide waren so wütend, dass Klaus zu mir sagte: „Mit der rede ich nicht mehr. Wenn ich etwas will, musst du es ihr sagen, und wenn sie etwas will, muss sie es auch zu dir sagen". So haben wir die Aufnahme zu Ende bekommen.

**Dann war alles gut?**

Am Ende der letzten Aufnahmesitzung, als Jessye schon weg war, ging Klaus wutentbrannt zur Tonbandmaschine. Er wollte die Bänder herausreißen und vernichten. Ich rannte hinterher, woraufhin ich zum ersten und letzten Mal in meinem Leben eine Ohrfeige bekam. Inge war total entsetzt, sie kam zwischen uns und sagte: „Hört auf mit dem Blödsinn", aber Klaus: „Diese Scheiße kommt mir nie raus!" Leider hatte das schon eine Menge Geld verschlungen.

**Konnten Sie denn alles gut nachbearbeiten?**

Ja. Wir haben es in London geschnitten und gewartet. Schließlich habe ich mit Inge konspiriert. Klaus war einige Monate später in Chicago, wo wir auch mit ihm produzierten, die *Erste* Mahler gemacht haben. Und Inge sagte zu mir:

„Komm´ doch nach Chicago, bring das Band mit und finde einen Raum, wo wir ihm das vorspielen können."

Ich also nach Chicago. Alles war vorbereitet. Am nächsten Tag sage ich:

„Klaus, ich möchte dich entführen."

„Was hast du vor?"

„Ich möchte dir etwas vorspielen."

Wir fuhren dann zu einer Radiostation in Chicago, wo ich alles arrangiert hatte. Wir gingen rein und spielten das Band ab. Er: „Das kann nicht sein! Das war doch furchtbar mit der Jessye damals," und nach einiger Zeit:

„Na ja, ist gar nicht so schlecht." Das war die Freigabe! Dann kam die Platte heraus und war natürlich ein Riesenerfolg *[lacht]*. So etwas konnte man mit ihm erleben.

**Hat er öfter einfach so abgesagt, wie Carlos Kleiber?**

Nein, erstmal hat er viel mehr konzertiert als Carlos Kleiber. Und dann, die Kompromisslosigkeit, da ist er nicht allein mit vielen anderen Künstlern. Gehst du einen Kompromiss ein, der gegen deine innere Stimme ist, dann ärgerst du dich ein Leben lang.

**Warum ist er heute so gut wie vergessen?**

Ich glaube, je länger er tot ist, desto mehr wird den Leuten klar, dass er wirklich etwas Außergewöhnliches war. Seine Platten haben sich nie in atemberaubender Weise verkauft, aber sie bekamen bis auf wenige Ausnahmen fantastische Kritiken und blieben im Katalog.

# Heimatgefühle

Viele Jahre später trauen sich die Tennstedts, ihre alte Heimat Schwerin zu besuchen. Mittlerweile ist sicher, dass sie als ehemalige Republikflüchtlinge nicht mehr verhaftet werden können. Erste Anlaufstelle sind der Schauspieler Ekkehard Hahn und seine Frau Erika, gute Freunde aus Schweriner Tagen.

*Ekkehard Hahn:* Eines Tages um 1980, wer steht draußen? Inge Tennstedt und fragt schüchtern:

„Darf ich reinkommen?“

„Na klar.“

„Hier haben wir doch so lange gewohnt. Der Klaus sitzt draußen im Auto“ – großer Schock bei uns –, „kann der reinkommen?“

„Sicher doch.“

Wir hatten Angst, dass es Ärger geben könnte, weil wir mit einem Republikflüchtling Kontakt haben. Dann ist Klaus hereingekommen und legte seine Zigaretten auf die Heizung.

***Georg Wübbolt:* Warum das?**

Damit die Feuchtigkeit verdampft und das Nikotin noch stärker herauskommt. Die Marke hieß Karo, ganz berühmte filterlose Marke, die ganze Wohnung roch danach. Sie wurde im Volksmund „Lungentorpedo“ genannt. Klaus nestelt so in der Tasche und sagt:

„Hier haste 100 D-Mark, kauft euch `n schönen Whisky“, so was in der Art.

Am nächsten Tag kamen plötzlich zwei Herren, einer in kurzen Hosen, und saßen hier auf der Balustrade:

„Wir sind vom Ministerium für Staatssicherheit. Dürfen wir reinkommen? Sie haben gestern Besuch gehabt.“

„Ja.“

„Was wollte Herr Tennstedt?“

„Er hat früher hier gewohnt, es war eine Dienstwohnung des Theaters. Er wollte sich sein altes Zuhause noch einmal sehen.“

So ein Besuch von der gefürchteten Behörde läßt den Puls sofort höher schlagen, denn gleich nach dem Verhör könnte man abgeführt werden.

Die Stasi-Leute bohren weiter:

„Er war doch sicherlich nicht nur bei Ihnen. Bei welchen Kollegen war er denn noch?"

Ich wusste das genau, hab´ aber `n Deibel getan, es zu sagen.

**Gab es für Sie unangenehme Konsequenzen?**

*Erika Hahn:* Nein, Inge und Klaus waren später sogar noch zweimal hier. Wir haben gedacht, da kann uns keiner was. Inge brachte Lachs mit aus´m Westen. Dann haben wir ein richtiges kleines Wiedersehensfest gefeiert, mit noch´n paar Kollegen. Er kam auch in die Theaterkantine und hat mit seinen ehemaligen Orchestermusikern gesprochen. Das haben wir uns dann einfach getraut.

*Ekkehard Hahn:* Das war ´ne kleine Sensation. „Der Tenno" – so wurde er damals genannt – „der Tenno ist da! Kommt alle in die Kantine." Es gab große Umarmungen mit den Sängern und den Orchestermusikern. Das war ein Riesen-Bambule in der Kantine.

*Erika Hahn:* Das Orchester wusste bereits, dass er ein Weltstar ist. Da hatte sich der Streit von damals längst relativiert. „Der Tenno ist da, der große Tenno ist hier am Schweriner Theater."

**Info: Amnestie**

Am 21. Juni 1973 (zwei Jahre nach Tennstedts Flucht) trat der *Grundlagenvertrag* zwischen der Bundesrepublik Deutschland und der Deutschen Demokratischen Republik in Kraft. Es war ein Versuch, das Verhältnis zwischen den beiden deutschen Staaten zu verbessern. Eine Folge davon war, dass alle sogenannten Republikflüchtlinge amnestiert und aus der Staatsbürgerschaft der DDR entlassen werden konnten.

Insgesamt gab es in der DDR elf solcher Amnestien. Für die Machthaber war dies ein Zeichen „sozialistischer Humanität". Dass sie dafür viele Millionen DM erhielten, pro Häftling etwa 40.000 DM*, später bis zu 100.000 DM*, wurde nicht erwähnt. Dass in den völlig überfüllten DDR-Gefängnissen Platz für neue Gefangene geschaffen wurde, war ein positiver Nebeneffekt.

Für die Tennstedts kamen diese Verbesserungen allerdings zu spät. Wäre Klaus 1962/63 bei einem seiner Fluchtversuche erwischt worden, hätte er eine hohe Haftstrafe verbüßen müssen. Ebenso Inge, wenn ihre Flucht 1971 gescheitert wäre.

*Das entspricht dem heutigen Wert von ca. 50.000 bzw. 125.000 Euro

# Das Fundament
## Inge Tennstedt

„Ich bin Klaus´ unbezahlte Vollzeit-Sekretärin."
*Inge Tennstedt*

„Auf der Ehefrauen-Skala von eins bis zehn war sie eine Zwölf." Dieses Bonmot über Inge wiederholen wir gerne, um sogleich eine Laudatio folgen zu lassen, die eigentlich für Klaus bestimmt ist. John Willan, sein Freund und Manager, spricht mit festlicher Stimme:

Ingeborg „Inge" Tennstedt Foto: Judy Grahame

> Klaus Tennstedt ist der schwierigste Mensch, den es gibt. Keiner weiß das besser als seine Frau Inge. Wenn es stimmt, dass hinter jedem großen Mann eine noch größere Frau steht, dann ist Inge der Beweis.
>
> Klaus sagt, dass man Mahler nur dirigieren kann, wenn man in seinem Leben gelitten hat. Nach dieser Definition müsste Inge der größte Mahler-Dirigent sein, den die Welt je gesehen hat. Sie hatte mit seiner Krankheit zu kämpfen, mit seinen Absagen und Ersatzterminen, musste mit enttäuschten, sogar wütenden Managern, Plattenfirmen, Solisten, Agenten und dem Publikum allein fertig werden. Vor allem musste sie mit Klaus´ schrecklicher Frustration fertig werden, bei so vielen Gelegenheiten nicht dirigieren zu können. *Sie* sollte eine Medaille bekommen.

Diese Laudatio klingt amüsant und ist doch nicht zum Lachen. Inge Tennstedt, geborene Fischer,[28] ist die Frau, ohne die es keinen Klaus Tennstedt gegeben hätte, so wie wir ihn kennen. Ein vertorkeltes Blatt im Wind wäre er gewesen, allein kaum in der Lage, das Leben zu meistern.

Es gibt eine Binsenweisheit für das gute Funktionieren einer Ehe: Es ist ein Geben und Nehmen. Wendet man dieses simple Modell auf Inge und Klaus an, so ist Klaus in den ersten Jahren überwiegend der Gebende, zumindest in beruflicher Hinsicht: der vielversprechende, junge Dirigent, der einer stimmlich nicht mehr ganz so frischen Sängerin Engagements und Anstellung verschafft. Das zahlt sich für Inge tatsächlich aus, bis nach Schwerin und teilweise sogar bis nach Kiel. Dafür tut sie alles.

Klaus und Inge Tennstedt

Foto: Greg Helgeson/University of Minnesota Archive

Das zeigt sich schon früh in ihrer Beziehung. Inge muss zwischen Probe und Aufführung von Leipzig nach Radebeul fahren, um den Koffer des Herrn Gemahl zu packen und von einer möblierten Wohnung in die andere zu schleppen, und anschließend wieder zurück. Dafür braucht sie sich keine Sorgen um ihre Zukunft zu machen. Sie tut alles für ihren Mann, so wie früher seine Mutter Agnes alles für ihren Sohn getan hatte. Inge kocht ihm sogar das gleiche Essen, das er von seiner Mutter gewohnt war. Manchmal denkt sie, dass ihr Leben auf Tourneen nur aus der Jagd nach Lebensmittelgeschäften besteht. Dort sucht sie die Zutaten für Gerichte, wie sie seine Mutter zubereitet hat. Diese „wunderbare Unselbständigkeit" von Klaus dürfte in der Überbemutterung seiner Kindheit begründet sein. Er kennt es nicht anders. Auch in dieser Hinsicht ist er nicht wirklich erwachsen geworden.

Doch unmerklich kehren sich die beiden gegensätzlichen Geschwister Geben und Nehmen um. Denn mit der Zeit wird Klaus fast ausschließlich zum Nehmenden. Er wird immer abhängiger von Inge.

*Norman Lebrecht:* Inge war grundsolide. Sie war so ein Mensch, den man in einer Krise bei sich haben möchte. Und wenn das zufällig deine Frau ist, dann überstehst du die Krise auch. Sie war, glaube ich, ziemlich unkompliziert, nicht die übliche Art von Maestro-

Gattin, die nur einkaufen geht. Sie war eine starke Persönlichkeit. Er war wirklich sehr abhängig von ihr, und ich glaube, in gewisser Weise hat er sie als Vermittlerin benutzt. Wenn er die Leute verärgert hat, kam Inge mit ein paar Pralinen oder Blumen. So in etwa lief das.

Könnte man sagen, dass sie sich aufgeopfert hat? Wohlmeinende Freunde fragen sie das, doch ihr bleibt nur ein hilfloses „Was soll ich denn machen?“ Manche sagen, das sei wahre Liebe. Andere sagen, nichts und niemand könne es rechtfertigen, die eigenen Bedürfnisse derart zurückzustellen. Aber man muss sie erst einmal benennen, und so weit wird Inge gar nicht gekommen sein. Schon gar nicht an der Seite dieses Mannes, der wenig einfühlsam, egoistisch und rücksichtslos allein seiner Musik lebt. Der seine Frau mehr als Fußabtreter denn als Partnerin betrachtet, gleichzeitig aber nicht ohne sie leben kann.

Ob Inge jemals daran gedacht hat, sich von Klaus zu trennen? Wohl kaum. Genauso wenig wie Klaus jemals daran gedacht hat, Inge in der DDR zurückzulassen, als ihm überraschend die Flucht gelang.

Natürlich weiß Inge, dass ihr Mann intime Kontakte zu anderen Frauen unterhält, wechselnde, meist kurzzeitige, und es sind nicht wenige. Sie weiß um die Schublade mit den speziellen Accessoires – wie sollte sie nicht in ihrer eigenen Wohnung. Sie läßt ihm seine kleinen kindischen Spiele. Und sie weiß noch viel mehr.

Judy Grahame, Marketingdirektorin des London Philharmonic Orchestra, erzählt eine Geschichte, die sich 1985 während einer Konzerttournee in Australien ereignet hat. Inge war zu einer Vorstellung in die berühmte Oper von Sydney gegangen, so dass Klaus an diesem Abend allein war. Er ging ein wenig spazieren und sah zwei „Damen“ am Straßenrand stehen. Judy fährt fort:

Klaus sagte: „Ich bin auf eine zugegangen und habe sie angesprochen.“

„Und?“

„Ich habe sie gefragt, wie viel sie kostet.“

„Was ist dann passiert?“

„Nichts, Inge hatte mir kein Geld dagelassen“ *[Judy lacht].*

**Hat Inge es nicht genossen, Erster Klasse um die Welt zu fliegen und in den besten Hotels zu übernachten?**

*Judy Grahame:* Ich glaube nicht, dass ihr das wichtig war. Sie war so ein warmherziger Mensch. Sie hätte überall liebe Freunde gehabt. Sie wäre glücklich gewesen in ihrem kleinen

Provinz-Opernhaus, wäre ausgegangen, hätte ihren Tee getrunken, ohne dass Klaus sie beim Kuchen essen hätte zurechtweisen können: „Du bist zu dick". Er war immer furchtbar kritisch wegen dem, was sie aß, was ich einfach unmöglich fand. Ich glaube nicht, dass ihr Ruhm etwas bedeutete. Jedes Mal, wenn wir sie zu Hause besuchten, kochte sie die gleiche Suppe. Sie war auch eine deutsche Hausfrau. Das mochte sie, und ihre Aufgabe war es, sich um ihren Mann zu kümmern. Leider wurde der ein berühmter Dirigent.

Foto: Judy Grahame

Wenn Klaus glücklich war, schien sie es auch zu sein. „Wir sagten immer zum Spaß," schmunzelt Judy, „wenn wir Klaus´ Genie und Inges Persönlichkeit in einem hätten – das wäre die perfekte Kombination!" Aber Genie und Seelenruhe gehen wohl kaum je zusammen.

Anita, Tennstedts erste Ehefrau, hatte schon kurz nach der überstürzten Eheschließung gemerkt, dass ihr Mann „technisch eine Niete" sei. Nicht einmal ein Bett könne er aufstellen. Und heute? Als ihm zuhause das Aufkippen eines Fensterflügels misslingt, ruft er in Panik nach dem Tischler, damit der ein neues Fenster einbaue. Und Rasen mähen kann er auch nicht.

Wenn Klaus arbeiten will, wie er sagt, braucht er seine Ruhe. Dann muss Inge aus der Wohnung raus. Dann wird sie spazieren gehen, wird ausführliche Besorgungen machen, Freundinnen im Dorf besuchen. Zum Beispiel die Frau ihres Zahnarztfreundes, Edith Albrecht, oder die Haushälterin Annemarie „Täubchen" Taube.

> *Annemarie Taube:* Inge saß oft bei mir. Aber die hat er gebraucht! Ohne Inge wär´ das alles nichts. Er war wirklich manchmal, ich sag mal, wie so´n kleines Kind. So unbeholfen auch irgendwie. Ich glaub´ nicht, dass er überhaupt `nen Nagel in die Wand schlagen konnte. Aber morgens zum Frühstück musste er seinen frisch gepressten Orangensaft haben.

Zu Hause isst er gern Fisch, den es unten am kleinen Anleger fangfrisch zu kaufen gibt. Bratheringe sind immer willkommen, am liebsten mit Speckkartoffelsalat. Inge ist für die außermusikalischen Dinge zuständig. Sie backt, kocht, putzt, macht die Wäsche, alles, was man von einer „guten Hausfrau" erwarten kann. Und nebenbei ist sie Managerin aller beruflichen, privaten und finanziellen Belange, eben „Klaus´ unbezahlte Vollzeit-Sekretärin".

Das perfekte Tandem Foto: Judy Grahame

# Ein Deutscher in Israel 1978-91

Springen wir einige Jahre zurück in den Sommer 1975. Das Israel Philharmonic Orchestra (IPO) hat sich aus bescheidenen Anfängen zu einem Orchester von beachtlicher Qualität entwickelt. Seit 1969 „berät" ein junger Dirigent von beginnendem Weltruhm das Orchester: der Inder Zubin Mehta. Bereits regelmäßiger Gast bei den Berliner und Wiener Philharmonikern, unterstützt er den Vorschlag, Klaus Tennstedt nach Tel Aviv einzuladen.

Noch wird der Deutsche teilweise von seiner alten Hamburger Agentur vertreten. Rolf Sudbrack gelingt es, für den Herbst 1978 eine erste Tournee an Land zu ziehen: Zwölf Konzerte mit dem IPO und einem wechselnden Programm, Schwerpunkt Bruckner. Bleibt die Frage des Honorars.

Der damalige Manager des Orchesters, Abe Cohen, macht einen Vorschlag: Für alle zwölf Konzerte zusammen 5.000 US-Dollar, ein Flugticket nach Israel und zurück, plus Unterkunft für ein bis zwei Personen im Gästehaus des IPO. Das wären 417 US-Dollar pro Konzert.

Das sind natürlich Offerten, denen Tennstedt längst entwachsen ist. Zwei Wochen später antwortet Sudbrack und versichert, Tennstedt sei „sehr glücklich, mit Ihrem großartigen Orchester zu arbeiten, aber er meint, dass die Gage wirklich zu niedrig ist. Hier in Deutschland bekommt er mindestens 4.000 D-Mark für jedes Konzert," so Sudbrack. Er wisse, dass das IPO solche Honorare nicht zahle, aber

> ...könnten wir uns auf folgendes einigen?
> - Netto-Honorar von 9.500 US-Dollar, steuerfrei, zahlbar auf ein Konto außerhalb Israels
> - Reisekosten sowie Unterkunft und Verpflegung für Mr. Tennstedt und seine Frau.
>
> Hochachtungsvoll, Rolf Sudbrack

Es wird weiter gefeilscht, bis man sich ungefähr in der Mitte trifft, bei 7.500 US-Dollar für alle zwölf Konzerte. Für Tennstedt weit unter Marktwert.

Warum lässt er sich auf ein so niedriges Honorar ein? Die Antwort lautet wieder einmal: Die Sucht nach Anerkennung ist ihm wichtiger als alles andere. Jedem erzählt er, wie sehr es ihn mit Stolz erfülle, der einzige Deutsche sein zu dürfen, der für würdig befunden wurde, in Israel zu dirigieren. Der einzige!

Als Tennstedt und seine Frau im Oktober 1978 in Tel Aviv ankommen, sind erst gut 30 Jahre seit dem Ende des Zweiten Weltkriegs und der Befreiung der Konzentrationslager vergangen. Bei vielen israelischen Holocaust-Überlebenden sind die seelischen Wunden nicht verheilt. Bei allem, was deutsch ist, dreht sich ihnen der Magen um. Wir können natürlich davon ausgehen, dass die Akte Tennstedt diskret geprüft wurde mit dem beruhigenden Ergebnis, dass dieser Mann nichts mit dem Nationalsozialismus zu tun hatte.

Tennstedt ist viel zu euphorisiert, um zu bemerken, dass der Empfang ausgesprochen kühl, bisweilen offen feindselig ist. Menahem Breuer, Geiger des Israel Philharmonic Orchestra, zieht noch heute die Augenbrauen hoch, wenn er daran denkt, wie Tennstedt sich in den Proben ausgerechnet seiner Muttersprache bediente: „Er war der Einzige, der Deutsch sprach.“ Wahrscheinlich war ihm nicht bewusst, auf wie rutschigem Parkett er sich bewegte. „Aber er war ein großartiger Musiker, so völlig in die Musik vertieft, dass man über manches hinwegsah.“ Die Resonanz beim Publikum und in der Presse ist denn auch überwältigend. Der Kritiker der Tageszeitung *Havar* begeistert sich über die *Erste Sinfonie* von Gustav Mahler:

> Ich glaube nicht, dass dieses Werk überzeugender vorgetragen werden kann, als wir es hier erleben konnten. Dem Dirigenten gelang es, gewissen Teilen, die oft banal klingen, eine Atmosphäre des Erhabenen und Schönen zu verleihen. Wir erlebten Höhepunkte der Erregung dank der dynamischen Kontraste, vom Dirigenten plastisch dargestellt. Manche Stellen führten den Zuhörer in ungekannte Sphären.

Am Ende dieses erfolgreichen Einstands werden dem Deutschen nachträglich Kosten vom Honorar abgezogen, die im Vertrag nicht erwähnt waren: ein Ausflug nach Masada sowie Telefonkosten:

| | | |
|---|---|---|
| Vorschuss in bar | 19.000,- | Schekel |
| Ausflug nach Masada | 3.548,- | Schekel |
| Telefon | 973,71 | Schekel |

Zusammen 23.521,71 Schekel = US$ 1.273. Dies abgezogen von US$ 7.500,- Honorar, bleiben auszuzahlen US$ 6.227,-

Dieser Ausflug nach Masada, einer Festungsruine hoch über dem Toten Meer, ist die einzige touristische Aktivität Tennstedts, die von all seinen Israelbesuchen bezeugt ist. Es sähe ihm ähnlich, dass er seine Zeit lieber mit dem Studium der Partituren verbringt, als die sehenswerten Attraktionen des Landes zu besichtigen. Da er einige Konzerte in Jerusalem dirigiert, wird man ihm und Inge die urtümliche Altstadt mit dem Felsendom und der christlichen Grabeskirche gezeigt haben. Der See Genezareth oder Bethlehem? Darüber ist nichts bekannt, und es ist auch unwahrscheinlich, dass er sie besucht. Obwohl evangelisch getauft, hat sich Tennstedt nie besonders für religiöse Fragen interessiert.

Die zweite Einladung nach Israel folgt 1981, mit vierzehn Konzerten in zwanzig Tagen in Tel Aviv, Haifa und Jerusalem, unter etwas besseren Konditionen. Wieder prasselt es enthusiastische Kritiken.

Zwei Jahre später ist er zum dritten Mal in Tel Aviv. Nach dem Ende einer Orchesterprobe führt ihn sein Weg am großen Saal vorbei, in dem gerade ein Klavierwettbewerb stattfindet. Gebannt bleibt er stehen und erkundigt sich, wer da gerade spiele. Es sei die zwölfjährige Maya Weltman, eines von mehreren „Wunderkindern", die gegeneinander antreten. „Unser Termin hatte sich verschoben", sagt ihre Mutter Esther, „es war Schicksal, dass Herr Tennstedt dies nun hörte".

Maya Weltman

*Maya Weltman:* Als ich fertig gespielt hatte, kam er zu mir und fragte mich, wie alt ich sei. Ich verstand nicht so gut Englisch und dachte, dass er meinte, wie viele Jahre ich schon spiele. Ich sagte vier.

Tennstedt ist so begeistert, dass er das Mädchen spontan zu einem Konzert mit ihm und dem London Philharmonic einlädt. In den folgenden Jahren präsentiert Maya dem Londoner Publikum unter anderem das Grieg-*Klavierkonzert* und das Beethoven-*Klavierkonzert Nr. 1.*

Was nun folgt, ist ein Lehrstück für angehende Musikmanager. Von nun an kümmert sich Tennstedts amerikanische Agentur Columbia Artists um Termine und Gagenforderungen. Für 1983 steht die dritte Einladung an. Avi Shoshani, frisch gebackener Nachfolger von Abe Cohen, will die nächste Serie so schnell wie möglich unter Dach und Fach bringen. Doch plötzlich weht ihm ein ganz anderer Wind entgegen, und die Honorarforderungen steigen drastisch.

Denn ab jetzt führt Judie Janowski die Verhandlungen. Sie ist eine der Vice Presidents von Columbia Artists, die Klaus Tennstedt von nun

Foto: Klaus Hennch

an betreut. Sentimentalität ist ihr ein Fremdwort. Macht sie erst einmal ein vorsichtiges Angebot? Nein, sie fordert knallhart: Zwölf Konzerte für US$ 1.000 netto pro Konzert, plus Erster-Klasse-Flüge für zwei, plus freie Kost und Logis. Avi Shoshani muss den Vorschlag wohl oder übel annehmen. Per Telex bittet er um Termine für diese Serie. Doch so einfach ist das nicht. Judie kennt ein probates Mittel, um den Marktwert ihres Schützlings in die Höhe zu treiben: die Verknappung. Er habe nur noch wenig Zeit. Eigentlich gar keine mehr. Virtuos läßt sie den Israeli zappeln, und das klingt so:

> *Telex Judie Janowski:* Es ist fraglich, ob es überhaupt ein Zeitfenster für die Saison 1983-84 oder 1984-85 gibt. Im Moment ist es unmöglich. Ich denke, wir müssen bis 1985-86 warten. Also bitte, haben Sie Geduld.

Was für ein anderer Ton! Die Taktik ist: vertrösten und die Erwartungen niedrig zu halten. Nach einer weiteren besorgten Nachfrage macht Judie ihm noch weniger Hoffnung; das Wichtigste seien jetzt die Termine mit dem London Philharmonic Orchestra:

> *Telex Judie Janowski:* Es wird lange dauern, bis ich Ihnen wirklich sagen kann, ob Maestro Tennstedt für die Saison 1985-86 überhaupt zur Verfügung steht. Ich kann Sie nur um Geduld bitten und Sie wissen lassen, dass ich sobald wie möglich mit einem Angebot

auf Sie zukommen werde. Aber bis das klar ist, kann es noch ein Jahr oder länger dauern.

So läuft das nun also. Nicht das Orchester lädt ein und macht ein Angebot, sondern Columbia Artists vergibt gnädig Termine, und auch das nur „vielleicht". Gut einen Monat später akzeptiert Shoshani das vorgeschlagene Honorar von US$ 1.000 pro Konzert plus allen Extras. Das ist immer noch weit unter der für Tennstedt üblichen Gage. Ein paar Tage später kommt das Antworttelex von Judie.

> Lieber Avi... Wenn Sie mir garantieren können, dass kein anderer Dirigent ein höheres Honorar bekommt als die $ 1.000 pro Konzert, dann, selbstverständlich, ist Maestro Tennstedt einverstanden.
>
> Mit freundlichen Grüßen, Judie Janowski

Kommt diese Frage nun von Judie oder von Inge Tennstedt im Namen von Klaus? Es würde zu Klaus passen. Er will vor der ganzen Welt, wenn schon nicht als der Größte, so doch zumindest als mit den Größten gleichwertig dastehen. Und dann passiert so etwas Ärgerliches, Telex von Judie:

> Inge und Klaus haben soeben Touristenklasse-Tickets erhalten, obwohl sie natürlich Erste-Klasse-Tickets bekommen sollten. Würden Sie ihnen bitte neue Erste-Klasse-Tickets ausstellen und zuschicken? Judie Janowski

Kein „Gruß" oder gar „freundliche Grüße", man hört direkt den Ärger hinter den Zeilen. Und so geht es weiter. Als Generalsekretär Shoshani erwähnt, dass Klaus ihm zugesichert habe, auch für das anstehende fünfzigjährige Jubiläum des Orchesters 1986 zur Verfügung zu stehen, antwortet Judie:

> Wir haben nie zugesichert, für die Saison 1986-87 einen Zeitraum freizuhalten, wir haben nur gesagt, wir würden es versuchen. Klaus hat zwei wichtige Opernproduktionen in dieser Saison, und es ist absolut unmöglich, auch nur ein paar Tage freizuschaufeln.

So bleibt für Shoshani nur, die Tennstedts direkt anzurufen. Und jetzt wird klar, dass Judie ihrem Schützling viele der Anfragen gar nicht vorgelegt hat. Judie telext:

> Klaus ist sehr verärgert darüber, dass wir keine Termine für Ihre Jubiläums-Saison finden konnten. Er hat mich gebeten, die Zeiten noch einmal genau zu prüfen. Haben Sie für Juni 1987 irgendwelche Termine frei? Da könnte ich möglicherweise noch andere Engagements verschieben.

Zum Ende des Spielchens finden sich doch noch passende Termine für das Jubliäumsjahr. Im Juni 1986 dirigiert Tennstedt in drei Wochen dreizehn Konzerte an verschiedenen Orten in Israel, immer noch „als einziger deutscher Dirigent“, wie er stolz betont.

Innerhalb von zehn Jahren steigen die Honorare von US$ 625 auf US$ 2.500 pro Konzert, eine Steigerung um 400 Prozent, und auch das ist noch ein Freundschaftspreis. Insgesamt dirigiert Tennstedt über 80 Konzerte in Israel in den Jahren 1978, 1981, 1983, 1986, 1988, 1991 (Dezember 1993 abgesagt).

## Bäumchen pflanzen

Immer wieder gerne und mit stolz geschwellter Brust erzählt Tennstedt die Geschichte von den 36 Bäumchen. 1988 gibt es ein doppeltes Jubliäum: Klaus feiert sein zehnjähriges Bestehen mit dem Israel Philhamonic Orchestra und zugleich den vierzigsten Jahrestag der Gründung des Staates Israel. Ihm wird also eine besondere Ehre zuteil.

Urkunde für die 36 Bäumchen

> *Klaus Tennstedt:* Mit dem Israel Philharmonic Orchestra hat sich eine Freundschaft ergeben. Sie haben mir etwas geschenkt, was vielleicht noch niemand auf der Welt bekommen hat. Und zwar 36 Bäume eines Pinienwaldes. In Israel gibt es die 18, das ist die Glückszahl, und übersetzt heißt das: Wir wünschen dir ein doppelt langes Leben. Das ist schon was.[30]

Gut möglich, dass Tennstedt der erste ist, dem diese Ehre zuteil wird. Aber er ist nicht der einzige. Auch Claudio Abbado und Kurt Masur dürfen später zur Schaufel greifen und ein paar junge Pinien und Olivenbäumchen pflanzen. Heute wissen nur noch wenige, wo dieses Wäldchen liegt: an einem versteckten, staubigen Weg zwischen Tel Aviv und Jerusalem.

Inge Tennstedt sieht es pragmatisch wie immer: „Das einzige Problem ist, dass ich jedes Jahr hinfahren muss, um die Bäume zu gießen.“

## CARLOS KLEIBER über Klaus Tennstedt

Wären sie sich jemals begegnet, was hätten sie sich wohl zu sagen gehabt? Es liegen Welten zwischen den beiden: Hier Tennstedt, der etwas einfache, sprachlich manchmal derbe und unbeholfene Kettenraucher, offen, mitteilsam, einem Skatspiel unter Kollegen nie abgeneigt. Dort Kleiber, weltgewandt und fließend in sechs Sprachen, mit hintersinnigem Humor und elegant-charmantem Auftreten, aber mit großer Scheu davor, sich hinter die Maske blicken zu lassen.

Carlos Kleiber

Im Gegensatz zu Tennstedt hat Kleiber sich wenig um Gustav Mahler gekümmert. Hat er je eine der Sinfonien dirigiert? Auf CD gibt es nur sein *Lied von der Erde* von 1967, da war er 37 Jahre alt. Er hielt sich lieber an die guten alten Klassiker und Romantiker. Mahlers Musik hat ihn nicht angesprochen. Das ändert sich, zumindest für den Moment, als der scheue Münchener ein Video mit Mahlers *Erster* zu Gesicht bekommt. Der Dirigent: Klaus Tennstedt.

Bewegt schreibt Kleiber seine Eindrücke nieder. Der Empfänger ist Charles Barber, Dirigent und Dozent an der kalifornischen Stanford University. Er steht in regelmäßigem Briefkontakt mit Kleiber. Zuletzt hatte er ihm eine VHS-Cassette geschickt mit jener Mahler-Sinfonie und Tennstedt und dem Chicago Symphony Orchestra von 1990. Kleiber schreibt:[31]

> Lieber Maestro [Charles Barber] 4. Mai 93
>
> Ein unbewaffnetes, unvorbereitetes Wort zu Tennstedt. Mit Mahler *Eins.* (Hab´s mir vor einer Minute angesehen.)
>
> Ich liebe Mahler nicht, aber dieses Mal kapituliere ich, dank Tenn. Er ist mir ein höchst sympathischer Dirigent, niemals „clever" oder oberflächlich, niemals seiner <u>selbst</u> bewusst, seine Liebe für das Stück macht es unwiderstehlich (das Stück). Da sind viele dämonische Geister um ihn herum (wie sie auch um Gus Mahler waren), Nerv, Schwung und Schärfe, Körpersprache ohne Show, es

ist alles da, AUTHENTISCH, und genug für andere „Eminenzen", die sich große Stücke davon abschneiden könnten, und Tenn hätte immer noch genug.

Kurz: Endlich jemand, den man bewundern kann!

Das Orchester (was sagt das über sie!) weiß es zu schätzen und vollbringt Wunder. Das ist Liebe! Ich hoffe, Tenn ist gesundheitlich OK?* Es scheint, dass seine Sensitivität und Offenheit ihn – physisch und psychisch – zum Opfer vieler Einflüsse macht, vor denen unsere Elefantenhaut uns schützt.

Ich hasse es, mich derart zu echauffieren. (...) Lang´ leben diese Chicagoer Musiker!! Schau´ dir ihre Gesichter an!! Und hör´ dir das an... eh... hier kommt endlich, was immer es ist, worauf wir die ganze Zeit hoffen und meistens nicht kriegen. Erzähl´ bloß niemandem, dass ich einen Dirigenten mochte! (Scheiße, Mann!) *[auf Deutsch]*

Der alte C. K. (...)

*Ich höre, er ist fast dauernd krank? Aber eine Elef[anten]-Haut, so nützlich sie im Leben ist, würde Tenn nicht ermöglichen, solche Musik zu machen.

Echte Begeisterung spricht aus jedem Satz und offenbart einen Carlos Kleiber, der uns ein wenig in seine Seele blicken lässt. In Tennstedt erkennt er auf Anhieb den Bruder im Geiste. Mit feinen Antennen spürt er die tief wühlenden Dämonen des Kollegen auf, Dämonen, die vielleicht auch ihn so ähnlich bedrängen. Die beiden Dirigenten haben, wenn auch nicht äußerlich, so doch in ihrer Kunst viel gemeinsam.

Für beide ist der Vater die prägende Gestalt. Bei Tennstedt mehr unbewusst, wie beschrieben, bei Kleiber schmerzlich bewusst, scheint doch der Vater Erich als Dirigent ein unerreichbares Ideal zu sein. Wie ihre Väter dulden sie beide keine Kompromisse auf der Jagd nach dem, „worauf wir die ganze Zeit hoffen und meistens nicht kriegen", so Kleiber. Tennstedt würde es *Sternstunde* nennen.

Am Anfang der Arbeit steht für beide die zeitraubende und intensive Vorbereitung. Da sind die Bogenstriche nur kleinere Details. Natürlich wissen sie, was die 2. Klarinette spielt oder das 3. Horn. Das zu kennen ist nicht der Rede wert, und doch ein Fundament für ein gelingendes Konzert.

Und es geht weiter. Beide kommen von der Oper und kehren ihr später den Rücken. Während der Aufführung versinken sie völlig in dieser anderen Welt der Musik, „wie im Fieber" und gleichzeitig hoch konzentriert. Jeder beschränkt sich zum Ende des Lebens auf ein erstaunlich schmales Repertoire. Beide dirigieren in den letzten vier Lebensjahren überhaupt nicht mehr. Warum? Da ist zum einen die malade Gesundheit, aber auch: Sie haben Angst. Unbezähmbare Angst, weil sie die Latte für sich immer höher gelegt haben. Sie fürchten, das musikalische Niveau, das sie sich über die Jahre erarbeitet haben, nicht mehr halten oder gar überspringen zu können. Zwanzigmal die *Erste* Brahms dirigiert? Beim nächsten Mal muss es tiefer gehen, höher hinauf in unbekannte Sphären, denn wofür lohnte es sich sonst? Deshalb vor jedem Anlauf heftiges Lampenfieber. Oder gleich absagen, oder noch besser: es gar nicht erst versuchen. Und wer braucht schon Kritiker? Allein ihre Anwesenheit verpestet die freie Musizierluft.

Sie haben einen gemeinsamen Freund, der sie beide hoch schätzt: Herbert von Karajan. Dessen Berliner Philharmoniker bleiben der einzige deutsche Klangkörper, den Tennstedt über viele Jahre mit Begeisterung dirigiert. Er kennt die großartigsten Orchester der Welt, aber die Berliner hält er für das beste. Auch Kleiber hätte hier viel öfter dirigieren können, aber er wollte nicht – zu viel Respekt, zu viel Angst.

Eine letzte Gemeinsamkeit zeigen die beiden in der Kunst der Liebe: Sie jagen ein Leben lang dem immer wieder frischen, amourösen Abenteuer hinterher. Und doch braucht jeder die häusliche Nestwärme, die duldende Ehefrau, die über solche Eskapaden sehr wohl im Bilde ist. Inge wird ihren Mann noch viele Jahre überleben. Anders Kleiber: Als seine Frau Stanka stirbt, ist ihm der Boden unter den Füßen weggezogen; so sehr, dass er sich wenig später in den Freitod flüchtet.

In einem anderen Brief antwortet Kleiber auf eine VHS-Kassette mit dem Titel „Was Sie schon immer über Dirigenten wissen wollten, doch sich nicht zu fragen getrauten".

Viele berühmte Orchesterleiter – darunter Lorin Maazel, Zubin Mehta, Georg Solti – äußern sich zu diesem Thema, zum Ende auch Tennstedt, kurz und stockend. Am ergreifendsten dann allerdings ein Ausschnitt aus der *Achten* Mahler mit Tennstedt. Carlos schreibt daraufhin an Charles Barber:[32]

> Lieber Charles, 1. Feb 94
>
> [Erlaube mir,] dir für das große Vergnügen zu danken, das du mir mit diesen so faszinierenden und kontroversen VHSs bereitest. (...) „Was Sie schon immer über das Dirigieren wissen wollten etc" habe ich mir angeschaut.
>
> Grundsätzlich scheint es so zu sein: Niemand auf der Welt kann dir irgendetwas Genaues oder Intelligentes über Dirigenten und Dirigieren sagen, am allerwenigsten die Musiker, die Kritiker und...

die DIRIGENTEN, mich eingeschlossen. Warum? Weil alle und sonst-noch-wer nicht die leiseste Ahnung davon haben, einschließlich meiner selbst, nochmals gesagt. Mehta, dieser gottverlassene Gangster; Christoph von Dutch Nanny, dieser schlampige Wichtigtuer; warum sogar Sir Salty – der es besser wissen müsste – und, zu meinem Entsetzen, mein verehrter Tennstedt: Sie haben alle keine Ahnung, wovon sie quatschen, es ist zum Erbarmen.

Die verschiedenen [Video-]Bilder von Karajan, der aussieht wie bei einem Naziaufmarsch, sind äußerst geschmacklos. Wohl niemand erkennt Karajan als Musiker und Dirigenten (der leicht hätte Kreise schwimmen können um die anderen Stockschwinger, wie ein Delfin um Ozeanriesen), weil sie alle voreingenommen sind, indem sie nur den kommerziellen Teil seines Äußeren sehen. Ich fühle ganz tief in mir, dass man nur über (und selbst das ist sehr schwierig) den Dirigenten X sprechen kann, der gerade das Stück Y aufführt. Nicht über Maestro X als solchen. Nur über eine bestimmte Aufführung, keine Verallgemeinerungen, keine Anekdoten, kein „er war ein Nazi“, nichts dergleichen.

Ich habe mich gefreut, dass Tennstedt so viel Anerkennung gefunden hat. Ich glaube, er ist wirklich ganz besonders. Dass jemand sagt (wie ein A...loch es tut in dem Video), dass er „keine Technik“ habe, das ist so absurd, da beißen meine Zähne auf Glas. Er hat sogar eine *phantastische* „Technik“; es ist nur nicht (Gott sei Dank!) die Art, die jeder Idiot „lernen“ kann. Aber die Tatsache, dass die Leute kein bisschen von der ganzen Sache verstehen, hält wenigstens die Diskussion am Laufen, dumm wie die sind. (...)

Ich bekam auch eine Auszeichnung, eine ganz nette. Ich bin jetzt äußerlich ausgezeichnet. Aber meine innere Auszeichnung lässt alles wie es ist. Ich bin ein dummer, leerer, alter Furz; aber ich mag immer noch mein Essen und yeah! mein <u>Trinken</u>! You betcha! (Evviva $C_2H_5OH$!)*

Ihr dankbarer alter Brieffreund und Videowurm
Carlo

---

*You betcha! Evviva...: „Darauf kannst du wetten! Es lebe $C_2H_5OH$“, die chemische Formel für Alkohol.

# London Philharmonic Orchestra – Eins

## Erster Gastdirigent 1980–83

„Der ist erst frei geworden, als er sich von Deutschland – West und Ost egal – befreit hatte."
*Reinhard Schau (Dresden) über Tennstedt*

Man wird kaum behaupten, dass Tennstedt sich über einen längeren Zeitraum glücklich und zufrieden gefühlt habe (außer vielleicht, wenn er der Droge Verliebtheit verfallen war). Es ist nicht zu erkennen, dass er irgendwann das Erreichte genossen und sich zurückgelehnt hätte. Dass er spürte, bedingungslos angenommen und ja: geliebt zu sein. Vielleicht punktuell in den jungen, selbstbestimmten Jahren in Radebeul. Vielleicht auch in Minneapolis, in Toronto. Überall sonst bohrte die Unsicherheit, knisterte die Spannung. Auch Amerika ist letzten Endes keine Heimat für ihn. Er hetzt von Termin zu Termin, gilt zwar als *the world's most wanted guest conductor*, darf sich aber nirgendwo richtig zu Hause fühlen.

Das ändert sich in London. Die Weltstadt empfängt den noch unbekannten Maestro mit offenen Armen. Ronald Wilford zieht die Fäden und vermittelt seinen Schützling zunächst an das London Symphony Orchestra (LSO), dessen Musikdirektor André Previn ebenfalls in CAMI-Diensten steht. Am 14. Oktober 1976 erlebt Tennstedt sein Londoner Debut mit dem Hauptwerk der *Vierten Sinfonie* von Anton Bruckner. Es folgen sieben weitere Konzerte mit dem London Symphony Orchestra.

Ein halbes Jahr später geht es zur Konkurrenz, zum London Philharmonic Orchestra (LPO). Noch ahnt er es nicht, aber die Zusammenarbeit mit diesem Orchester wird zum eigentlichen Höhepunkt im Leben von Klaus Tennstedt. Die *Erste Sinfonie* von Gustav Mahler steht auf dem Programm, wie so oft in letzter Zeit, wenn er ein unbekanntes Orchester erst einmal kennenlernen will. Oder ist es ein Testballon für die geplante Gesamteinspielung aller Mahler-Sinfonien, die jetzt in den Startlöchern steht? Als hätte der Meister geahnt, wie es in London einmal ausgehen wird, muss er gleich das erste Konzert absagen. Statt seiner steht am 2. Mai 1977 Charles Mackerras auf dem Podium.

Gut möglich, dass es wieder einmal reine Nervosität, Versagensangst ist, die Tennstedt das Handtuch werfen lässt. Nur fünf Tage später steht er nämlich doch am Pult und gibt sein Debut mit dem London Philharmonic Orchestra. Das Programm ist etwas leichter: das *Erste Klavierkonzert* von Johannes Brahms (Solist: Garrick Ohlsson) und Mozarts *Jupiter-Sinfonie Nr. 41*. Den Musikern und Mitarbeitern des LPO wird schnell klar, dass sie einen Dirigenten vor sich haben, der in keine Schublade passt.

> *Rachel Masters, Harfe, LPO:* Dieser Mann ist so ungewöhnlich, Ego auf die richtige Art, Musikalität, Seele. Ich habe jetzt so viele Mahler-Sinfonien gespielt, aber er ist der einzige, der... *[macht mit der Hand einen großen Bogen]*, der die Reise der Musik versteht.
>
> *Judy Grahame, Marketing Direktorin, LPO:* Für die Leute sah er nicht so aus, wie ein Maestro aussehen sollte. Er war nicht so kultiviert wie Muti oder Karajan. Die schaut man an und denkt: Das ist ein großartiger Dirigent, aber bei Klaus? Wenn du in einem Raum mit 50 Leuten wärst und Klaus säße irgendwo, würdest du nicht merken, dass das ein großer Mann ist.
>
> *John Willan, Produzent & Manager:* Ich würde einen Muti nie auch nur berühren, ihm auf die Schulter klopfen und sagen: „Hallo Riccardo," aber bei Klaus konnte man das. Und Klaus war genauso ein guter Musiker.
>
> *Bob Truman, Solocello, LPO:* Klaus ist mein Lieblingsdirigent, keine Frage. Er ist vielleicht der schwierigste Mensch, mit dem ich je gearbeitet habe, doch am Abend vergebe ich ihm alles.
>
> *Laurie Lovelle, Kontrabass, LPO:* Für mich war er wie ein Raubvogel, der in der Luft schwebt. Mit seinen ausgestreckten Armen *[breitet die Arme aus]* – so hat er das ganze Orchester umschlossen. In den Proben hat er nicht viel geredet, er brauchte meistens nur eine halbe Probe. Er sagte dann *[imitiert den deutschen Akzent und die krächzende Stimme]:* "I vant you to giff me van hundret percent, zen you cen go home"[33] *[lacht]*. So etwas wird sich nicht wiederholen, die goldenen Tage. *Das* waren die goldenen Tage!

Die Programme, mit denen der nun 51-jährige das Londoner Publikum begeistert, werden wir auf den folgenden Seiten immer wieder ausbreiten. 26 Jahre sind vergangen, seit er ganz plötzlich in seiner Heimatstadt Halle einspringen musste und mit der Oper *Der Günstling* sein Dirigierdebut gab. Es folgten Triumphe und krachende Niederlagen, vor allem aber Jahre rastloser Beschäftigung mit der Musik.

Nur wenige Monate nach dem Einstand beginnt Tennstedt sein Mammutprojekt mit den Aufnahmen sämtlicher Mahler-Sinfonien für EMI. Aufnahmeort ist meistens das berühmte No. 1 Studio in der Londoner Abbey Road, im Folgenden mit STUDIO bezeichnet.

**Konzertprogramme Tennstedt & LPO 1977-79.** **Teil 1**
Principal Conductor/Chefdirigent bis 1979: Bernard Haitink

| | |
|---|---|
| 2. Mai 1977 | Mahler: *Sinfonie Nr. 1,* Charles Mackerras ***ersetzt Tennstedt*** |
| 7. Mai 1977 | Mendelssohn Bartholdy: *Ouvertüre „Fingals Höhle"*<br>Brahms: *Klavierkonzert Nr. 1* (Solist: Garrick Ohlsson)<br>& Mozart: *Sinfonie Nr. 41 „Jupiter"* |
| 26. Sept. 1977 | Schumann: *Piano Concerto,* Solist: Horacio Gutiérrez,<br>Mahler: *Sinfonie Nr. 1* |
| 4.+5. Okt. 1977 | STUDIO – Mahler: *Sinfonie Nr. 1;* Abbey Road Studios, London |
| 10.+13. Mai 1978 | (Konzerte) Mahler: *Sinfonie Nr. 9* |
| 10.-12. Mai + 8. Juni + 5.-7. Okt. 1978 | STUDIO – Mahler: *Sinfonie Nr. 5*<br>Abbey Road Studios, London |
| 10.-12. Mai + 5.-7. Okt. 1978 | STUDIO – Mahler: *Sinfonie Nr. 10, Adagio* u.a.;<br>Abbey Road Studios, London |
| 11., 12., 14. Mai 1979 | STUDIO – Mahler: *Sinfonie Nr. 9;* Abbey Road Studios |

Obwohl er inzwischen den größten Teil des Jahres mit englischen und amerikanischen Orchestern verbringt, hat Tennstedt immer noch mit der Sprache zu kämpfen.

*Jeremy „Jerry" Cornes, Schlagzeug, LPO:* Es war sprachlich nicht immer ganz klar, was er wollte, er sagte zum Beispiel: „We can it." Das hat er oft gesagt.

*Gordon Hunt, 1. Oboe, LPO:* Einer seiner Lieblingssätze war, nach fünf oder zehn Minuten: „This is not your style" – das ist nicht euer Stil, und das bedeutete: Spielt besser.

**Er soll gesagt haben: „Please go home and practise your private parts" („Gehen Sie nach Hause und üben Sie Ihren Intimbereich").**

*Gordon Hunt:* Genau das hat er gesagt *[lacht].* Das war natürlich total lustig. Alle haben sich kaputt gelacht.

**In seiner Gegenwart?**

Ja, natürlich! Also fragte er David Nolan, den Konzertmeister: „Was habe ich gesagt?" und David musste es ihm erklären *[lacht].* Es gab viele solche Dinge, wirklich.

*Laurie Lovelle, Kontrabass LPO:* Er sagte dann zu unserem Solohornisten *[imitiert]:* „Mister Busch" und zu jemand anderem: „Mister

Evans“ *[lacht]*, anstelle ihrer Vornamen, wie es normal wäre. Das war vermutlich seine Erziehung. Ich glaube, er war eigentlich ziemlich schüchtern. Er hat nicht viel geredet. Nur darüber, was er musikalisch wollte.

*Judy Grahame, LPO:* Er hatte immer ein Wörterbuch dabei, wenn er mich anrief, damit er die richtigen Worte nachschlagen konnte.

Vielleicht hat er auch deshalb nicht viel geredet, weil er gar nicht in der Lage war, lockeres Englisch zu sprechen. Tennstedt muss jedes Wort und jeden Satz erst noch innerlich übersetzen, anstatt frei plaudern zu können ohne nachzudenken. Gut möglich, dass sich dieses Handicap hier als Vorteil erweist. In Deutschland wurde ihm seine sprachliche Rücksichtslosigkeit oft genug zum Verhängnis. Sie sorgte für schlechte Stimmung im Orchester. In England und Amerika fehlen ihm schlicht die passenden Vokabeln, um beleidigend zu werden.

Nach zweieinhalb Jahren, Anfang des Jahres 1980, wird Tennstedt offiziell zum Ersten Gastdirigenten (Principal Guest Conductor) des LPO ernannt. Als Georg Solti in dieser Spielzeit die Leitung des Orchesters übernimmt, ist Tennstedt längst eingeführt.

Solti hatte in den zehn Jahren als Chefdirigent der Royal Opera Covent Garden (1961-1971) in London seinen Lebensmittelpunkt gefunden. Er ist britischer Staatsbürger geworden und kann somit zum Sir geadelt werden. Mit seiner Frau Valerie und den beiden Töchtern bewohnt er ein großes Haus im feinen Bezirk Primrose Hill.

Man mag sich darüber wundern, dass Sir Georg in seiner Autobiografie „Solti über Solti“ die Zeit mit dem LPO mit keinem Wort erwähnt. Diese vier Jahre sind ihm nicht einmal eine Randnotiz wert. Auch ein Wort über seinen Nachfolger Tennstedt suchen wir vergebens. Wahrscheinlich hatten sich die beiden nicht viel zu sagen. Kein Wunder, denn Dirigierstil und Musikauffassung könnten unterschiedlicher nicht sein.

*Keith Millar, Schlagzeug, LPO:* Solti hat nie erklärt, was er wollte, er hat es einfach gemacht, kraft seiner Persönlichkeit. Es war eine schwierige Atmosphäre. Tennstedt war viel sensibler, sogar unsicher. Man hörte von ihm sogar: Ich weiß nicht, was ich machen soll. Solti hätte das nie gesagt.

*John Willan, Manager, LPO:* Solti hatte ein enormes Charisma, er war mehr Charisma als Dirigent. Er hatte mehr Grammys als jeder andere, weil er sie sammeln wollte. Er hat seine Nationalität gewechselt, um „Sir“ Georg werden zu können. Klaus hätte das

Tennstedt und Solti Foto: LPO

nie getan, und Haitink auch nicht. Klaus hätte gesagt: „Ach, ich bin Deutscher."

Tennstedt hat über die Jahre regelmäßig mit den Philharmonikern zu tun gehabt. Dafür wird schon Ronald Wilford von Columbia Artists gesorgt haben. Und ganz wichtig: Tennstedt bringt Geld in die Orchesterkasse. Die Plattenfirma EMI zahlt nicht wenig für die tagelangen Studioaufnahmen in der Abbey Road. Bald ist die Serie der neun Mahler-Sinfonien (plus dem Adagio der *Zehnten*) abgeschlossen. Und die Fortsetzung folgt – keine schlechte Empfehlung für eine weitere Zusammenarbeit. Hier ein Überblick:

**Konzertprogramme Tennstedt, Principal Guest Conductor LPO** **Teil 2**
Chefdirigent/Principal Conductor 1979-1983: Sir Georg Solti

| | |
|---|---|
| 21.+ 28. Okt. 1979 | Mahler: *Sinfonie Nr. 3* (Solistin: Ortrun Wenkel) |
| 25. Okt. 1979 | Blacher: *Concertante Musik*; Mozart: *Klavierkonzert Nr. 16*; (Solist: Malcom Frager); Beethoven: *Sinfonie Nr. 3 „Eroica"* |
| 27.+ 29.-31. Okt. 1979 | STUDIO – Mahler: *Sinfonie Nr. 3*, (Solistin: Ortrun Wenkel) Kingsway Hall, London |
| 16.+ 19. Okt. 1980 | Mahler: *Sinfonie Nr. 7* |
| 20.-22. Okt. 1980 | STUDIO – Mahler: *Sinfonie Nr. 7;* Abbey Road Studios |
| 28. Okt. 1980 | Weber: *Oberon* Ouvertüre*;* Tschaikowsky: *Violinkonzert* (Solist: Salvatore Accardo); Schubert: *Sinfonie Nr. 9 „Große C-Dur"* |
| 5. Mai 1981 | Mozart: *Figaro* Ouvertüre*; Violinkonzert Nr. 5* (Solist: György Pauk); Bruckner: *Sinfonie Nr. 5* |
| 7. Mai 1981 | Mozart: *Sinfonie Nr. 36 „Linzer"*; *Klavierkonzert Nr. 23;* Beethoven: *Sinfonie Nr. 5* |
| 10.+12. Mai 1981 | Mahler: *Sinfonie Nr. 2* (Solisten: Heather Harper, Doris Soffel) |
| 14.-16. Mai 1981 | STUDIO – Mahler: *Sinfonie Nr. 2*; Kingsway Hall, London (Solistinnen: Heather Harper, Doris Soffel) |
| 20.+25. Okt. 1981 | *Wagner: Meistersinger Ouvertüre & Siegfried-Idyll & Walküre 1. Akt* (Solist/innen: Jessye Norman, Robert Schunk, Marius Rintzler) |
| 29. Okt. 1981 | Bruckner: *Sinfonie Nr. 8* |
| 28.-29. März 1982 | STUDIO – Strauss: *Tod und Verklärung*; Abbey Road Studios |
| 4. Mai 1982 | Schönberg: *Verklärte Nacht;* Mahler: *Sinfonie Nr. 4* (Solistin: Felicity Lott) |
| 5.-7. Mai 1982 | STUDIO – Mahler: *Sinfonie Nr. 4*; Kingsway Hall, London (Solistin: Lucia Popp) |

| | |
|---|---|
| 24.-26. Sept. 1982 | STUDIO – Bruckner: *Sinfonie Nr. 8*; Abbey Road Studios, London |
| 12. Dez. 1982 | Bruckner: *Sinfonie Nr. 8* (Einspringer für Eugen Jochum) |
| 6. Feb.-10. März 1983 | **Europa-Tournee**, 14 Konzerte. Sir Georg Solti und Klaus Tennstedt; Solistin: Anne-Sophie Mutter |
| 28. März 1983 | Strauss: *Tod und Verklärung, Vier Letzte Lieder* (Lucia Popp); *Don Quixote* |
| 31. März 1983 | Mahler: *Sinfonie Nr. 6* |
| 7. April 1983 | Brahms: *Tragische Ouvertüre, Klavierkonzert Nr. 1* (Radu Lupu), *Sinfonie Nr. 3* |
| 10. April 1983 | Brahms: *Akademische Festouvertüre, Klavierkonzert Nr. 2* (Solist: Garrick Ohlsson), *Sinfonie Nr. 3* |
| 28.+29. April u. 4.+9. Mai 1983 | STUDIO/Live - Mahler: *Sinfonie Nr. 6*; Kingsway Hall, London (statt *Elektra*) |
| 3.+5. Mai 1983 | Beethoven: *Egmont* Overture, Bruch: *Violin Concerto* (Solist: Boris Belkin) Beethoven: *Symphony No. 3 Eroica* |
| 22. August 1983 | Prom. Mahler: *Sinfonie Nr. 6;* Royal Albert Hall, London |
| 29. August 1983 | Edinburgh Festival. Mozart: *Violinkonzert Nr. 4* (Solistin: Miriam Fried); Mahler: *Das Lied von der Erde* (Solisten: Brigitte Fassbaender, Hermann Winkler); Usher Hall |
| 30 August 1983 | Edinburgh Festival. Strauss: *Don Juan;* Wagner: *Götterdämmerung - Morgendämmerung und Siegfried's Rheinfahrt;* Strauss: *Burleske für Klavier & Orchestrer* (Solist: Claudio Arrau); von Weber: *Konzertstück für Klavier und Orchester* (Solist: Claudio Arrau); Johann Strauss II: *Kaiserwalzer;* Usher Hall |

Da ist sie, die Weltkarriere, von der Tennstedt immer geträumt hat. Die meiste Zeit verbringt er auf dem nordamerikanischen Kontinent, sein Terminkalender ist prall gefüllt. Die Orchester in Cleveland, San Francisco, New York, Chicago, Montreal und Detroit reißen sich um ihn, er wird immer wieder eingeladen. Und auch anderswo in der Welt wächst das Interesse. Karajan ist längst auf ihn aufmerksam geworden. Sogar Bernstein lernt ihn von Ferne kennen. Einmal springt er für den Erkrankten ein und schreibt ihm ein Genesungs-Telex.

Dieser Erfolg spornt Tennstedt an, sein Qualitätsniveau immer höher zu schrauben. Er macht keine Kompromisse mehr. Damit bringt er nicht nur seinen Produzenten John Willan ein ums andere Mal zur Weißglut. Auch das Team um sein London Philharmonic Orchestra ist vor plötzlichen Veränderungen nicht gefeit.

Für Ende April 1983 ist eine Plattenaufnahme mit der Richard-Strauss-Oper *Elektra* angesetzt, ein grandioses Werk an der Grenze zur völligen Atonalität – eine Lieblingsoper Tennstedts. Seine Plattenfirma EMI fährt hochkarätige Stimmen auf: Ute Vinzing für die Titelpartie, Christa Ludwig als Klytämnestra, Éva Marton als Chrysothemis. Das LPO-Orchester ist gebucht. Die erste Klavierprobe für die Hauptrollen steht an. Klaus dirigiert, doch am Ende der Probe ist sein Gesicht versteinert, wie John Willan berichtet:

> Klaus flüstert mir zu: „Ich muss mit dir reden", also gehen wir in sein Zimmer, und er:
>
> „Ich mache es nicht."
>
> „Klaus, das ist das Lustigste, was ich je gehört habe; lass uns essen gehen."
>
> „Ich mache es nicht. Die beiden Sopranpartien sind falsch herum besetzt. Éva Marton sollte die Elektra singen und Ute Vinzing die Chrysothemis."
>
> „Aber Klaus, sie singen ihre Rollen überall auf der Welt."
>
> „Mir egal, so mache ich es nicht. Sie müssen tauschen."
>
> „Okay", versuche ich mein Entsetzen zu überspielen, „überhaupt kein Problem, ich sage ihnen einfach, dass sie tauschen sollen." Er kannte die beiden nicht, er kannte Jessye Norman. Aber Marton und Vinzing hatte er nur vom Band gehört. Er ging ja generell nicht in Konzerte, auch nicht, um andere zu hören.

Was mag ihn zu diesem radikalen Kurswechsel bewogen haben? Wahrscheinlich seine intensive Erfahrung mit dieser Oper und mit Stimmen überhaupt. Tennstedt kennt *Elektra* sehr gut. Er hatte sie acht Jahre zuvor an der Kieler Oper neu einstudiert und immer wieder dirigiert. Jetzt muss er feststellen, dass die geplante Besetzung nicht seinem Ideal entspricht. Also sagt er ab. Natürlich hätte er sich die beiden Sopranistinnen vorher anhören müssen. Aber Sängerinnen dieses Kalibers kommen nicht mehr zum Vorsingen.

Möglich auch, dass Tennstedt von der Ausdruckskraft seiner Elektra (Ute Vinzing) nicht überzeugt ist. Ihr spezielles Vibrato ist durchaus nicht jedermanns Sache. In einer Kritik aus der *New York Times* von einer anderen Produktion ist zu lesen:

> Ein großer Teil des Problems lag im mangelnden Temperament der Elektra des Abends, Ute Vinzing. Sie (...) war eine Fehlbesetzung für die dämonische Figur der Rache, einfach weil sie das Dämonische nie auch nur andeuten konnte. Sie wirkte wie eine Frau von nebenan, die ein verlorenes Werkzeug sucht, und ihr abschließender Tanz der Ekstase hätte nicht einmal einen Bischof in Verlegenheit gebracht.

Éva Martons ausdrucksstarker und inniger Sopran dürfte Tennstedt viel besser gefallen haben. Nun sitzt er in der Falle. Sein Vorschlag, beide Rollen zu tauschen, ist ein verzweifeltes Manöver, um die Produktion noch zu retten. Natürlich weiß auch er, dass das nicht so einfach zu machen ist. Können wir auch nur ahnen, welche inneren Stürme in ihm toben?

Jedenfalls sind es keine Launen, sondern rein künstlerische Gründe, die ihn zur Absage bewegen. Wer will es ihm verdenken? Eine unvollkommene *Elektra* bliebe auf ewig mit seinem Namen verbunden. Nein! Solange es um Präliminarien seiner Kunst geht, ist von Unsicherheit und Dünnhäutigkeit rein gar nichts zu spüren. Er legt wie immer den höchsten Maßstab an.

Damit ist die geplante Aufnahme geplatzt. Natürlich müssen alle Sänger und Sängerinnen bezahlt werden. Immerhin kann das Orchester anderweitig eingesetzt werden. Es war für sieben Sitzungen gebucht, und so wird stattdessen die *Sechste Sinfonie* von Gustav Mahler aufgenommen.

Die letzten sieben Jahre hatte Tennstedt, der geborene Operndirigent, ausschließlich Konzerte gegeben. Nun wendet er sich wieder seinem angestammten Metier zu, der großen Opernbühne. Und wenn schon Oper, dann in einem der berühmtesten Bühnentempel der Welt, der Metropolitan Opera in New York.

Metropolitan Opera New York photo: Georg Wübbolt

## Die Met in Aufruhr

### *Fidelio* in New York 1983/84

Ludwig van Beethovens einzige Oper *Fidelio* ist für Tennstedt ein alter Hut. Bei seiner ersten Begegnung war er noch Stellvertretender Konzertmeister, 1951 bei der Wiedereröffnung des zerbombten heimatlichen Opernhauses in Halle. Zwei Jahre später dirigierte er sie bereits (Tennstedt: „*Den* Fidelio möchte ich heute nicht mehr hören"). Repertoireübernahmen in Chemnitz folgten. Als Generalmusikdirektor in Schwerin hatte er das Werk komplett neu einstudiert. Eine Oper, die ihn durchs Leben begleitete.

Jetzt nimmt er den Faden wieder auf. In New York ist Tennstedt durch seine Konzerte mit dem New York Philharmonic Orchestra längst Kult. Für die Oper habe er einfach keine Zeit, hatte er immer betont. Er wolle es auf keinen Fall so halten wie manche Kollegen. Die kämen kurz vor der Vorstellung, man begrüße sich, kläre, wie die Übergänge seien, und los geht´s. „Das ist nicht mein Stil." Nach über 30 Jahren Erfahrung mit dem Werk Beethovens hat er klare Ansprüche:

> *Klaus Tennstedt:* Um es richtig zu machen, braucht man intensive Proben mit den Sängern, Proben mit dem Orchester, Proben mit dem Chor. Und man darf sich nicht nur auf die Musik konzentrieren, sondern muss auch beachten, was auf der Bühne passiert.[34]

Und so bekommt er seine Probenwochen. Es ist allerdings nur die Wiederaufnahme einer älteren Inszenierung von Otto Schenk. Die meisten Sänger sind neu engagiert, deshalb verlangt er viele musikalische Proben. Als statt der erwarteten 60 Chorsänger nur 43 auf der Probebühne erscheinen, platzt Tennstedt zum ersten Mal der Kragen. Im Laufe der Arbeit kommt es zu einem heftigem Streit zwischen ihm und Jon Vickers, dem Sänger des Florestan. Vickers ist dafür bekannt, dass er keiner Auseinandersetzung aus dem Wege geht. Aber auch Tennstedt lässt nicht locker. Beide haben derart unterschiedliche Auffassungen über die Anlage der Rolle, dass Vickers „aus Krankheitsgründen" die komplette Produktion absagt, (es sich später aber anders überlegt und zurückkommt). Für ihn springt Edward Sooter ein, Éva Marton ist Leonore (alternierend Hildegard Behrens). In weiteren Rollen sind Roberta Peters, Matti Salminen, Franz Mazura, Aage Haukland zu erleben. Die Premiere am 14. Dezember 1983 wird mit Spannung erwartet. Für die weiteren Vorstellungen gibt es kaum noch Karten (am 17., 21., 27., 31. Dezember und am 4. und 7. Januar 1984).[35] Donal Henahan von der *New York Times* schreibt einen Tag nach der Premiere:

> Noch bevor Tennstedt den Taktstock hob, wurde ihm eine lange, leidenschaftliche Ovation zuteil. Der Jubel wiederholte sich bei jeder erdenklichen Gelegenheit: Ausdruck der Dankbarkeit des Publikums, einen der weltbesten Dirigenten erleben zu können.
>
> *Lynn René Bayley:* So wahr mir Beethoven helfe, das Publikum drehte nach der *Leonoren-Ouvertüre Nr. 3* vollständig durch. In all den Jahren habe ich noch nie ein Met-Publikum so ausrasten hören.[35a]

Die *New York Post* am gleichen Tag:

> Das war kein höflicher Beethoven. Tennstedt wirkte wie eine gewaltige Kraft, die alles niederbrach, was sich ihr in den Wege stellte, um jedem der rund 4000 Anwesenden den Geist des Komponisten zu vermitteln. Kaum jemand rührte sich am Ende. Man saß wie festgenagelt in den Sesseln, jubelte dann, applaudierte, rief Bravo.

Leider bleibt es Tennstedts einziger Ausflug auf die Opernbühne. Nicht nur auf amerikanischem Boden, auch überall sonst. Wohl hat die Met große Pläne mit ihm: Bis 1990 soll jährlich eine Opernproduktion neu herauskommen. Für den Dezember 1984 sind die Planungen für eine *Elektra* von Richard Strauss weit fortgeschritten. Doch das Projekt scheitert. Tennstedt fordert seine Wunschbesetzung, etwa Éva Marton* aus der geplatzten EMI-Produktion des Vorjahres, diesmal als Titelfigur. Das gelingt nicht. James Levine übernimmt. Wieder singt Ute Vinzing die Elektra.

> *Klaus Tennstedt:* Ich habe eine Sehnsucht nach Oper, weil ich von der Oper komme. Es ist eine Frage von Zeit. Wenn du mit den besten Orchestern der Welt arbeiten kannst, gibst du diese Zeit nicht gerne her für die Zeit, die es braucht, um eine Oper einzustudieren.

Und so wird er szenisch nicht mehr für dieses Genre arbeiten. Das ist jammerschade. Nur konzertant wird er noch die Richard Strauss-Opern *Salome* und *Elektra* in London aufführen. Einen geplanten *Don Giovanni* in Glyndebourne lässt er platzen. Längst ist er völlig kompromisslos, wenn er seine künstlerischen Vorstellungen nicht umsetzen kann.

---

*Éva Marton über Tennstedt: „Mein *Gott*, dieser Mann ist ein Genie!"

## KARAJAN ERLAUBT PLATTENAUFNAHMEN

**Berliner Philharmoniker**

Insgesamt wird Tennstedt elfmal zu diesem Orchester eingeladen, was er als außerordentliche Genugtuung empfindet. Ab 1977 dirigiert er es fast jedes Jahr für zwei bis drei aufeinanderfolgende Konzerte. Viele davon werden für die Schallplatte aufgenommen (siehe folgende Seite). Wieder ist John Willan der Produzent für die EMI.

Der Chef der Berliner Philharmoniker heißt seit gefühlten Ewigkeiten Herbert von Karajan, damals sicher der einflussreichste Dirigent Europas. Er lässt es normalerweise nicht zu, dass in seinem Repertoire und mit seinem Orchester musikalisch gewildert wird. Die Regel lautet: Plattenaufnahmen macht nur der Chef, niemand sonst. Der erste, für den der Meister diese Regel bricht, ist Klaus Tennstedt.

Herbert von Karajan Foto: Karajan-Stiftung

> *Klaus Tennstedt:* Karajan hat mir *sein* Repertoire zum Dirigieren gegeben, die *Vierte* Bruckner, auch die *Neunte* von Franz Schubert, die *Große C-Dur*. Ich bin der einzige Dirigent auf der Welt, dem er das erlaubt hat!

Doch zunächst will Karajan den Neuen kennenlernen. Peter Alward arrangiert ein Treffen.

***Georg Wübbolt:* Was hat Karajan an Tennstedt so geschätzt?**

*Peter Alward:* Der war Kapellmeister der alten Schule! Das hat auch Karajan erkannt. Dieses erste Treffen dort in Karajans Suite im Kempinski – ich war nur die erste halbe Stunde dabei –, bis morgens um drei saßen sie da und lachten und soffen und erzählten Geschichten und so weiter.

**Das heißt, die beiden mochten sich auch persönlich?**

Total, und das hat mir Karajan hinterher auch bestätigt. Irgendwie habe ich so eine Ahnung: Karajan hat in Klaus etwas gesehen, was er vielleicht selbst gerne wäre, wenn er nicht diesem Drang nach Weltruhm und Glamour verfallen wäre. Er sah in Klaus den ehrlichsten Musiker; jemanden, der da war, weil er einfach Musik machen wollte.

**Und Klaus?**

Sie können sich nicht vorstellen, wie nervös er war vor diesem Treffen. Er war in Panik. Als ich ihm sagte: „Herr Karajan möchte dich treffen", wurde er ganz aufgeregt. „Ja, warum denn?" Ich sagte: „Wir würden auch gerne in Berlin mit dir aufnehmen. Er hat deine *Erste* Mahler gehört, und er möchte wissen, was für ein Mensch du bist." Klaus war hochnervös, aber wie gesagt, die beiden mochten sich auf Anhieb. So hat ihn Karajan öfter ans Pult seiner Berliner Philharmoniker gelassen. Und wir von der EMI durften aufnehmen, was wir wollten. Klaus kam öfter nach Berlin als viele andere Dirigenten. Er hat die Prüfung bestanden. Einen Hochstapler hätte Karajan sofort erkannt.

Bevor die Plattenaufnahmen beginnen können, stellt sich die Frage nach dem Aufnahmeteam. Für Karajan ist vollkommen klar, wer das sein muss: Seine Tonmeister Michel Glotz und Wolfgang Gülich. Nur sie garantieren die Qualität, die seinen Vorstellungen entspricht. Doch Tennstedt besteht darauf, sein eigenes, vertrautes Team von der Abbey Road mitzubringen, mit Tonmeister Neville Boyling. „Wenn ich nicht", insistiert er,

***Tennstedts Plattenaufnahmen mit den Berliner Philharmonikern***

Schumann: *Konzertstück für vier Hörner* 1978
Schumann: *Dritte Sinfonie* 1978 und *Vierte Sinfonie* 1980
Wagner: Ausschnitte aus *Der Ring des Nibelungen* 1980 und aus weiteren Wagner-Opern 1982
Mendelssohn Bartholdy: *Vierte Sinfonie „Italienische"* 1980
Bruckner: *Vierte Sinfonie* 1981
Schubert: *„Große C-Dur"-Sinfonie* (die Nr. 9 nach alter Zählung) 1983

„meinen Produzenten John Willan und ein Team seiner Wahl bekomme, dann mache ich es nicht." Es ist mehr als mutig, Karajan zu widersprechen. Aber der akzeptiert.

*Georg Wübbolt:* **Tennstedt hat 25 Konzerte mit den Berliner Philharmonikern gegeben.**

*Peter Alward:* Karajan sagte sogar, er könnte sich Klaus als seinen Nachfolger vorstellen. Wie ehrlich er das meinte, sei dahingestellt. Aber wenn Tennstedt zum Chef der Berliner gewählt worden wäre, es wäre sein Tod gewesen. Er hatte einfach nicht die Kraft, körperlich und geistig, dieses Amt auszufüllen, niemals. Karajan ist 1989 gestorben, da war Tennstedt schon schwer krebskrank. Aber es hat ihn sicher gefreut, dass sein Name genannt wurde.

Die Suche nach einem Nachfolger Karajans gestaltet sich schwierig. Die Berliner Philharmoniker sind ein unabhängiges Orchester, was unter anderem bedeutet, dass sie ihren Chefdirigenten selbst wählen. Karl-Heinz Duse-Utesch, Soloposaunist, war lange Zeit Orchestervorstand und an den Nachfolgeverfahren beteiligt:

*Karl-Heinz Duse-Utesch:* Es begann mit einer geheimen Wahl. Jeder Orchestermusiker konnte in der Reihenfolge den Dirigenten nennen, der ihm am besten gefiel. Die Zettel wurden abgegeben, und dann hat eine Kommission von Juristen festgestellt, wer die meisten Punkte hatte. Das war noch geheim. Danach wurde unter uns weiterdiskutiert.

Der große Favorit war Lorin Maazel. Hierüber soll es hitzige Debatten gegeben haben. Maazel hatte vorher ein Konzert mit zwei Beethoven-Sinfonien dirigiert und darin ungewöhnliche Geigenstriche gewagt. (Er war, wie Tennstedt, selbst Geiger.) Doch die gingen den Streichern zu sehr „gegen den Strich", und deshalb wollten sie ihn nicht. Rainer Seegers, von 1984 bis 2018 Solopauker der Berliner Philharmoniker, kann das noch heute nachvollziehen:

*Rainer Seegers:* Der Mann ist zwar ein genialer Typ gewesen, aber wenn der seine fünf Minuten schlechte Laune hatte, dann war er ungenießbar. Und der Tennstedt war eigentlich immer genießbar. Ich glaube, er kam einfach nicht in Frage, weil er, wie soll ich sagen... zu fragil war. Er war einfach zu fragil für diesen Räuberhaufen hier.

Das Rennen um die Nachfolge machte schließlich Claudio Abbado, obwohl den zunächst niemand auf dem Zettel hatte.

*Karl-Heinz Duse-Utesch:* Mit Abbado hatten wir nie ein gutes Verhältnis. Ich war richtig sauer, das kann ich Ihnen laut sagen. Ich hatte mir jeden anderen Dirigenten vorgestellt.

Rainer Seegers hat Tennstedt bei einigen Konzerten erlebt. Seiner Einschätzung nach gab es im Orchester sowohl Skeptiker als auch glühende Verehrer. Pro und Contra hätten sich etwa die Waage gehalten.

*Rainer Seegers:* Er war ja berüchtigt dafür, dass er in Proben so lange nervte, bis das alles so war, wie er es wollte. Es war damals das Gegenteil von dem, was wir sonst gemacht haben, denn sonst gab´s ja kaum Proben. Die eine Hälfte des Orchesters fand es toll, dass die Stücke endlich mal wieder richtig geprobt wurden. Die andere Hälfte hätte sie lieber so gespielt, wie wir sie auch mit Karajan gespielt haben. Als der Karajan mit den Stücken angefangen hat – wenn ich den Kollegen glauben darf, die von damals erzählten –, da hat der auch geprobt ohne Ende. Aber die letzten 20 Jahre nicht mehr.

**Was war das Besondere an Tennstedt?**

Er brachte so ein Mittelding zwischen Perfektionismus und trotzdem noch Emotion. Deshalb haben sie ihn auch in Amerika geliebt. Weil man da vor allem technisch perfekt gespielt und nicht unbedingt Musik gemacht hatte. Deshalb passte das. Bis dahin gab es in Amerika eigentlich nur so Generalfeldmarschälle.

**Karajan fand ihn richtig gut.**

Ich persönlich würde ihn in die zweite Reihe einordnen, mit so Leuten wie Ozawa, Mehta, Muti, Haitink. In die erste Reihe setze ich nur Karajan und Kleiber. Und natürlich Bernstein, das war der Allergrößte.

**Aber er hat das Orchester kaum dirigiert.**

Ja, weil er mit dem Karajan nicht zurechtgekommen ist. Bernstein war der einzige, den Karajan als Konkurrenz gesehen hat. Ich selbst habe in Salzburg auf der Bühne im Festspielhaus erlebt, wie die beiden sich die Hand geben wollten, ganz theatralisch. Bernstein stand auf der einen Seite der Bühne, Karajan auf der anderen. Ist aber keiner aus der Seitengasse herausgekommen.

**Keiner wollte der erste sein?**

Keiner wollte der erste sein. Wie kleine Kinder. Und dann hat der Bernstein eben nie wieder dirigiert.

**Und was macht Kleiber so besonders?**

*Rainer Seegers:* Das Wichtigste war für mich, und das gilt auch für Tennstedt: Die waren wirklich authentisch. Sie haben diese winzigen Bewegungen gemacht, und man hat sie ihnen geglaubt. Heutzutage ist es ja so, dass die meisten Dirigenten ihre Eitelkeiten verkaufen wollen. Und so war Tennstedt und auch Kleiber eben nicht. Tennstedt hat sich nicht als theatralischer Obergott da vorne hingestellt und irgendwelche Bewegungen gemacht, damit die Leute das toll finden. Nee, der hat Musik gemacht.

| **Konzerte Tennstedt + Berliner Philharmoniker, in der Philharmonie 1977 – 1991** | |
|---|---|
| 25.+ 26.+ 27.04.1977 | Hindemith: *Klavierkonzert,* Bruckner: *Sinfonie Nr. 2* |
| 29.+ 30.04.1978 | Beethoven: *Klavierkonzert Nr. 3 op. 37;* Mahler: *Sinfonie Nr. 1 D-Dur* |
| 17.+ 18.10.1978 | *Plattenaufnahme.* Schumann: *Sinfonie Nr. 3* „Rheinische"; Schumann: *Konzertstück für vier Hörner in F, op. 8* |
| 18.- 20.+ 22.04.1980 | von Webern: *Passacaglia für Orchester op. 1;* Paganini: *Violinkonzert Nr. 1 op. 6;* *Plattenaufnahme:* Schumann: *Sinfonie Nr. 4 op. 120* |
| | *Plattenaufnahme.* Mendelssohn Bartholdy: *Sinfonie Nr. 4 op. 90 „Italienische"* |
| 07.+ 08.+ 9.10.1980 | Pfitzner: *Das Käthchen von Heilbronn, Ouvertüre*; Mozart: *Klavierkonzert Nr. 23 KV 488;* Dvořák: *Sinfonie Nr. 8 op. 88 Plattenaufnahme.* Wagner: Ausschnitte aus *Der Ring des Nibelungen* |
| 21.+ 22.11.1981 | Bach: *Violinkonzert Nr. 2 E-Dur BWV 1042.* Satz 1 und 2 (Solist: Thomas Brandis); Bruckner: *Sinfonie Nr. 8* (1. Fassung 1887) |
| 13.+ 15.+ 16.12.1981 | Beethoven: *Klavierkonzert Nr. 2 op. 19;* Bruckner: *Sinfonie Nr. 4,* (Originalfassung) *Plattenaufnahme* |
| 19.+ 20.04.1983 | Dvořák: *Violinkonzert a-Moll op. 53;* |
| | *Plattenaufnahme.* Schubert: Sinfonie Nr. 8 bzw. 9 *„Große C-Dur" D 944* |
| 13.+ 14.03.1984 | Mussorgsky: *Johannisnacht auf dem Kahlen Berge* (bearb. von N. Rimsky-Korsakow); Prokofjew: *Klavierkonzert Nr. 2 op. 16* |
| | Dvořák: *Sinfonie Nr. 9 op. 95* („Aus der neuen Welt") |
| 02.+ 05.04.1985 | **Großes Festspielhaus Salzburg.** Mozart: *Sinfonie Nr. 35 KV 385 „Haffner"*; Bruckner: *Sinfonie Nr. 4* |
| 18.+ 19.5.1985 | Philharmonie Berlin. Mozart: *Don Giovanni Ouvertüre*; Mozart: *Klavierkonzert Nr. 26 KV 537;* Mahler: *Sinfonie Nr. 4* |
| 19.+ 20.05.1991 | **Schauspielhaus am Gendarmenmarkt, Berlin.** Mahler: *Sinfonie Nr. 6 a-Moll* |
| 15.+ 16.09.1993 | ***abgesagt*** |

Zu Ostern 1985 dirigiert Tennstedt die Berliner Philharmoniker in Salzburg und ist damit der erste, der bei diesen Festspielen neben Karajan ans Pult darf. Als Hauptwerk wählt er die *Vierte Sinfonie* von Anton Bruckner. Doch ausgerechnet bei dem von ihm so verehrten deutschen Orchester glaubt er plötzlich Gegenwind zu spüren. Nahrung findet dieses diffuse Gefühl beim ersten von beiden Konzerten. Die Sinfonie beginnt mit ruhigen, punktierten Quinten im Horn. Eigentlich kein Problem, aber da sie als Solo sehr exponiert am Anfang stehen, braucht der Hornist ausgeruhte Nerven.

> *Judy Grahame:* Beim ersten Konzert hat das Horn am Anfang ein bisschen gepatzt, und das hat ihn total verunsichert. Ich glaube, das Konzert war insgesamt furchtbar – für ihn jedenfalls. Inge hat mir erzählt, dass anschließend niemand zu ihm hinter die Bühne kam. Das hat er auf seine Leistung bezogen, und das hat ihn noch mehr verunsichert. Er ist dann in seinem Hotelzimmer verschwunden. Er wollte während der drei Tage, die sie dort waren, mit niemandem sprechen. Er war so verärgert. Es tat ihm wirklich weh, dass er in Deutschland nicht so geliebt wurde wie in England oder Amerika. So merkwürdig.

> *Peter Alward:* Außerdem wurde er verrissen von den Österreichern, die fielen besonders über ihn her. Der Karajan hatte ihm angeboten, im Sommer in Salzburg die Oper *Capriccio* von Richard Strauss zu dirigieren. In der Sekunde, in der er hier verbraten wurde von der Kritik, hat er abgesagt.

Da trifft es sich gut, dass bei ihm schwere Herzrhythmusstörungen diagnostiziert werden. Ein perfekter Grund für die Absage. Wir erleben einmal mehr, wie Tennstedt seine alten Verletzungen wieder aufbrechen lässt. Das kommt einer fixen Idee sehr nahe, einem Gedanken, der ihn ständig beherrscht und gegen den er keine Mittel findet. Kein Musiker auf der Welt spielt absichtlich falsch, aber Tennstedt scheint das als weiteren Angriff auf seine Person zu verstehen. Durch eine Kleinigkeit, die er noch nicht einmal beeinflussen kann, kommt der ganze Komplex „Deutschland" wieder hoch: der Rausschmiss in Schwerin, der Ärger in Kiel, die Sticheleien beim NDR-Orchester, und jetzt auch noch die Berliner! Sie alle quellen an die Oberfläche und wühlen in den Eingeweiden. Dabei gehören solche kleinen Fehler zum ganz normalen Risiko eines Konzertabends.

> *Rainer Seegers:* Bei Karajan war es so, der hat immer alles riskiert. Der war nie nachtragend, wenn was passiert ist, wirklich

gar nicht. Und er hat auch, wenn jemand ´n Fehler gemacht hat, nicht denjenigen angepflaumt, der den Fehler gemacht hat, sondern immer alle anderen und gesagt: Hört doch zu. Mehr nicht.

Als Dirigent musst du das Risiko eingehen, dass auch mal was daneben geht. Wenn du nichts riskierst, kommt auch nichts Gutes raus. Genau das ist der Punkt.

Auch Tennstedt hat viel riskiert, und das ist nicht immer gut gegangen. Wackelige Einsätze und unpräzises Zusammenspiel finden sich durchaus in seinen Aufführungen. Da ist er weniger der Orchestererzieher als vielmehr der Brückenbauer, der den großen Bogen bei einer Mahler- und Brucknersinfonie zu zeichnen versteht. Doch Tennstedt erlangt zeitlebens nicht die Souveränität und Stabilität eines Herbert von Karajan. Er bleibt ein Gefangener seiner eigenen Unsicherheit und Empfindlichkeit.

All dies mag uns befremdlich erscheinen. Das kann es aber nur, weil niemand in dieser inneren Tennstedt-Welt lebt und sie deshalb kaum nachfühlen kann. Aber es ist diese überempfindliche und leicht verletzliche Seele, die uns diese Musik schenkt. Tennstedt muss es ertragen und ist darob nicht zu beneiden.

Die Konzerte am 19. und 20. Mai 1991 mit den „Berlinern" gehören wohl zu seinen tiefsten; sie bleiben für viele Zuhörer unvergesslich: Es ist die *Sechste Sinfonie* von Gustav Mahler im Berliner Schauspielhaus am Gendarmenmarkt. Es wird das letzte Mal sein, dass er mit diesem Orchester musiziert. Längst steht jedes Konzert unter dem Fallbeil der plötzlichen Absage. Berlins angesehener Kritiker Klaus Geitel setzt dem verehrten Maestro ein letztes Denkmal:

*Berliner Morgenpost*, 22. Mai 1991 (Auszüge)

(...) Ein Himmelfahrtskommando (einschließlich ihrer Höllenstürze) – ja auch das ist Mahlers a-Moll-Sinfonie.

Tennstedt weiß das, und er überträgt mit der Sinfonie ein Stück Lebenserfahrung auf die vor Ausdrucksbegierde geradezu fiebernden Musiker. Was herausspringt, ist eine Denkwürdigkeit: ein Weltklassekonzert, wie es sich selbst bei den Philharmonikern seit geraumer Zeit rarmacht. Dass Tennstedt nach langer, krankheitsbedingter Abwesenheit wieder ans Pult des Orchesters zurückgekehrt ist, und – wie es scheint – unter ungeheurem Zuwachs an tragischem Wissen um Mahlers Werk, lässt für die Zukunft hoffen. Man bereitete dem seltenen Gast Ovationen.

Keiner scheint mit seinem Mahler-Verständnis inzwischen tiefer in der a-Moll-Sinfonie beheimatet zu sein als Klaus Tennstedt.

Foto: Klaus Hennch/Stadtarchiv Zürich

# Gustav Mahler

„Das Beste in der Musik steht
nicht in den Noten“
*Gustav Mahler*

„Ich bin spät zu Mahler gekommen“, sagt Tennstedt in einem Interview,[36] „und ich denke, das ist vielleicht auch besser so. Mit Ausnahme von Mahlers *Erster Sinfonie* braucht man Lebenserfahrung, um ein guter Mahler-Interpret zu sein. All die Dinge, die er in seinen Werken komponiert hat – Liebe, Hass, Angst, Freude, Zynismus, all das –, kann man nicht vollständig verstehen, wenn man jung ist.“ Und an anderer Stelle: „Alle menschlichen Regungen fließen in seine Musik hinein. Er komponierte sein Leben.“

Mit diesem Leben verbindet Tennstedt sein eigenes. Er haftet seine persönlichen Erfahrungen an das Werk und lässt die Aufführung daraus entstehen. Es genügt nicht, nur die Noten genau zu spielen, die Wahrheit liegt hinter den Noten. Man muss sie für sich finden und mit dem Orchester zum Leben erwecken.

> *Kurt Masur:* Klaus war eigentlich immer ein Dirigent, dessen Phantasie manchmal größer war als die des Komponisten. Seine Klangvorstellung, seine ja manchmal auch ekstatische Art zu musizieren, war für manche Komponisten fast tödlich, für andere wie Mahler aber genau das Richtige. Er scheute sich nicht vor Übertreibungen, er scheute sich nicht vor Härten, da wo er meinte, es müsse sein. Das hat ihn meiner Meinung nach auch zu einem Mahler-Dirigenten gemacht, der eben diese Mahler´sche bohrende Musik richtig verkörpert hat. Das hat man bei ihm gespürt, er war einfach besessen davon.

Längst fließen die Erfahrungen mit den anderen Sinfonien sogar in die Interpretation der *Ersten* ein. In der *New York Times* vom 8.4.1981 lesen wir über eine Aufführung dieser Sinfonie mit dem Philadelphia Orchestra unter Tennstedt:

> Diese Aufführung packte einen an der Kehle; sie zog die Haut ab von der klanglichen Oberfläche und legte die gestörte Psyche frei, die sich bereits in Mahlers Musik abzeichnete. Alles wurde in kräftigen Farben und deutlich überhöht dargestellt. Nichts davon interessierte Herrn Tennstedt, der sich am Bizarren ergötzte und das

Werk in einer Weise an den Rand des Wahnsinns trieb, die eher an Mahlers mittlere Sinfonien als an seine erste erinnerte.

Und dann erst die *Zweite Sinfonie*! Noch sind die Reaktionen verhalten bei der Studioaufnahme von 1981. Die Aufnahme von 1989, diesmal Live, löst dann allerdings Kommentare aus, die Tennstedt als einen der größten und am meisten unterschätzten Dirigenten der Welt in den Olymp heben. Auszug aus der *YouTube-Community* zu dieser Sinfonie:

> *Onehe30:* Ich war bei dieser Aufführung in der Royal Festival Hall dabei. Es war ein überwältigendes und transzendentales Erlebnis, das auch heute noch, mehr als 30 Jahre später, in mir lebendig ist. Die elektrisierende Atmosphäre, die totale Hingabe, die bei jeder Bewegung Tennstedts zu spüren war, ist unvergesslich. Ich höre mir [diese Aufnahme] immer wieder an. Es gibt viele großartige und gute Aufführungen dieses Meisterwerks, aber als einmalige Erfahrung ist diese unvergleichlich und unübertroffen.
>
> *TheLastOfTheFinest80:* Ich finde es kriminell, wie sehr Klaus Tennstedt unterschätzt wird.
>
> *Neil Simon:* Ich glaube nicht, dass ihm heute jemand das Wasser reichen kann.
>
> *eugenio mota:* Das ist ohne jeden Zweifel die beste Aufführung, die ich je auf CD oder live gehört habe, und ich besitze etwa 80 verschiedene Versionen dieser einzigartigen Symphonie.

## Die *Sechste Sinfonie*

„Der muss einen an der Gurgel haben, wenn man den richtig dirigieren will“, so Tennstedt über Mahler, „sonst kriegt man ihn nicht zu fassen.“[37] Er selbst bezeichnet die *Sechste Sinfonie* als seine Lieblingskomposition. Mit diesem Werk feiert er weltweit überwältigende Erfolge.

In einem Interview[38] nennt Tennstedt die *Sechste* „terrible“, was mit „schrecklich“ oder „grauenhaft“ übersetzt werden kann. Es kann aber auch „furchterregend“ und „ungeheuerlich“ bedeuten, wenn er sagt:

> Die *Sechste* ist ein furchtbares Ding [a terrible thing]. Furchtbar. In dieser Sinfonie war Mahler ein Prophet. Natürlich wusste er nichts von den Kriegen, die noch kommen sollten. Aber während seiner Zeit in Wien erlebte er die Anfänge der Judenverfolgungen – er sah die Steine, wie sie durch die Scheiben der jüdischen Geschäfte

flogen –, und irgendwie fühlen wir, wie er die Zukunft vorhersagt. Man höre nur den Marsch im ersten Satz. Mahler liebte Märsche, die böhmischen, die ungarischen, die österreichischen Märsche. Er liebte die Musik der Militärkapellen. Er ist mit diesen Klängen aufgewachsen, und wir hören sie in allen Sinfonien. Der fröhliche Marsch des Sommers in der *Dritten*, dann der erste Satz der *Siebten* und die Trauermärsche in der *Zweiten, Fünften* und *Neunten Sinfonie* – sehr langsam, sehr ernst. Aber nie so wie in der *Sechsten*, nie.

Das Zitat beweist, dass Tennstedt die Mahler-Literatur, wie übrigens auch die Biografien anderer Komponisten, sehr genau studiert hat. Er ist überzeugt: Um den Gehalt ihrer Musik zu verstehen, muss man ihr Leben kennen. So erzählt Alma Mahler von dem Tag, an dem ihr Mann ihr seine *Sechste* auf dem Klavier vorspielte.

*Alma Mahler:* Keines seiner Werke kam so direkt aus seinem innersten Herzen wie dieses. Wir beide weinten an dem Tag. Die Musik und was es vorhersagte, berührte uns zutiefst.[39]

Als Mahler 1904 seine Komposition vollendet, steht er rein äußerlich auf dem Höhepunkt seiner Karriere: Er ist Direktor der Wiener Hofoper, damals wohl das bedeutendste Opernhaus der Welt. Sowohl szenisch als auch musikalisch reißt er Verkrustungen und Schlendrian des Opernbetriebs auf und bringt erfrischenden Wind in die Aufführungen. Als Komponist ist er hoch angesehen, und auch privat gehören diese Jahre zu den glücklichsten seines Lebens. Gerade ist seine zweite Tochter zur Welt gekommen. Die Liebe zu seiner Frau Alma scheint ungetrübt. Und doch komponiert er ein Werk des drohendem Weltuntergangs, ein symphonisches *Dies Irae*. Auch die kummervollen *Kindertotenlieder* werden in diesem Jahr vollendet.

Wenig von dieser glücklichen Zeit ist in der *Sechsten Sinfonie* zu spüren. Im ersten Satz ist die Liebe zu Alma – dargestellt in einem lyrischen Thema – das einzige Licht in einer Umgebung von rhythmischer Brutalität. „Heftig, aber markig“ ist der Satz überschrieben. Es gibt wenige Inseln der Ruhe, wenn etwa mit Celesta, mit Glockenspiel und Herdenglocken eine zauberische Sphäre aufleuchtet, in reinster Luft und Bergeshöhen, vielleicht die Vision einer anderen, besseren Welt. Doch immer wieder bricht die martialische Grundstimmung durch. Tennstedt über den Anfang:

Das ist ein deutscher Marsch, ein Nazi-Marsch, ein schrecklicher Kriegsmarsch. Eine Vorahnung.[38]

Der zweite Satz, ein Scherzo, hat überhaupt nichts Scherzhaftes. Tennstedt nennt ihn die „furchtbare Karikatur eines Ländlers", und so entwirft er ein klingendes Schreckensgemälde à la Hieronymus Bosch.

Die Große Trommel schlägt dumpf. Die Pauke setzt ihre Betonung gegen den Schwerpunkt. Die Tuba nimmt uns mit in die Katakomben der schwärzesten Klangfarben. Das Xylophon gemahnt an den knochen-klapprigen „Freund Hein", den Sensenmann. Häufige Taktwechsel stören den Fluss. Der Boden schwankt unruhig wie ein Kahn auf kabbeligem Wasser. Bei Ziffer 79 hören wir, dass „mit einem Holzstäbchen auf dem Holzrand der Trommel geschlagen" wird, wie es in der Partitur heißt. Doch bei Tennstedt mutiert dieses Stäbchen zur Rute. Sie schlägt immer härter, immer unerbittlicher. In der letzten Aufnahme von 1991 spürt man die Prügel wie auf den eigenen Leib. Und immer wieder, nach scheinbarer Ruhe, speit ein Vulkan sein Feuer. Auf dem Höhepunkt dieser kleinen Horrorshow glissieren die Streicher einen Geisterhauch herbei (um Ziffer 83). Das kräftig geschlagene Tamtam soll uns endgültig in Todesfurcht versetzen. Die Oboen („Schalltrichter auf! grell") und die gestopften Trompeten vervollständigen das schreckensstarre Gebilde, bis es mit den schwarzen Tönen der Bassklarinette und des Kontrafagotts endgültig in den Orkus hinabsteigt.

Gustav Mahler

Welch ein Kontrast dazu der dritte Satz! „Zart, aber ausdrucksvoll" verströmen die Geigen – Tennstedts ureigenes Instrument – das Fest der Liebe:

> *Klaus Tennstedt:* Der dritte Satz ist ein Wunder. Für mich ist das der einzige langsame Satz von Mahler ohne Ungewissheit – ohne kontrastierende Unterströmung. Dieser Satz ist Liebe, sonst nichts. Keine Karikatur, kein Zynismus. Liebe. Ich weiß es nicht, aber vielleicht, nur vielleicht, hätte Mahler gerne zu Alma gesagt: „Entschuldige für die anderen drei Sätze..."

Der vierte Satz schließlich ist ein Höhepunkt der europäischen Orchesterliteratur. Er ist besonders markant durch seine Hammerschläge. Sie gaben und geben Anlass zu vielen Spekulationen. Sie mögen für das *Fatum* stehen, für brutale Schicksalsschläge, erlittene oder befürchtete. Alma Mahler sah in ihnen die Antizipation des Todes ihres Kindes Maria Anna, das im Alter von vier Jahren starb, und der Angst ihres Mannes wegen seiner Herzprobleme. Mahler selbst äußerte sich dazu nicht weiter, nur so viel: Die Sinfonie werde „Rätsel aufgeben". Tennstedt bezieht diese „negativen Höhepunkte" auf sich selbst: auf den Tod seiner Tochter Heidi und die nicht verblassende Sorge um seine Gesundheit.

> *Klaus Tennstedt:* Die *Sechste Sinfonie* ist für das Orchester die anstrengendste. Am Ende ist das Orchester nass *[er schnauft].* Und müde, wissen Sie, aber das ist nicht das Problem. Das Problem ist, diese verschiedenen Dinge zu interpretieren, viel mehr als in anderen Mahler-Sinfonien. Seine Ideen sind manchmal verrückt. Und die Harmonik ist nicht so klar, oft sehr dissonant, es gibt viel extreme Polyphonie. Bei anderen Sinfonien ist es wichtig, eine gute Balance zwischen Emotion, also Herz, und Intellekt zu finden. Aber in dieser Sinfonie braucht man mehr Herz. Sie müssen spielen wie Teufel und Engel. Sie müssen übertreiben, fast die ganze Sinfonie lang. Man kann sich nie entspannen in diesen 80 Minuten. Das ist unglaublich anstrengend für das Orchester, für mich und für das Publikum.[40]

Seit bei Tennstedt der Kehlkopfkrebs diagnostiziert wurde, ist seine Interpretation der Sinfonie härter, rauer geworden. Er geht noch mehr ins Extreme. Von allen Mahler-Sinfonien hat er diese *Sechste* in seinem Leben am häufigsten dirigiert. Eine ständige Auseinandersetzung mit den unendlichen Tiefen der Seele und schließlich mit dem eigenen Ende.

## Die *Achte Sinfonie*

Den ersten Versuch, diese gewaltige *Sinfonie der Tausend* für die Compact Disc einzuspielen, unternimmt Tennstedt 1986. Geplant ist eine reine Studioproduktion. Doch kein Studio ist groß genug, um die Instrumentalisten und vielen hundert Sänger aufzunehmen. Man weicht in die Stadthalle von Walthamstow aus, einem Stadtteil im Nordosten Londons.

Zunächst sieht es tatsächlich so aus, als würde Tennstedt an diesem gewaltigen Berg scheitern. Angst und Ehrfurcht vor dem Werk sitzen ihm tief in den Knochen. Ein Großteil der ersten Sitzung vergeht mit Proben an Details, ohne dass auch nur eine einzige brauchbare Passage herauskommt. Unsicherheit, Nervosität, die sich überträgt. Später läuft es zwar besser, aber ganz zufrieden ist Tennstedt mit dem Ergebnis nicht: „Diese Arbeit ist so schwierig – 750 Spieler, und nur ein Stab, um sie alle zu kontrollieren."[41] Spätestens jetzt wird ihm klar, dass die Aufzeichnung eines Live-Konzerts so viel besser wäre. Das Fazit nach dieser Studioerfahrung mit der Mahler-*Acht* lautet: „Nie wieder!"

> *Klaus Tennstedt:* Alles live! Ja, man wird älter, man hat immer mehr Erfahrung – und das ist der Punkt bei Mahler. Ein junger Mann – pah! Vergiss es! Das nur zu dirigieren ist natürlich leicht. Aber den Geist, das Herz, den Intellekt einzubringen, all das ist bei Mahler so wichtig, weil er sein eigenes Leben komponiert hat.

Gut vier Jahre später nimmt sich Tennstedt die gewaltige *Achte Sinfonie* ein zweites Mal vor. Doch diesmal muss es live sein. Am 27., 28. und 30. Januar 1991 wagt er noch einmal den logistischen Kraftakt für diese Sinfonie – trotz angeschlagener Gesundheit. Im vergangenen Herbst war bei ihm eine Diabeteserkrankung diagnostiziert worden. Wieder hatte er viele Konzerte absagen müssen. Jetzt aber spürt er, dass seine Kräfte wieder zurückkehren. Die geplante Fernsehaufzeichnung durch die BBC soll eine der ersten im brandneuen *High-Definition*-Standard sein. Noch müssen die Kameras dafür aus ganz Europa zusammengetrommelt werden. Produzent der federführenden BBC ist Donald Sturrock, der das Projekt maßgeblich mit auf den Weg gebracht hat.

Das Mahler-Gesamtpaket
Foto: Konrad Bockemühl

> *Donald Sturrock:* Klaus sagte: „Ich würde die Mahler-*Acht* wirklich gerne live aufführen." In London macht man das normalerweise in der Royal Albert Hall, weil dort so viel Platz ist. Aber wir wollten sie in der Royal Festival Hall aufführen, wo sie noch nie gespielt wurde. Doch plötzlich

kündigte das Philharmonia Orchestra an, ihre *Achte* Mahler ebenfalls in der Festival Hall aufführen zu wollen, unter der Leitung von Giuseppe Sinopoli.

***Georg Wübbolt:* Was hatte das zu bedeuten?**

Da gibt es eine amüsante kleine Geschichte: Es hieß, der Saal sei nicht groß genug.

**Wegen der vielen Chöre und acht Solisten...**

...und wo man die platziert. Also schickte Klaus seine Frau, um sich die Sinopoli-Mahler-*Acht* anzusehen und anzuhören. Inge ging verkleidet hin und setzte sich in den hinteren Teil des Saales, um nicht erkannt zu werden. Bei Sinopoli saßen alle Sängerinnen und Sänger vorne, zu beiden Seiten von ihm.

**Ganz konventionell.**

Als Inge zurückkam und ihm davon erzählte, machte er es anders und platzierte die Solisten im hinteren Teil des Orchesters vor dem Chor. Er wollte sie alle sehen können.

**Sind die Sängerinnen und Sänger damit zurechtgekommen?**

Julia Varady, eine der Solosopranistinnen, hatte in einer Probe einen ziemlichen Wutanfall. In der Pause ist Klaus zu ihr und hat sie irgendwie beruhigt. Danach kam sie wie ein Kätzchen heraus, und ich erinnere mich, dass ich Klaus scherzhaft fragte: „Was hast du zu ihr gesagt?" und er grinste mich nur an: „Ach, ich weiß, wie Sängerinnen ticken." Da konnte ich mir Klaus als Operndirigenten vorstellen.

Ich erinnere mich, dass Kenneth Riegel, der Tenor, nach dem ersten Abend wie in einem Rausch war. Er kam mit Tränen im Gesicht auf mich zu und sagte: „Ich habe mein ganzes Leben auf diese Aufführung gewartet. Ich habe es unter Bernstein gesungen, aber das hier ist wirklich eine andere Liga." Er war richtig in Ekstase. Für Klaus war es wahrscheinlich einer der größten Höhepunkte seiner gesamten Karriere.

Es gibt Musiker und erst recht Dirigenten, denen das einmalige Feuer eines Live-Konzerts weit mehr liegt als die manchmal quälend präzise Arbeit bei einer Studioaufnahme. Tennstedt gehört sicher dazu. Er ist nicht der Mann des Stückwerks, des abschnittsweisen Musizierens. Er braucht den großen Bogen eines ganzen Satzes, einer ganzen Sinfonie, um aus dem Moment heraus die gesamte Form mit seinen Höhepunkten und Rückzügen zu erspüren. Es liegt ihm nicht, einzelne Passagen herauszugreifen und Takt für Takt zu wiederholen. Denn was davor ist und was danach kommt, bestimmt das Ganze. Allerdings war es ein langer Weg, bis er und seine Mitstreiter dies erkannten und nur noch Mitschnitte von Live-Konzerten akzeptierten. Auch bei Studioaufnahmen ließ er gerne mal fünfe gerade sein. Bei instrumentalen Ausrutschern weigerte er sich oft, solche Stellen zu wiederholen. „Wissen Sie eigentlich, wie schwer das zu spielen ist?“ fragte er einmal, „lassen Sie es so, wie es ist!“[42] Ähnliche Erfahrungen machte auch Bill Schrickel, Kontrabassist des Minnesota Orchestra:

> *Bill Schrickel:* Bei seinen Studioaufnahmen gab ihm jemand anderes *Feedback*. Das ist viel mehr wie die Zusammenarbeit mit einem Ingenieur, der eine bestimmte technische Perfektion anstrebt. Das stand bei seinen Konzerten nicht im Vordergrund. Was man hörte, war eine überwältigende emotionale Perfektion, die ich wohl nie wieder erleben werde.

> *Rachel Masters, Harfenistin, LPO:* Ich hasse es, für Aufnahmen zu spielen. Ich finde, es ist sehr hinderlich für die Musik. Spielt live! Geht nicht ins Studio, nein! Das ist überhaupt nicht dasselbe.

Peter Manning war Konzertmeister in verschiedenen Londoner Orchestern. Er beschwört den einzigartigen Moment des Erschaffens aus einem Guss.

> *Peter Manning:* Klaus' Vision einer Aufführung, zum Beispiel Mahlers *Sechster Sinfonie,* kam der menschlichen und künstlerischen Perfektion von Live-Musik so nahe, wie ich es in meinem ganzen Leben noch nicht wieder gehört habe. Aber das ist nicht wiederholbar. Es ist... flüchtig, das ist das Wort. Und Aufnahmen können dieses Gefühl nicht einfangen, niemals! Also, was auch immer

zur Hölle das ist, was auch immer diese elektrische Spannung ist, es ist flüchtig. Und Klaus hat das verstanden.

Das ist, was mich an der Musik am meisten interessiert. Denn der ganze Rest ist aufbereitete Supermarktmusik. Das ist nicht wirklich interessant; es ist gut für die Marke, für den Verkauf, aber es ist nicht gut für das Live-Musizieren. Die Musiker, die Klaus zuhörten, hat er für immer verändert.

Beim Abhören Foto: Peter Alward (2. von links)

In gewisser Weise kehrt die Musikaufzeichnung damit zu ihren Anfängen zurück. In den jungen Jahren der Tonträgerindustrie gab es nur den einzigen Durchlauf, und der musste „sitzen". Noch kam niemand auf die Idee, ein Band mit der Schere zu durchschneiden und verbesserte Teile einzukleben. Das sollte sich bald ändern. Der Perfektionismus einer makellosen, weil kräftig „geschnittenen" Aufnahme kam nach dem Zweiten Weltkrieg so richtig in Schwung. Plattenfirmen wie die Deutsche Grammophon, EMI, Decca und ihre Tonmeister gingen dazu über, Musikaufnahmen so lange zu bearbeiten, bis auch der letzte Fehler beseitigt war. Der Tonmeister wurde bald zum wichtigsten Vertrauten des Dirigenten, auch wenn er meist im Hintergrund blieb. Ein Mann wie Georg Solti war dafür ideal: „Noch einmal, noch einmal und noch einmal" war seine Devise. Manchem alten Hasen wie Hans Knappertsbusch ging das zu weit: „Das hören die Leute sowieso nicht", meinte er lapidar und hatte damit wohl recht. Sein Dirigentenkollege Otto Klemperer sagte nach Abhören einer ersten Plattenaufnahme zu seiner Tochter: „Lotte, ein Betrug!"

Bei der Nachbearbeitung der *Achten* Mahler von 1991 macht Donald Sturrock eine ungewöhnliche Entdeckung. Von den drei Live-Konzerten waren die ersten beiden aufgezeichnet worden. Normalerweise würde man sich die besten Stellen heraussuchen und zwischen den Aufnahmen hin- und herspringen. Aber es wird schnell klar, dass das hier nicht möglich ist.

*Donald Sturrock:* Jedes der drei Konzerte war anders! Sie unterschieden sich erheblich im Tempo, im Rhythmus, manchmal sogar in Bezug auf die Höhepunkte. Ich dachte, es ist fast unmöglich, die eine Aufführung in die andere zu schneiden. Denn man würde den *Flow* zerstören, den er jedes Mal von Anfang bis Ende hatte. Das hat mich wirklich fasziniert. Er war ein Dirigent, der es irgendwie schaffte, eine Aufführung wie aus einem Guss entstehen zu lassen. Es war nichts, was man genau vorhersehen konnte. Es war wie etwas, das heraufbeschworen wurde. Es wurde geboren und kam in dem Moment organisch ins Leben.

## LONDON PHILHARMONIC ORCHESTRA – Zwei
**Chefdirigent 1983–87**

London gilt vielen als kultureller Nabel der Welt, mit einem beeindruckenden Ensemble an Museen, Konzerthäusern, Theatern und Musicals. Welche andere Stadt kann schon mit einer ganzen Handvoll international renommierter Orchester glänzen, die alle nebeneinander ihr Publikum finden? Eines davon ist das London Philharmonic Orchestra (LPO).

Ähnlich wie die Berliner Philharmoniker organisiert sich das LPO selbst und bestimmt auch seinen Chefdirigenten, ohne dass ihm jemand dazwischenfunken könnte. Doch damit enden die Gemeinsamkeiten, denn die Londoner müssen sich ihre Existenz zu einem großen Teil selbst verdienen. Zu diesem Zeitpunkt besitzt jeder Stammspieler einen Anteil an der „Firma" London Philharmonic Orchestra Ltd (GmbH). Es gibt eine komplexe Verfassung, die zum Beispiel regelt, dass bis auf den Konzertmeister und seinen Stellvertreter alle Musiker gleich viel verdienen. Spielt das Orchester nicht, verdient es auch kein Geld. Zwar werden neuerdings rund 20 Prozent

Das London Philharmonic Orchestra mit Klaus Tennstedt Foto: LPO

des Budgets durch Subventionen gedeckt, doch bei der Auswahl der Auftraggeber dürfen sie nicht zimperlich sein. Ob Pop-Event, Filmmusik oder klassisches Sinfoniekonzert – heute sogar der Soundtrack für Computerspiele –, alles muss her. Damit hat es von allen Londoner Orchestern die meisten Auftritte im Jahr, die Tourneen sind dichter getaktet, gewerkschaftliche Regeln spielen eine weniger dominante Rolle. Das bedeutet manchmal eine Sieben-Tage-Woche mit zwei Diensten am Tag. Da bleibt kaum Zeit zum Üben.

Seit dem Sommer 1979 ist Georg Solti Chef des Orchesters. Doch schon nach relativ kurzer Zeit verdüstert sich die Atmosphäre zwischen ihm und den Musikern. Er beschließt, das Londoner Orchester abzugeben und sich ganz auf Chicago zu konzentrieren. Da liegt es nahe, dem Principal Guest Conductor die Nachfolge anzubieten. Das Orchester wählt Tennstedt mit der Spielzeit 1983/84 einstimmig und sehr erleichtert zu seinem neuen Chef. Was folgt, ist ein Feuerwerk an Konzerten. Stürmische Jahre, in denen Klaus die Herzen seiner Musiker und des Londoner Publikums erobert.

In den folgenden Spielzeiten absolviert er einen beeindruckenden Strauß an Konzerten. Das meiste davon muss er nicht neu erarbeiten. Neben den deutsch-österreichischen Klassikern und Romantikern gehören dazu auch Komponisten wie Kodály, Mussorgski und Messiaen. Er schöpft aus dem Fundus eines 30-jährigen, fanatisch arbeitsreichen Dirigentenlebens. Und es gibt erstaunlich wenige Absagen. Hier ein Überblick über die ersten drei Jahre als Chefdirigent des LPO:

**Konzertprogramme** Klaus **Tennstedt - Principal Conductor LPO 1983/84** **Teil 3**

| | |
|---|---|
| 19.+20. Sept. 1983 | Beethoven: *Sinfonie Nr. 8*, und Beethoven: *Sinfonie Nr. 9* (Anne Sophie von Otter et al.) |
| 21.+22. Sept. 1983 | STUDIO - Brahms: *Sinfonie Nr. 1*; Abbey Road Studios |
| 22.+23., 26. Sept. 1983 | STUDIO - Kodály: *Háry János Suite;* Prokofjew: *Leutnant Kijé*; Abbey Road Studios, London |
| 27. Sept. 1983 | Mussorgski: *Nacht auf dem Kahlen Berge*; Tschaikowsky: *Klavierkonzert* (Ivo Pogorelich); Strauss: *Also sprach Zarathustra* |
| 6. Febr. 1984 | Mozart: *Ouvertüre Zauberflöte*; Beethoven: *Klavierkonzert Nr. 3* (Annerose Schmidt); Brahms: *Sinfonie Nr. 4* |
| 12. Febr. 1984 | Strawinsky: *Petruschka*; Orff: *Carmina Burana* |
| 16. Febr. 1984 | Messiaen: *Oiseaux Exotiques*; Prokofjew: *Klavierkonzert Nr. 3* (Peter Donohoe); Tschaikowsky: *Sinfonie Nr. 6 „Pathetique"* |
| 19. Febr. 1984 | Haydn: *Die Schöpfung* (u.a. Lucia Popp) |
| 20. März 1984 | Mozart: *Sinfonie Nr. 35 (Haffner)*, Mahler: *Sinfonie Nr. 5* |
| 29. März - 21. April 1984 | **Hongkong- und Japan-Tournee**, 12 Konzerte in 13 Tagen (siehe Extra-Kapitel) |
| 7. Mai 1984 | Wagner: *Venusberg*, aus Tannhäuser; *Tristan und Isolde, Vorspiel und* |

*Liebestod; Götterdämmerung: Siegfrieds Rheinfahrt, Trauermarsch* und *Immolation Scene / Opferung* (u.a. Jessye Norman)

10. Mai 1984 Walton: *Ouvertüre Portsmouth Point*; Haydn: *Cellokonzert* (Heinrich Schiff); Bruckner: *Sinfonie Nr. 7*

11.+12. Mai 1984 STUDIO – Beethoven: *Sinfonie Nr. 6* und *Nr. 8; Geschöpfe des Prometheus; Egmont; Leonore No. 3*; Abbey Road Studios

Dez. 1982 +25.Aug. 1984 STUDIO – Mahler: *Das Lied von der Erde* (Agnes Baltsa, Klaus König), Abbey Road Studios

**Principal conductor LPO 1984/85: Klaus Tennstedt**

19.+20. und 23.-25. Aug. 1984 STUDIO – Brahms: *Ein deutsches Requiem* (Jessye Norman, Jorma Hynninen); Abbey Road Studios, London

26. August 1984 Mozart: *Serenade KV 388*; Brahms: *Ein deutsches Requiem* (Lucia Popp, Thomas Allen)

27.+29. Sept. 1984 Brahms: *Klavierkonzert Nr. 2* (Maurizio Pollini); Beethoven: *Sinfonie Nr. 3 „Eroica"*

4. Okt. 1984 Schubert: *Sinfonie Nr. 8 „Unvollendete"*; Mendelssohn Bartholdy: *Klavierkonzert* (Maya Weltman); Dvořák: *Sinfonie Nr. 9*

7. Okt. 1984 von Weber: *Oberon-Ouvertüre*; Schumann: *Klavierkonzert* (Jorge Bolet); Schubert: *Sinfonie Nr. 9, „Große C-Dur"*

14. Okt. – 9. Nov. 1984 **USA-Tournee,** 18 Konzerte an 17 Orten (siehe Extra-Kapitel)

5. Febr. 1985 Beethoven: *Klavierkonzert Nr. 4* (Alfred Brendel); Bruckner: *Sinfonie Nr. 4* 12. Febr. 1985 Mozart: *Sinfonie Nr. 41 „Jupiter"*; Mahler: *Sinfonie Nr. 1*

20. Febr. – 2. März 1985 **Australien-Tournee.** 8 Konzerte in 15 Tagen (siehe Extra-Kapitel) Leeuwin Estate Margaret River (Weingut), Perth, Melbourne, Sydney, Brisbane; Co-Dirigent: Avi Ostrowsky, Solist: Igor Oistrach

1. Mai 1985 Britten: *Sea Interludes*, aus *Peter Grimes*; Beethoven: *Klavierkonzert Nr. 4* (Cecile Ousset); Strauss: *Also sprach Zarathustra*

2. Mai 1985 STUDIO – Brahms: *Schicksalslied op. 53*; Abbey Road Studios

5. Mai 1985 Beethoven: *Sinfonie Nr. 6 „Pastorale" & Nr. 7*

12. Mai 1985 Wagner: *Rienzi-Ouvertüre*; Beethoven: *Klavierkonzert Nr. 3* (Solist: Radu Lupu); Janáček: *Glagolitische Messe*

**Principal conductor LPO 1985/86: Klaus Tennstedt**

13. Sept. 1985 Mozart: *Sinfonie Nr. 41 „Jupiter"*; Beethoven: *Sinfonie Nr. 9*

18. Sept. 1985 Verdi: *Requiem* (u.a. Julia Varady, Waltraud Meier)

29. Sept. 1985 Andrew Litton ***ersetzt Tennstedt***. Brahms: *Violinkonzert* (Kyung-Wha Chung); Tschaikowsky: *Sinfonie Nr. 5*

3. Febr. 1986 Vladimir Ashkenazy ***ersetzt Tennstedt***. Schumann: *Manfred-Ouvertüre*; *Klavierkonzert* (Radu Lupu); Strauss: *Ein Heldenleben*

18. März 1986 Mahler: *Sinfonie Nr. 6*

23. März 1986 Strawinsky: *Feuervogel-Suite* (1919); Orff: *Catulli Carmina*

25. März 1986 Kodály: *Háry János Suite*; Liszt: *Klavierkonzert Nr. 2* (Jon Kimura Parker); Mahler: *Sinfonie Nr. 2* (Teresa Cahill)

20.-24. April 1986 STUDIO - Mahler: *Sinfonie Nr. 8*; Solisten: Elizabeth Connell, Edith Wiens, Felicity Lott, Trudeliese Schmidt, Nadine Denize, Richard Versalle, Jorma Hynninen, Hans Sotin; Walthamstow Town Hall

| | |
|---|---|
| 4. Mai 1986 | R. Strauss: *Der Bürger als Edelmann; Orchesterlieder* (Jessye Norman): *Cäcilie, Zuneigung, Wiegenlied, Ruhe meine Seele, Meinem Kinde,* Schlussszene aus *Salome* |
| 7. Mai 1986 | Brahms: *Klavierkonzert Nr. 2* (Solist: Peter Donohoe); *Sinfonie Nr. 4* |
| 12. Mai 1986 | Beethoven: *Leonore III Ouvertüre; Violinkonzert* (Solist: Shlomo Mintz); *Sinfonie Nr. 5* |

Anderthalb Jahre nach Tennstedts Ernennung zum Chefdirigenten gerät das Management des Orchesters in eine schwere Krise. Zu lange hatten sich Probleme aufgestaut und waren nicht gelöst worden. Auch auf Betreiben Tennstedts wird John Willan zum 1. April 1985 als neuer Geschäftsführer eingestellt. Beide kennen sich bestens seit 1977 von den Plattenaufnahmen mit der EMI. Daraus hat sich eine tiefe und vertrauensvolle Freundschaft entwickelt.

Willan hat die Aufgabe, das Orchester künstlerisch und finanziell auf eine sichere Basis zu stellen. Er holt finanzkräftige Sponsoren ins Boot und bricht verkrustete Strukturen auf. Er gewinnt große Dirigenten exklusiv: Bernard Haitink, Zubin Mehta, Riccardo Muti, Simon Rattle, Wolfgang Sawallisch, um nur einige zu nennen. Niemand hat mehr Lebenszeit mit Klaus Tennstedt verbracht als dieser Manager (Inge natürlich ausgenommen). Er und Judy Grahame – die beiden waren damals noch verheiratet – werden so etwas wie die zweite Familie von Klaus und Inge. Auch das ist ein tieferer Grund dafür, dass der Deutsche London als seine eigentliche künstlerische Heimat, als seinen geistigen Lebensmittelpunkt empfindet. John Willan über seine Wandlung vom Skeptiker zum besten Freund:

***Georg Wübbolt:* Wann hat sich Ihre Meinung über Klaus geändert?**

*John Willan:* Bei der Aufnahme von Prokofjews *Leutnant Kijé*. Das war eigentlich nicht sein Ding, und ich war sehr besorgt. Es erforderte eine absolute Präzision, die ich ihm nicht zutraute. Aber was für ein gewaltiger Irrtum! Er hat mir den Atem geraubt. Als wir dann eine fantastische Aufnahme nach der anderen machten, wusste ich, dass ich mit einem großen Künstler zusammenarbeite.

Bei ihm gibt es vom ersten Takt an eine Magie, die Spieler und Publikum gleichermaßen packt, und trotz seines schlechten Englischs bekommt er genau das, was er will. Wie er das schafft? Sein Schlag ist unpräzise, seine Gesten unbeholfen – die Musiker nennen ihn „den verrückten Storch" – und manchmal schleudert er seinen Taktstock ins Orchester.

**Was ist Ihnen noch aufgefallen?**

Er hasste Kritiker. Er wollte ständig gelobt werden, wie ein kleiner

Kurt Masur, John Willan, Klaus Tennstedt Foto: Judy Grahame

Junge. Er erwartete, dass das Orchester ihn liebt, dass das Publikum ihn liebt, dass alle ihn lieben. Ein bisschen schrullig und nicht sehr intelligent. Ich glaube auf jeden Fall, dass er ein unsicherer Mensch war. Die meisten Leute dachten, er sei ein brillanter Dirigent. In Wirklichkeit war er ein Bauer. Er kam von irgendwo her, er war ungebildet, er kleidete sich schlecht, wenn auch furchtbar teuer. Er ging immer in London zu Harrods und gab ein Vermögen für Kleidung aus, aber es passte nie zusammen. Schrecklich. Aber für mich war er einfach Klaus.

Wir sprachen oft über Sex. Er war ein sehr sexbetonter Mann. Nicht auf eine unanständige Weise. Für ihn war es wie eine sehr anspruchsvolle Kunstform, der Sex. Trotzdem war er sehr abhängig von Inge. Ich glaube, er hat sie sehr schlecht behandelt. Er war nicht darauf aus, fies zu sein. So war er einfach. Wir waren eine Woche zusammen, sind samstags essen gegangen, und er lässt sie im Auto sitzen. Und sie macht es!

**Warum hat sie das mitgemacht?**

Ich glaube, sie war verzweifelt in ihn verliebt. *Er* musste nichts tun, *sie* hat alles für ihn getan. Ich war ja oft mit ihr zusammen, und mein Eindruck war: Sie ist morgens aufgestanden und hat Klaus´ Leben organisiert. Sie war bei fast jedem Konzert dabei, bei jeder

Fotos: Klaus Hennch/Stadtarchiv Zürich, 1980

Probe. Alles, was er gemacht hat, hat sie für ihn gemacht. Ich fand es erstaunlich, das zu beobachten. Ich weiß nicht, ob sie so überzeugt von ihm als Musiker war oder ob sie ihn einfach nur liebte. Ich vermute, dass sie ihn absolut verehrte.

**Haben Sie die Wand mit den Auszeichnungen in ihrer Wohnung in Heikendorf gesehen?**

Natürlich. Ich glaube, er war in gewisser Weise ziemlich egozentrisch. Das war so: Der Klaus ist das Wichtigste auf der Welt. Aber auf eine nette Art und Weise. Er war wie ein kleiner Junge, er brauchte sein Lob *[klopft sich auf die Schulter]* vom Lehrer, und er war ziemlich stolz, dieses Auto mit dem Engel drauf *[den Rolls-Royce]* zu zeigen.

Ich war sehr oft in Heikendorf. Meistens saßen wir in der Küche. Inge machte etwas zu essen. Klaus hatte seine Zigaretten auf dem Heizkörper ausgebreitet *[legt sie mit der Hand aus]*, um sie zu trocknen. Und dann hat er eine Zigarette nach der anderen geraucht, ein Bier nach dem anderen, und wir haben geredet, und wir haben geredet, und wir haben geredet, über das Orchester, wann er dirigieren sollte, über das Repertoire. Ich wollte wirklich, dass er arbeitet. Ich ging alle zwei Monate zu ihm.

**Haben Sie bei ihm übernachtet?**

Niemals. Sie hatten zwei Schlafräume. Bei schönem Wetter saßen wir auf seinem Balkon und schauten auf den Kieler Hafen. Da hat er mir auch erzählt, es sei der belebteste Hafen der Welt. Er sagte: „Wenn man hier steht, dann sieht man die dänischen Inseln." Nach dem Mittag- oder Abendessen sagte er meist:

„Wir müssen uns meine *Achte* Mahler ansehen."

„Die habe ich schon gesehen, Klaus", so ging es hin und her.

„Aber wir werden sie uns anschauen."

„Okay," und dann legte er immer den letzten Satz ein.

Es gibt Musiker, die können sich nicht anschauen und können sich nicht anhören, aber er war von dem Bild, das er sah, sehr angetan.

Tennstedt ist auf dem Höhepunkt seines Lebens: allseits geliebter Chef des London Philharmonic. Die besten Orchester der Welt reißen sich um ihn. Sämtliche Mahler-Sinfonien und andere große Werke sind bald eingespielt. Er ist auf Jahre hinaus voll ausgebucht. Er gilt als der „meistumworbene Gastdirigent der Welt" („the world´s most wanted guest conductor"), was ihm natürlich sehr schmeichelt. Die Liste der von ihm dirigierten Orchester und Opernhäuser liest sich in der Tat beeindruckend (ab 1971, dem Jahr seiner Flucht in den Westen):

Bamberger Symphoniker
Bayerischer Rundfunk, Sinfonieorchester
Bayerische Staatsoper München
Berliner Philharmoniker
Boston Symphony Orchestra
Canadian Chamber Orchestra
Chicago Symphony Orchestra
Cincinnati Symphony Orchestra
Cleveland Orchestra
Cuvilliés-Theater, München
Dallas Symphony Orchestra
Danish National Symphony Orchestra
Detroit Symphony Orchestra
Deutsche Oper Berlin
Göteborger Symphoniker
Göteborg, Stora Teatern
Helsinki Symphony Orchestra
Kieler Oper und Sinfonieorchester
Komische Oper Berlin
London Symphony Orchestra
London Philharmonic Orchestra
Metropolitan Opera New York
Minnesota Orchestra
Montreal Symphony Orchestra
Münchner Philharmoniker
National Symphony Orchestra Washington
NDR Sinfonieorchester Hamburg
New York Philharmonic Orchestra
Orchestre National de France
Orchestre Philharmonique de Radio France
Philadelphia Orchestra
Pittsburg Symphony Orchestra
Royal Concertgebouw Orchestra Amsterdam
Rundfunksinfonieorchester Berlin
San Francisco Symphony Orchestra
SWR Sinfonieorchester
Swedish Radio Symphony Orchestra
Toronto Symphony Orchestra
Wiener Philharmoniker *(zusammengestellt von Mark Hood)*

Einige der amerikanischen Orchester hat er Dutzende Male dirigiert, die New Yorker und Bostoner rund 35mal, sein London Philharmonic in mehr als 100 Konzerten plus 62 Tage Studioaufnahmen und über 100 Tourneekonzerten in Europa und Übersee. Die Amerikaner sind deutlich in der Mehrzahl. Aber immerhin neun deutsche Klangkörper sind dabei, allen voran das Orchester der Oper Kiel und das Sinfonieorchester des Norddeutschen Rundfunks (NDR). Nimmt man noch die Berliner Philharmoniker hinzu, ist es um seine Präsenz in Deutschland so schlecht nicht bestellt.

Norman Lebrecht mit Klaus Tennstedt

Er kennt sich bestens aus mit all den bedeutenden Dirigenten dieser Welt: Norman Lebrecht, der in London lebende Journalist, Blogger, Radiomoderator und Bestsellerautor. Bei ihm wird Klaus für immer einen der obersten Plätze auf der Taktstockskala einnehmen. Als ich, der Autor dieses Buches, ihn vor einigen Jahren für meine Filme über Georg Solti und Leonard Bernstein interviewte, kamen wir auch auf Tennstedt zu sprechen. Norman sprühte vor Begeisterung, und seitdem bin ich diesem Dirigenten auf der Spur. Wir treffen uns in Normans Haus in London.

***Georg Wübbolt:*** **Wie haben Sie Klaus erlebt?**

*Norman Lebrecht:* Er war einfach der Anti-Maestro! Ich kann gar nicht genug betonen, wie erfrischend das war, denn die Musikwelt war damals so reglementiert. Man musste sich anpassen, und Klaus war jemand, der sich nicht angepasst hat. Er war ein ganz natürlicher Musiker. Es hatte nichts Gekünsteltes an sich, er war die Antithese zum *publicity*getriebenen Star jener Zeit. Wenn er einen mochte, war er unglaublich warmherzig und freundlich. Es war so erfrischend, es war so undeutsch *[lacht]*. Was für ihn zählte, war die Pflicht, Musik zu machen, die Freude am Musizieren. Essen, Drinks, Zigaretten, Frauen, ja sicher *[lacht]*. Was nicht schlecht ist.

**Wieso mochten ihn die Musiker, was war so besonders an ihm?**

Leonard Bernstein hat einmal gesagt, dass ein Dirigent nicht dazu da ist, das Orchester spielen zu lassen. Er ist dazu da, dass es für einen spielen *will*. Und wenn man Klaus vor einem Orchester beobachtete – vor dem richtigen Orchester, wohlgemerkt –, dann *wollten* sie für ihn spielen. Sie wollten unbedingt für diesen Mann spielen, der alles, aber auch alles geben würde. Ja, das war Klaus.

**Und das Publikum?**

Er kam nach London zurück, nachdem er ein paar Monate krank gewesen war, es war die *Zweite Sinfonie* von Mahler. Die Leute im Publikum hatten ein Transparent hochgehalten, auf dem stand *[breitet die Arme aus]:* „Welcome back, Klaus". Wo hat man so was schon gesehen? Es gab eine solche Zuneigung für ihn! Es gab eine solche Wärme, und dieses Orchester war kein einfaches Orchester. Sie waren in viele Fraktionen gespalten, manche hassten sich regelrecht. Das Einzige, was sie einte, war Klaus.

**Was hat Sie am meisten beeindruckt?**

Ich erinnere mich an eine Mahler *Fünf*, die er gemacht hat, wo er entschied, aus welchem Grund auch immer, dass das *Adagietto* das langsamste sein sollte, das jemals einer dirigiert hat. Wissen Sie, wie lange das *Adagietto* dauert? Mahler dachte, es würden etwa 9 Minuten sein, er schrieb es in die Partitur. Mengelberg machte es in knapp 8, der Durchschnitt liegt bei 10, 11. Klaus machte es in etwas weniger als 14 Minuten! Es war das langsamste *Adagietto*, das man sich nur vorstellen kann. Und als es zu Ende war, tat er genau das, was Mahler in die Partitur geschrieben hatte: keine Pause, direkt ins Finale. Und Klaus ist inzwischen so schweißüberströmt, dass er durch seine Brille nichts mehr sieht. Also legt er den Taktstock aufs Pult *[imitiert die Aktion]*, nimmt die Brille ab und wischt sie am Hemdsärmel ab *[imitiert]*, gibt den Auftakt mit seiner linken Kniescheibe und geht in einem ungeheuren Tempo ins Finale. Das Orchester ist seiner Kniescheibe gefolgt! Kniescheibe vielleicht mit ein bisschen Ellbogen, setzt er die Brille wieder auf, nimmt den Taktstock in die Hand und das war's. Das sind so Sachen, die Klaus einzigartig machen.

# Welttourneen
## Hongkong und Japan, USA, Australien

Tourneen sind stressig. Das zeigt die Tour 1984 nach Hongkong und Japan. Der Terminkalender ist extrem dicht gepackt. Fast jeden Tag ist ein Konzert. In Japan folgt ein Hetzen quer durch die Lande, meist mit einer Zugfahrt am Konzerttag. Unausgeruht und oft noch geschlagen vom Jetlag müssen die Musiker jeden Abend Höchstleistungen bringen. Eine Tortur für alle, aber auch eine, die unvergessliche Eindrücke hinterlässt.

Noch ist Tennstedt gut in Form, ist die Psyche einigermaßen stabil und lässt nicht gleich an die nächste Absage denken. Dennoch beugt man lieber vor. Seine Plattenfirma EMI bittet den Berliner Musikjournalisten Klaus Geitel, ihren Schützling auf der Tour zu begleiten. Nicht als Kritiker, sondern als moralische Stütze, als jemand, mit dem Klaus auf Deutsch locker plaudern kann.

> *Klaus Geitel:* Tennstedt wirkte immer ein wenig weltverloren, ganz und gar der Musik hingegeben. (...) Die Orchestermusiker waren Enthusiasten durch und durch und liebten es einfach, unter ihm spielen zu dürfen. Ich bin nie vorher und nie nachher einem derart idealistisch gesonnenen Orchester begegnet. Tennstedt war zweifellos ein Dirigent nach ihrem Herzen, und seine Kunst wiederum bestand darin, Herzen zu bewegen. Musik war für ihn Lebenselixier. Sie bewegte sein Denken, Empfinden, sein ganzes Dasein.[43]

Auch die LPO-Managerin Judy Grahame tut alles, um ihrem Freund das Leben so angenehm wie möglich zu machen, mit medizinischer Betreuung, Erster-Klasse-Flügen, möglichst wenig Presseterminen.

Diesmal haben die Londoner vier verschiedene Programme im Gepäck, allesamt schwere Brocken. Das ist gut zu sehen an den vier Hongkong-Konzerten. Zuhause spielen sie meist nur ein einziges Konzert mit demselben Programm, aus Angst, die Wiederholung könnte nicht ausverkauft sein. Hier spielen sie in dichter Folge die *Fünfte* Mahler und die *Vierte* Bruckner je fünf Mal, die Brahms-Sinfonien *Eins* und *Vier* je drei Mal. Das sind 16 Konzerte in 19 Tagen.

Japan, die zweite Station der Reise, entdeckt seine Liebe zu den großen europäischen Sinfonieorchestern verstärkt in den 1950er

Jahren, ein Dezennium nach den verheerenden Bombenabwürfen auf Hiroshima und Nagasaki. Herbert von Karajan ist einer der ersten, der mit seinen Berliner Philharmonikern eingeladen wird und im Land der aufgehenden Sonne einen regelrechten *Hype* entfacht. Nach dem Konzert staunen seine Musiker nicht schlecht, als sie selbst Stunden später auf den Fernsehschirmen ihres Hotels zu sehen sind. Am nächsten Tag werden sie beim Stadtbummel freundlich umschwärmt. Man bittet um Autogramme. Ganz Japan weiß, wer sie sind. Und Karajan entdeckt fasziniert die Macht des neuen Mediums Fernsehen für sich. Dirigenten werden wie Götter verehrt, ihre Gagen in schwindelerregende Höhen getrieben. Ein gigantischer Schallplattenmarkt entsteht. Überall gründen sich Fanclubs. Doch die Flugreise ist eine Tortur. Noch dauert sie mehr als zwei Tage, mit Propellermaschinen und mehreren Zwischenstopps.

Auch Tennstedt bekommt die Verehrung zu spüren, bis hin zum Hotelpersonal. Einmal überreicht ihm das Zimmermädchen ein Abschiedsgeschenk mit der Begründung, sie sei bei allen seinen Konzerten dabei gewesen und wolle sich bedanken. Ein anderes Mal will sich der Maestro zur Ruhe begeben, als es an der Tür klopft, und er sieht das gesamte Reinigungspersonal des Hotels aufgereiht für Autogramme.

Für Tennstedt ist das alles neu. Seine erste große Welttournee kommt ihm wie ein Märchen vor. Was für ein krasser Unterschied zum Alten Kontinent! Hier in Asien überrollt ihn eine Lawine der Hingabe und Verehrung. Klaus Geitel erlebt, wie an jedem Bahnsteig, an dem der Meister ankommt, schon ein Fernsehteam auf ihn

Anstellen für ein Autogramm Foto: Akira Kinoshita

wartet. Tennstedt dreht sich jedes Mal um, nur um zu sehen, für wen die ganzen Kameras da sind. „So hat das japanische Fernsehen wohl die größte Sammlung von Tennstedts Rückenansichten bekommen", amüsiert sich Geitel.[44]

**Konzerttournee Hongkong und Japan**

| | |
|---|---|
| 29.- 30. März 1984 | Flug London Gatwick – Bahrein – Hong Kong (Kai Tak Airport) |
| 31. März 1984 | Freier Tag in Hong Kong |
| 1. April 1984 | Hong Kong City Hall. Wagner: *Meistersinger-Ouvertüre,* Mozart: *Sinfonie Nr. 35,* Brahms *4. Sinfonie* |
| 2. April 1984 | Hong Kong City Hall. Mozart: *Sinfonie Nr. 35;* Mahler: *5. Sinfonie* |
| 3. April 1984 | Hong Kong City Hall. Haydn: *Sinfonie Nr. 94;* Britten: *Sea Interludes*; Brahms: *1. Sinfonie* |
| 4. April 1984 | Hong Kong City Hall. Schubert: *Sinfonie Nr. 8 „Unvollendete"*; Bruckner: *4. Sinfonie* |
| 5. April 1984 (Do) | Flug nach Tokio (11.30–16.20) |
| 6. April 1984 (Fr) | Tokyo. Mozart: *Sinfonie Nr. 35;* Mahler: *Sinfonie Nr. 5* |
| 7. April 1984 (Sa) | Tokyo. Haydn: *Sinfonie Nr. 94;* Britten: *Sea Interludes;* Brahms: *Sinfonie Nr. 1* |
| 8. April 1984 (So) | Yokohama. Wagner: *Meistersinger-Ouvertüre;* Mozart: *Sinfonie Nr. 35*; Brahms: *Sinfonie Nr. 4* |
| 10. April 1984 | Shizuoka. Mozart: *Sinfonie 35*; Mahler: *Sinfonie Nr. 5* |
| 11. April 1984 | Tokyo. Schubert: *Sinfonie Nr. 8 „Unvollendete";* Bruckner: *Sinfonie Nr. 4* |
| 12: April 1984 | Nagoya. Mozart: *Figaro-Ouvert.*; Schubert: *Sinfonie Nr. 8 „Unvollendete"*; Bruckner: *Sinfonie Nr. 4* |
| 13. April 1984 | Osaka. Mozart: *Sinfonie Nr. 35*; Mahler: *Sinfonie Nr. 5,* Recorded live by Tokyo FM Archives Selection. |
| 14. April 1984 | Osaka. Haydn: *Sinfonie Nr. 94;* Britten: *Sea Interludes;* Brahms: *Sinfonie Nr. 1* |
| 15. April 1984 | Kumamoto. Schubert: *Sinfonie Nr. 8 „Unvollendete";* Bruckner: *Sinfonie Nr. 4* |
| 17. April 1984 | Fukuoka. Wagner: *Meistersinger-Ouvertüre;* Mozart: *Sinfonie Nr. 35*; Brahms: *Sinfonie Nr. 4* |
| 18. April 1984 | Okinawa. Mozart: *Sinfonie Nr. 35*; Mahler: *Sinfonie Nr.5* |
| 19. April 1984 | Okinawa. Schubert: *Sinfonie Nr. 8 „Unvollendete";* Bruckner: *Sinfonie Nr. 4* |
| 20. April 1984 | Rückflug: Tokyo – Anchorage – London Heathrow |

Auch hier bleibt Tennstedt den Sightseeing-Touren fern, vergräbt sich lieber in sein Hotelzimmer und studiert die Partituren. Der damalige *Stern*-Journalist Jürgen Kesting erinnert sich, wie der Maestro nach langem Zureden doch noch in ein Restaurant mitkommt. Er lässt sich zu einer exquisiten Meeresfrüchteplatte überreden, quittiert die Gaumenfreude aber mit einem „Zuhause ein Sauerbraten wäre mir lieber".[45]

Tennstedt hält die anstrengende Tournee problemlos durch. Vermutlich durchströmen ihn jede Menge Glückshormone, die sein Selbstbewusstsein stärken. Zurück geht es von Tokio mit Zwischenstopp in Anchorage in Alaska nach London. In der Ersten Klasse versucht er, sich zu entspannen, raucht eine Zigarette nach der anderen (was damals noch möglich war) und trinkt seinen Whisky. Klingt nach einer angenehmen Zeit, aber hören wir, was Tennstedt dazu sagt:

> Das ist schrecklich, ich hasse es! Als wir von Japan zurückgeflogen sind, das Ganze hat 32 Stunden gedauert. In diesen 32 Stunden habe ich nicht geschlafen. Ich kann nicht schlafen im Flugzeug. Aber das vergisst man, wenn man eine erfolgreiche Tour gemacht hat, da klingt das noch nach.

Ein halbes Jahr später folgt eine Tournee durch die Vereinigten Staaten, vom 14. Oktober bis 9. November 1984, noch umfangreicher, noch stressiger. Hauptsponsor ist Bacardi Rum. Wieder sind es vier verschiedene Programme, die Hauptwerke ähnlich „romantisch" wie bei den Tourneen in Hongkong und Japan: Brahms *Erste*, Mahler *Fünfte*, dann Beethoven *Dritte Sinfonie* „Eroica" und passenderweise Dvořáks *Neunte* „Aus der neuen Welt". Die Stationen werden fast immer im Tagesrhythmus angesteuert:

**USA-Tournee, Tennstedt & LPO, 14. Okt.– 9. Nov. 1984:**

New Orleans (Louisiana)
Fort Worth, College Station, San Antonio, Austin (alle Texas)
Phoenix (Arizona)
Las Vegas (Nevada)
Pasadena, Los Angeles, Torrance, San Francisco (Kalifornien)
Salt Lake City (Utah)
Denver (Colorado)
Minneapolis (Minnesota)
Washington DC
New York, Carnegie Hall, zwei Konzerte
Boston (Massachusetts)

Es gibt 18 Konzerte an 17 Orten. Die meisten Strecken werden mit Greyhound Bussen (ein weiterer Sponsor) zurückgelegt, einige wenige mit dem Flugzeug. Der Tagesablauf wiederholt sich ermüdend: Abends nach dem Konzert in den Bus, ab ins Hotel, Koffer auspacken, nach dem Frühstück weiter auf stundenlange Busfahrt oder zum Flughafen, einchecken, auschecken, Koffer, Bus, ins nächste Hotel, oft alles am Konzerttag, dazu Sprünge durch insgesamt vier Zeitzonen.

Aber es gibt auch erfreuliche Ausnahmen. Von Phoenix, Arizona aus organisieren einige Musiker eine Tour zum Grand Canyon. In Los Angeles sind es ausnahmsweise vier Nächte im selben Hotel. In Pasadena, einem Vorort dieser Megametropole, macht sich Judy Grahame auf die Suche nach einem Aschenbecher für ihren Chef. Es gebe hier keinen, und überhaupt sei das Rauchen im gesamten Konzertgebäude streng verboten, „es steht im Vertrag, und das gilt für alle." Also versteckt man Klaus in einer Garderobe und sprayt Parfüm in die Luft, um den Tabakgeruch zu überdecken.

Noch hält Tennstedt das anstrengende Programm durch, er musiziert seine Philharmoniker zu Höhenflügen. Die Kritiken sind meist enthusiastisch. Hier in Amerika ist der Deutsche längst Kult. Doch es wird das letzte Mal sein, dass er ein ganzes Programm allein bestreitet.

Denn ganz am Ende der Tournee, nach dem letzten Konzert in Boston, bricht er zusammen. Der Kollaps ist so massiv, dass er für die nächsten paar Monate sämtliche Konzerte absagen und Plattenaufnahmen verschieben muss. Es ist der nächste große Block von Ausfällen.

Und noch immer antwortet sein Manager Ronald Wilford auf die Frage, wie es seinem Stardirigenten gehe: „Oh, he´s fine", dem geht´s gut. Er meint bis zuletzt, Tennstedt sei nichts als ein Hypochonder. Doch seine Orchestermusiker sehen mit Sorge, wie Klaus vor ihren Augen zusammenfällt.

> *Gordon Hunt, 1. Oboe, LPO:* Er rauchte hundert Zigaretten am Tag. Es brachte ihn um, er konnte nicht aufhören zu rauchen. Er kümmerte sich nicht um seine Gesundheit. Er war eben sein Leben lang ein begabter Schuljunge. Er ist nie wirklich erwachsen geworden.

Richtig entspannen kann er sich nur auf seinem heimischen Balkon in Heikendorf bei Kiel. Mit Zigarette, ab und zu einem Bier und dem sagenhaften Blick über die Ostsee. Mit einem riesigen Fernglas vor den Augen genießt er das Treiben der Segler, U-Boote und Fähren.

Kaum hat sich Tennstedt ein wenig erholt, führt ihn die nächste Tournee auf die andere Seite des Globus. Zwei Wochen lang reist er mit seinem London Philharmonic Orchestra durch Australien, maßgeblich gesponsert vom Weingut Leeuwin Estate, gut 300 Kilometer unterhalb der westaustralischen Stadt Perth. Das erste Konzert findet als Open Air auf dem weitläufigen Gelände des Weinguts statt. Vier- bis fünftausend

Weingut Leeuwin Estate

Gäste sind gekommen, darunter Gouverneure und andere Landesfürsten. Zwar muss die geplante Probe wegen der allzu großen Hitze ausfallen – die Musiker fürchten, dass ihre Instrumente Schaden nehmen könnten. Doch der Abend kühlt angenehm ab.

Leider muss sich das Orchester die laue Luft mit einer gefiederten Konkurrenz teilen. Mehrere Gruppen von Kookaburra-Vögeln fühlen sich lautstark ermuntert, einen kontrapunktischen Standpunkt zur Musik einzunehmen. Das klingt dann wie eine Horde von schwer angeheiterten Lachern. Anderswo heißen die Vögel *Laughing Jackass* (lachender Blödmann), in Deutschland Lachender Hans. Sogar ein paar neugierige Kängurus sollen gesichtet worden sein.

Kookaburras

Aber es gibt auch Wermutstropfen. Um Tennstedt zu entlasten, ist von Anfang an ein Co-Dirigent vorgesehen, Yevgeny Svetlanov. Doch der erleidet kurz vor der Abreise einen Herzinfarkt. In letzter Minute springt der israelische Kollege Avi Ostrowsky ein. Daraus ergibt sich ein Problem.

In Melbourne weigert sich der russische Geigensolist Igor Oistrach, mit Ostrowsky zusammenzuarbeiten. Er könne nicht gleichzeitig mit diesem Menschen auf dem Podium stehen. Er biete aber an, das Tschaikowsky-*Violinkonzert* selbst zu dirigieren und gleichzeitig den Solopart zu übernehmen. Oder man finde einen anderen Dirigenten. Die Telefondrähte laufen heiß, und als das Management nicht darauf eingeht, meldet sich Oistrach kurzerhand krank für den Tag, wegen eines „unglücklichen Muskelschmerzes".

Der Kritiker Kenneth Hince von der Melbourner Tageszeitung *The Age* kommt in den ungewöhnlichen Genuss, dasselbe Orchester an zwei aufeinander folgenden Abenden mit zwei verschiedenen Dirigenten zu erleben. Zunächst beschreibt er seinen Eindruck von Ostrowsky:

> In der gesamten ersten Hälfte war die Reaktion des Orchesters auf ihn nervös, unbeständig und halbherzig. Sein Umgang mit der *Fünften Sinfonie* von Tschaikowsky: unsympathisch, rhetorisch, leer, bis zum letzten Bisschen auf Effekthascherei gespielt und letztendlich vulgär.
>
> Doch am nächsten Abend, unter Klaus Tennstedt, gab dieses Orchester eine atemberaubende, eruptive Aufführung von Bruckners *Siebter Sinfonie*. Tennstedt dirigierte wie ein Besessener, und ich vermute, dass er zu diesem Zeitpunkt besessen war. Es gab kaum eine Nuance oder einen Akzent in dieser gewaltigen Partitur, der ihm entgangen wäre, und seine Treue zu Bruckner war in jeder seiner Gesten deutlich.

Abschließend gesteht der Rezensent, dass er in den vier Jahrzehnten seiner Brucknerverehrung noch nie eine so großartige Aufführung erlebt habe.

**Australien-Tournee 20. Febr. – 7. März 1985, Klaus Tennstedt & LPO**
Co-Dirigent: Avi Ostrowsky

| | |
|---|---|
| 20. Febr. 1985 | Anreise |
| 22.- 24. Febr. 1985 | Leeuwin Estate Margaret River (Weingut) |
| 26. Febr. | Perth. Klaus Tennstedt, Solist: Igor Oistrach |
| 28. Febr. | Melbourne, Concert Hall. Tennstedt, Solist: Igor Oistrach |
| 1. März | Melbourne, Concert Hall. Co-Dirigent Avi Ostrowsky (Oistrach sagt Konzert ab) |
| 2. März | Sydney, Opera House. Tennstedt |
| 3. März | Sydney, Opera House. Ostrowsky |
| 4.+ 5. März | Brisbane. Tennstedt/Ostrowsky |
| 7. März 1985 | Rückreise |

# London Philharmonic Orchestra – Drei

## Ehrendirigent ab 1987

Tennstedt klagt seit geraumer Zeit über Probleme beim Schlucken, und seine Stimme klingt immer mehr wie das Krächzen eines heiseren Raben. Seine Frau Inge macht sich schon lange Sorgen. Normalerweise hat die Stimme ihres Mannes einen sonoren Bass, aber jetzt klingt sie belegt, kratzig. Inge versucht, sich zu beruhigen. Es sei ja kein Wunder bei dem jahrzehntelangen übermäßigen Tabakkonsum. Im September 1985 soll Klaus ein Konzert in Philadelphia dirigieren. Richard Cisek fliegt aus Minneapolis ein, um seinen Freund zu sehen.

> *Richard Cisek:* Ich habe den Manager gefragt: Wie läuft es denn mit Klaus? Und er sagte: „Na ja, er hatte was im Hals, und ein Arzt hat sich das gleich nach dem Konzert angesehen und gesagt, es könnte Krebs sein. Da ist Klaus zusammengebrochen." Ich kam rein, um nach ihm zu sehen, und er lag – metaphorisch gesprochen – unter dem Bett, er war völlig fertig. Das hat er nicht verkraftet.

Als sich Tennstedt am nächsten Tag in der Praxis genauer untersuchen lässt, bestätigt sich der Verdacht: Kehlkopfkrebs (Larynxkarzinom). Ein schwerer Schlag für ihn. Da hilft es auch nicht, dass der Arzt sagt, in seinem Fall lägen die Heilungschancen bei 90 Prozent. „Aber", sagt Inge, die weiß, wie ihr Mann denkt, „es gibt immer noch die restlichen zehn Prozent, um die man sich Sorgen machen muss."[46]

Obwohl es für die folgende Behandlung auf ein paar Tage nicht ankommt, werden sofort alle Konzerte abgesagt. Der Schock sitzt zu tief. Zuerst trifft es sein London Philharmonic Orchestra, dann die Berliner Philharmoniker und eine Reihe von Schallplattenaufnahmen. Nach acht Monaten fast ununterbrochener Konzerttätigkeit fällt er zum zweiten Mal für längere Zeit aus.

Jetzt sitzt er auf dem Balkon seiner Wohnung in Heikendorf und schaut über die Kieler Förde. Diesmal nicht entspannt und zufrieden, sondern mit dem nagenden Gefühl der Ungewissheit und der Sorge, dass er vielleicht nicht mehr lange zu leben hat, 90 Prozent hin oder her. Es ist möglich, dass er seine Stimme verliert, wie soll er dann eine Probe abhalten? Und ohne Probe kein Konzert. Ist das Ende seiner Karriere gekommen? Solche Gedanken kreisen in seinem Kopf. Jetzt wäre es an der Zeit, mit dem Rauchen aufzuhören, denn vor allem in Kombination mit Alkohol entsteht oft dieser Krebs.

Das machen ihm natürlich auch die Ärzte klar, sie fordern Abstinenz. So groß ist die innere Not, dass er sich darauf einlässt und statt zu rauchen Lakritze kaut. Tennstedt bekommt in sechs Monaten 70 Kobaltbestrahlungen, das sind etwa drei pro Woche. Es wäre eine gute Zeit, sich in Partituren zu vertiefen oder neue Stücke zu lernen. Aber das geht nicht. Zu sehr verbeißt er sich, fast zwanghaft, in seine Krankheit. Ihren möglichen schlimmen Ausgang hat er ständig vor Augen.

Der Einbruch ist so massiv, dass Tennstedt sich fragt, ob er die Aufgaben als Chef seines geliebten London Philharmonic Orchestra überhaupt noch erfüllen kann. Denn dazu gehören nicht nur Proben und Konzerte, sondern auch administrative Kärrnerarbeit – natürlich in Absprache mit John Willan, dem Geschäftsführer: Programmplanung, Einladungen an andere Dirigenten und Solisten, Briefe diktieren, Probespiele anhören, Pressetermine und so weiter.

> *Keith Millar, Schlagzeug, LPO*: Wir haben ihm immer einen sehr entspannten Zeitplan gegeben, soweit das möglich war. Aber sechs Stunden Proben am Tag, das war doch sehr anstrengend für ihn.

> *Klaus Tennstedt:* Es gab nie einen Moment, in dem ich den Krebs vergessen konnte. Er war immer da, die ganze Zeit. Mein Kopf war voll von meiner Krankheit. Egal, was ich tat, der Gedanke daran wollte einfach nicht verschwinden.[46]

Tennstedt mit Freund Max Staudt

Er kann noch nicht einmal eine Platte auflegen und Musik hören, weder seine noch die von Kollegen. Immerhin spielt er nach eigenen Angaben Schach, liest Hermann Hesse und Thomas Mann[47] und spielt – man höre und staune – ein wenig Johann Sebastian Bach auf dem Klavier. Um diesen Komponisten hatte er bisher eher einen Bogen gemacht, hatte in seiner Schweriner Zeit vielleicht eine *Orchestersuite*, ein *Brandenburgisches Konzert* auf dem Programm, aber keine *Mätthäus-Passion*, keine *h-Moll-Messe,* nichts dergleichen. Tennstedt schert sich nicht um Religiöses. Aber jetzt berührt es ihn. Das Leben könnte bald vorbei sein. „Ich bin aber nicht", sagt er, „auf die Knie gegangen, um zu Gott zu beten; vielleicht habe ich innerlich gebetet."

Ein halbes Jahr später, Anfang März 1986, kommt sein Arzt mit der erlösenden Nachricht, der Kehlkopfkrebs sei nicht mehr nachweisbar, er sei geheilt. Kurz darauf gibt er am 18. März sein erstes von drei Konzerten in der Royal Festival Hall mit seinen zwei Lieblingen, dem London Philharmonic Orchestra und der *Sechsten Sinfonie* von Gustav Mahler. Immer noch heiser – nicht vom Krebs, wie er betont, sondern von der Bestrahlung.

Bald stellt sich heraus, dass die Gesundheit noch nicht vollständig wiederhergestellt ist. Tennstedt spürt, wie die Bestrahlung immer noch an ihm reißt. Lebenskraft, künstlerische Zuversicht und Selbstvertrauen fühlen sich an wie auf einem Drahtseil über dem Abgrund, auf dem man gerade noch die Balance hält. Nach ein paar gesunden Wochen in London folgt der Zusammenbruch in Boston, nach einem erneuten guten Start in Philadelphia dann die Absage einer Tournee durch Italien und Deutschland.[48] Ein Horror für seine Manager, eine maßlose Enttäuschung für seine sehnsüchtig wartenden Fans.

*John Willan:* Er war ein Hypochonder. Er dachte, alles an ihm würde zusammenbrechen. Es war schrecklich, wir mussten ständig jemand anderen finden. Andererseits, und das mag zynisch klingen, war er dadurch auch sehr begehrt. Wenn er kam, konnte man keine Karten mehr bekommen.

| **Principal conductor/Chefdirigent LPO 1986/87: Klaus Tennstedt** | **Teil 4** |
|---|---|
| 18.+ 21. Sept. 1986 | Beethoven: *Klavierkonzert Nr. 5* (Solist: Maurizio Pollini); *Sinfonie Nr. 7* |
| 19. Sept. 1986 | STUDIO – Richard Strauss: *Also sprach Zarathustra, Don Juan, Till Eulenspiegel;* Walthamstow Assembly Rooms, London |
| 25. Sept. 1986 | Cardiff. Mozart: *Piano Concerto No 20 K.466,* (Solistin: Mitsuko Uchida), Beethoven: *Sinfonie Nr. 3* |
| 26. Sept. 1986 | Swansea Festival. Gluck: *Iphigénie en Aulide Ouvertüre,* Beethoven: *Klavierkonzert Nr. 1 op. 15,* (Solistin: Maya Weltman), Richard Strauss: *Ein Heldenleben op. 40* |
| 28. Sept. 1986 | Beethoven: *Klavierkonzert Nr. 2* (Peter Donohoe); *Sinfonie Nr.3 „Eroica"* |
| 1. Okt. 1986 | Gluck: *Ouvertüre zu Iphigenie in Aulis;* Beethoven: *Klavierkonzert Nr. 1* (Solistin: Maya Weltman); Richard Strauss: *Ein Heldenleben* |

| | |
|---|---|
| 5. Okt. 1986 | Mahler: *Sinfonie Nr. 3* (Solistin: Waltraut Meier) |
| 8.- 10. Okt. 1986 | STUDIO – Mahler: *Sinfonie Nr. 8;* Westminster Cathedral, London (nur Orgel-Aufnahmen für STUDIO vom 20.-24. April 1986) |
| 4. Nov. 1986 | Neeme Järvi ***ersetzt Tennstedt***. Bruckner: *Sinfonie Nr. 8* |
| 1. März 1987 | Stanislaw Skrowaczewski ***ersetzt Tennstedt.*** Mahler: *Sinfonie Nr. 2* |
| 5. März 1987 | Franz Welser-Möst ***ersetzt Tennstedt***. Sibelius: *Violinkonzert* (Solist: Elmar Oliveira); Beethoven: *Sinfonie Nr. 6 „Pastorale“* |
| 25. Aug. 1987 | James Loughran ***ersetzt Tennstedt***. Samuel Barber: *Adagio for strings;* Mahler: *Kindertotenlieder* (Solistin: Brigitte Fassbaender); Brahms: *Sinfonie Nr. 4* |

Für jeden Dirigenten ist es ein besonderes Ereignis, bei den sommerlichen Konzerten der Proms in der Royal Albert Hall aufzutreten. Die Royal Albert Hall ist Londons größter Konzertsaal und fasst gewaltige 8400 Sitz- und Stehplätze. Die ganz besondere Atmosphäre hat auch Klaus Tennstedt immer wieder genossen. Vor allem mit der *Sechsten* Mahler hat er hier große Erfolge gefeiert.

Für den 25. August 1987 ist ein weiteres Prom-Konzert mit der *Vierten Sinfonie* von Johannes Brahms geplant, davor den *Kindertotenliedern*. Solistin ist wie immer Brigitte Fassbaender. Drei Tage vor der Abreise macht sich Inge große Sorgen um ihren Mann, der die ganze Zeit sehr unruhig ist. Vor einem Monat musste wieder ein Knötchen an einem Stimmband entfernt werden. Er hat es nicht an die große Glocke gehängt, aber er sagt, dass er sich noch nicht in der Lage fühle, vor sein Orchester zu treten. Dennoch fliegt er mit Inge nach London. Dort wird als erstes die geplante Pressekonferenz abgesagt – so wenig Stress wie möglich.

Der Meister lässt sich überreden, mit der Probe zu beginnen. Der erste Satz der Brahms-Sinfonie klappt wunderbar, und die Musiker sind erleichtert. Doch nach der Pause weigert er sich, wieder aufs Podium zu treten. Seine Freunde John und Judy flehen ihn an, es wenigstens zu versuchen. Der deutsche *Stern*-Reporter Jürgen Kesting ist vor Ort und wird gebeten, auf Tennstedt einzuwirken. Doch es scheint aussichtslos.

*Klaus Tennstedt:* Gerade weil ich mich so schwach fühlte, habe ich die Probe mit besonderer Energie begonnen. Aber dann wurde mir schwarz vor Augen. Vor vier Wochen bin ich wieder operiert worden. Zum sechsten Mal. Und was erwartet mich in vier Tagen, wenn ich wieder zum Arzt muss? Ich bin 61 – und dann fragt man sich auch, wohin die Reise geht...[49]

„Aber Sie müssen dirigieren", versucht es Kesting weiter. Die Probenarbeit werde ihm David Nolan abnehmen, sein Konzertmeister. Dass er im Sitzen dirigieren könne. Dass er nur dasitzen müsse, und die Musiker würden um ihr Leben spielen. Es ist zwecklos. „Woher soll ich die Kraft nehmen? Ich kann nicht."

Äußerlich sieht man ihm das nicht an. Die Ärzte hatten ihn für gesund erklärt. Doch wie es in seinem Inneren aussieht, das ist eine andere Geschichte. Es verrät, wie viel Energie es jedes Mal kostet, auch nur für eine Probe hundertprozentig da zu sein. Nur zum Taktschlagen ist er nicht da. Er muss die Musik durchleben, mit seinem Verstand, mit seiner Intuition, mit seiner einzigartigen Lesart, die er für sich selbst gefunden hat. Es geht jedes Mal um Leben und Tod. Nein, es geht um mehr als Leben und Tod!

Und so wird dieser Tag zu einem weiteren Tiefschlag für Klaus Tennstedt. Er sieht sich gezwungen, einen der schwersten Schritte seines Lebens zu tun: Er legt die Leitung seines Orchesters nieder. Für das London Philharmonic Orchestra, sein über alles geliebtes Saitenspiel, reicht die Kraft nicht mehr. Dort sind das Entsetzen und die Enttäuschung über die Maßen groß. Jeder fürchtet, das Ende der Zusammenarbeit sei nun endgültig gekommen.

*Rachel Masters, Harfe, LPO:* Es gibt nichts Schlimmeres, als einen kranken Mann auf dem Podium zu sehen, der dort nicht sein sollte. Es war sehr, *sehr* enttäuschend für uns. Vielleicht hat ihm einfach das Selbstvertrauen gefehlt. Wie ich schon sagte, er hatte diese Verletzlichkeit an sich.

*Laurie Lovelle, Kontrabass, LPO:* Er zeigte eine echte Zuneigung zum Orchester, die vom Orchester erwidert wurde. Das ist bei Dirigenten nicht sehr üblich. Es gab eine gegenseitige Herzlichkeit.

*Geoffrey Lynn, 1. Violine, LPO:* Er war einer der Besten darin, wie das Orchester nur für ihn spielte. Er hat das Orchester entstaubt. Für uns war er einzigartig.

Orchester und Management stehen vor einem schwierigen Spagat: Sollte ein Nachfolger gesucht werden? Tennstedt, mit Stolz: „Sie haben sich geweigert, einen Neuen zu engagieren, weil sie auf mein *Comeback* hofften." Nicht genug der Ehre: Er wird zum „Conductor laureate" ernannt, zum Ehrendirigenten auf Lebenszeit.

Und tatsächlich, er kommt zurück! Nach einem Dreivierteljahr Pause gibt er im Mai 1988 wieder ein Konzert mit dem LPO in der Royal Festival Hall, die inzwischen zur exklusiven Spielstätte des London Philharmonic Orchestra geworden ist – auch das ein Verdienst von John Willan.

| **Tennstedt tritt zurück August 1987, wird Conductor laureate** | **Teil 5** |
|---|---|
| 24. Sept. 1987 | Charles Groves ***ersetzt Tennstedt***. Webern: *Passacaglia op.1*; Beethoven: *Klavierkonzert Nr. 4* (Solist: Maurizio Pollini); Brahms: *Sinfonie Nr. 1* |
| 30. Sept. 1987 | Hans Vonk ***ersetzt Tennstedt***: Wagner: *Vorspiel und Liebestod, Tristan und Isolde;* Bruckner: *Sinfonie Nr. 7* |
| 29. Okt. 1987 | Szymon Bychkov ***ersetzt Tennstedt.*** Verdi: *Ouvertüre zu Macht des Schicksals*; Grieg: *Klavierkonzert* (Solistin: Maya Weltman); Mahler: *Sinfonie Nr. 1* |
| 6. Mai 1988 | Wagner: *Tannhäuser-Ouvertüre und Venusberg; Rienzi-Ouvertüre; Siegfrieds Rheinfahrt, Siegfried´s Trauermarsch* (aus *Götterdämmerung*); *Meistersinger-Ouvertüre;* Zugabe: *Walkürenritt* |
| 18. Sept. 1988 | Beethoven: *Sinfonie Nr. 8;* Schubert: *Sinfonie Nr. 8 „Unvollendete"* |
| 7.- 26. Okt. 1988 | **Hongkong- und Japan-Tournee**. Hongkong, City Hall. Japan: Ichikawa, Tama, Matsudo; Tokyo, Nagaoka, Sapporo, Osaka |
| 13. Dez. 1988 | Schönberg: *Ein Überlebender aus Warschau* (Solist: John Shirley-Quirk); Mahler: *Sinfonie Nr. 5* + CD-Aufnahme live |
| 18.+ 20. Febr. 1989 | Konzerte + STUDIO – Mahler: *Sinfonie Nr. 2,* (Solisten: Yvonne Kenny, Jard van Nes), Live Aufnahme |
| März 1989 | STUDIO – Strauss: *Also sprach Zarathustra;* Watford Town Hall |
| 1. Mai 1989 | Yuri Simonov ***ersetzt Tennstedt***. v. Weber: *Oberon-Ouvertüre;* Mozart: *Klavierkonzert Nr. 23* (Solistin: Maya Weltman); Schubert: *Sinfonie Nr. 9 „Große C-Dur"* |
| 7. Mai 1989 | Yuri Simonov ***ersetzt Tennstedt.*** Strauss: *Don Juan; Till Eulenspiegel;* Johann Strauß: *Ouvertüre* + 2. Akt von *Die Fledermaus* |
| 14. Aug. 1989 | Liszt: *Klaviersonate in h-Moll* (Peter Donohoe) Beethoven: *Sinfonie Nr. 9* (Solisten: Mechthild Gessendorf, Hanna Schwarz, Anthony Rolfe Johnson, David Wilson-Johnson); Royal Albert Hall |

Fotos: Klaus Hennch/Stadtarchiv Zürich

Die zweite Fernost-Tournee vom 7. bis 25. Oktober 1988 führt Tennstedt erneut nach Hongkong und Japan. Gesundheitlich scheint er sich recht gut erholt zu haben. Im letzten halben Jahr gab es keine Absagen. Dennoch schwebt die leise Sorge in den Köpfen des Managements, dass es ganz plötzlich wieder soweit sein könnte. Aber er gibt sich optimistisch: „Ich bin froh, wieder hier zu sein", sagt der Maestro, „das letzte Mal war eine fantastische Erfahrung". In einem ausführlichen Artikel des *Hongkong Standard* wird er sogar als „der gefragteste Dirigent der Welt" bezeichnet, was Tennstedt sehr geschmeichelt haben dürfte. Begleitet werde der Meister wieder von seiner Frau und einem persönlichen Physiotherapeuten, da ihn Rückenschmerzen quälten. Auch die Hüfte mache ihm wieder zu schaffen.

Es ist nicht zu übersehen, wie ausgelaugt Tennstedt nach jedem Konzert ist. Als sei auch noch das letzte bisschen Kraft aus ihm herausgesaugt worden. Man bemerkt, wie er beim Dirigieren die Hand in die Hüfte drückt, den Taktstock teilweise in die linke Hand nimmt. Nicht einmal für den Applaus ist noch Kraft übrig. Er ist nassgeschwitzt und kann nicht verbergen, wie sehr ihm das Gehen weh tut.

Eines der großartigsten Konzerte dieser Tournee erlebt das Publikum am 18. Oktober 1988 in der Suntory Hall in Tokio. Ursprünglich war geplant, am 17. Oktober Ludwig van Beethovens *Achte Sinfonie* und einen Tag später die *„Große C-Dur"* von Franz Schubert aufzuführen. Der Veranstalter jedoch dringt darauf, stattdessen ein Programm mit Richard Wagner zu spielen, und so kommt es dann auch: Die *Tannhäuser-Ouvertüre* mit dem *Venusberg Bacchanal*, die *Rienzi-Ouvertüre*, Schlussszenen aus der *Götterdämmerung* und die *Meistersinger-Ouvertüre*. Der Fernsehsender NHK ist mit großer Ü-Wagentechnik dabei. Tennstedt ist oft und in langen Kameraeinstellungen zu sehen. In Bild und vor allem Ton ist festgehalten, wie mitten in der *Götterdämmerung* sein Notenpult herunterkracht und er sich bei jedem Umblättern tief bücken muss (das Video kommt bei YouTube auf über zwei Millionen Aufrufe!). Als das Orchester den rassigen *Walkürenritt* als Zugabe anhängt, ist das Publikum vollends aus dem Häuschen. Die Rezensentin des *Japan Music Journal*, Mariko Okayama, lässt sich zu einem überirdischen Hymnus hinreißen:

> Der tiefe, besinnliche Klang der Blechbläser zu Beginn der *Tannhäuser*-Ouvertüre war so feierlich wie die Hände Gottes, die eine Tür nach der anderen in den Herzen der Zuhörer öffneten. Die Musik wärmte die Seelen aller Anwesenden, wo sich Gott, Wagner und Tennstedt fest die Hände reichten.

**7. – 26. Okt. 1988 Hongkong- und Japan-Tournee:**

| | |
|---|---|
| 9., 10., 11., 12. Okt. 1988 | Hongkong, City Hall. Vier Konzerte. Beethoven: *Sinfonie Nr. 8*, Schubert: *Sinfonie Nr. 9 „Große C-Dur"*; Tschaikowsky: Sinfonie Nr. 5 |

Japan: Ichikawa, Tama, Matsudo, Tokyo zwei Mal, Nagaoka, Sapporo, Osaka.

| | |
|---|---|
| 15. Okt. 1988 | Ichikawa. Beethoven: *Egmont*-Ouvertüre; Richard Strauss: *Don Juan;* Beethoven: *Sinf. Nr. 3 „Eroica"* |
| 18. Okt. 1988 | Tokio, Suntory Hall. Wagner-Programm. NHK-TV-Aufzeichnung (auch DVD) |
| 23. Okt. 1988 | Tokio. Programm wie 15. Okt. |
| 24.+ 25. Okt. 1988 | Osaka. Richard Strauss: *Don Juan,* Beethoven: *Sinfonie Nr. 3 „Eroica"*; Wagner-Programm |

Auch diese Tour wird ein überwältigender Erfolg. Aber von nun an ist jedes Konzert ein Geschenk für die Musiker und das Publikum. Die Liste seiner Krankheiten wird immer länger. Im Juni 1989 wird ihm in der Hamburger Endo-Klinik ein neues Hüftgelenk eingesetzt. Als er wieder an Krücken humpeln kann, stürzt er und bricht sich eine Rippe. Immer noch mit Gehhilfe kann er im November seinen alten Freund Richard

Tennstedt nach der Operation, mit Inge, Edith Albrecht Foto: Dietrich Albrecht

Cisek in Minneapolis besuchen. Nach sieben Jahren Pause dirigiert er endlich wieder einmal das Minnesota Orchestra.

> *Klaus Tennstedt:* Die Leute sagen zu mir: „Sie dirigieren nur die *Magic Five* der amerikanischen Orchester." Nein, jetzt kann man sagen, es gibt die *Magic Six*: Das Minnesota Orchestra ist wirklich ein fantastisches Orchester mit einem fantastischen Saal.[50]

Oft und bitter wird beklagt, dass Tennstedt fast nur noch Konzerte dirigiert, obwohl ihm die Opernbühne in Fleisch und Blut liegt. Doch im Sommer 1991 bietet sich eine neue Gelegenheit in Glyndebourne, einem Festspielort etwa eine Autostunde südlich der englischen Hauptstadt. Hier ist das London Philharmonic Orchestra seit Jahrzehnten das Residenzorchester. Geplant ist der *Don Giovanni* von Wolfgang Amadeus Mozart. Tennstedt hatte die Oper sowohl in Schwerin als auch in Kiel einstudiert und dutzende Male dirigiert; er kennt jedes Pünktchen in der Partitur. Und er hatte sich wie immer in die Inszenierung eingemischt. Die liegt in Glyndebourne in den Händen von Sir Peter Hall, einer ziemlich konservativen Regie-Ikone des Vereinigten Königreichs. Und wieder gibt es Streit.

Es geht um den Schluss der Oper. Dieser existiert nämlich in zwei Versionen. In der Prager Uraufführung von 1787 endet Don Giovanni dort, wo er nach Meinung mancher Zeitgenossen hingehört: in der

Hölle. Die spätere Wiener Fassung verlangte dagegen ein heiteres und moralisierendes Ende, mit einem Sextett der verbliebenen Hauptfiguren. Diese Version will der Regisseur Peter Hall durchsetzen, doch das wird Tennstedt keinesfalls akzeptieren. Er regt sich gewaltig auf:

> Dieses verdammte Sextett! Es ersetzt ein schreckliches Ende in einem falschen D-Dur, mit Posaunen – Mozart verwendet sie nur, wenn er den Tod beschreiben will. Jedes Mal, wenn ich versuche, die Oper so zu inszenieren [sic!], gibt es große Auseinandersetzungen mit dem Regisseur.[51]

Und da sich die Diskrepanzen nicht beilegen lassen, verlässt Tennstedt kurzerhand die Produktion. Das ist jammerschade. Damit ist die letzte Chance für eine Oper vertan.

Nachstehend Tennstedts Programm der Spielzeiten 1989/90 bis 1991/92 mit dem London Philharmonic Orchestra. Die Absagen häufen sich dramatisch.

| **Klaus Tennstedt Ehrendirigent/Conductor laureate LPO 1989/90.** | **Teil 6** |
|---|---|
| 24. Sept. 1989 | Andrew Litton ***ersetzt Tennstedt***. Tschaikowsky: *The Tempest;* Beethoven: *Klavierkonzert Nr. 5* (Solist: Peter Donohoe), Rachmaninow: *Symphonische Tänze* |
| 28. Sept. 1989 | Myung-Wha Chung ***ersetzt Tennstedt***. Beethoven: *Prometheus*-Ouvertüre*; Violinkonzert* (Kyung-Wha Chung); Dvořák: *Sinfonie Nr. 8* |
| 21. Nov. 1989 | Glinka: Ouvertüre *Ruslan und Ludmilla;* Grieg: *Klavierkonzert* (Solist: Radu Lupu); Beethoven: *Sinfonie Nr. 7* |
| 22. Nov. 1989 | The Royal Concert. Brahms: *Violinkonzert* (Solist: Nigel Kennedy) Beethoven: *Sinfonie Nr. 7* |
| 14. Dez. 1989 | Beethoven: *Sinfonie Nr. 1;* Bruckner: *Sinfonie Nr. 4* |
| 28. Jan, 1990 | Debussy: *Gigues*; Benjamin: *Cascade & At First Night;* Mahler: *Sinfonie Nr. 1* |
| 29. Jan. 1990 | Mozart: *Serenade in C für Bläser;* Tschaikowsky: *Variationen auf ein Rokoko-Thema* (Solist: Heinrich Schiff); Mahler: *Sinfonie Nr. 1* |
| 6. Mai 1990 | Mussorgsky: *Eine Nacht auf dem Kahlen Berge;* Bruch: *Violinkonzert* (Kyung-Wha Chung); Brahms: *Sinfonie Nr. 1* |
| 10. Mai 1990 | STUDIO – Mussorgski: *Eine Nacht auf dem kahlen Berge;* Abbey Road Studios, London |
| 30. August 1990 | Von Weber: *Oberon*-Ouvertüre*;* Brahms: *Klavierkonzert Nr. 1* (Solist: Alfred Brendel); Beethoven: *Sinfonie Nr. 5* |

**Ehrendirigent/Conductor laureate 1990/91**

27. Sept. 1990 Yuri Simonev ***ersetzt Tennstedt:*** Weber: *Freischütz*-Ouvertüre; Beethoven: *Klavierkonzert Nr. 3* (Solist: Alfred Brendel); Prokofjew: *Sinfonie Nr. 5*

30. Sept. 1990 Yuri Simonev ***ersetzt Tennstedt***: Beethoven: *Sinfonie Nr. 4;* Tschaikowsky: *Sinfonie Nr. 6 „Pathetique"*

Oktober 1990 **Großbritannien-Tournee** mit Mahler: *Sinfonie Nr. 4,* **abgesagt** wegen Diabetes-Diagnose Tennstedts

27.+ 28. (+30.) Jan. 1991 Live & TV-AUFZEICHNUNG: Mahler: *Sinfonie Nr. 8* (Julia Varady, Jane Eaglen, Susan Bullock, Trudeliese Schmidt, Jadwiga Rappé, Kenneth Riegel, Eike Wilm Schulte, Hans Sotin); Royal Festival Hall, London

2. April 1991 Smetana: Ouvertüre zu *Die Verkaufte Braut*; Dvořák: *Sinfonie Nr. 8;* Janáček: *Sinfonietta*

31 Aug. 1991 Prom. Beethoven: *Sinfonie Nr. 9,* (Solisten: Jane Eaglen, Kathleen Kuhlmann, Anthony Rolfe Johnson, John Tomlinson); Royal Albert Hall, London

**Ehrendirigent /Conductor laureate 1991/92**

21.– 25. Sept. 1991 **Italien-Tournee.** Perugia und Pompeji, Beethoven: *Sinfonie Nr. 9*

26. Sept. 1991 Beethoven: *Egmont*-Ouvertüre*;* Mahler: *Lieder eines fahrenden Gesellen,* (Solist: Thomas Hampson); Beethoven: *Sinfonie Nr. 3 „Eroica";* CD-Aufnahme live, Royal Festival Hall, London

3. Okt. 1991 Beethoven: *Triplekonzert* (Solisten: Gidon Kremer, Misha Maisky, Olli Mustonen); Beethoven: *Sinfonie Nr. 3 „Eroica"* CD-Aufnahme live, Royal Festival Hall, London

7.+ 10. Okt. 1991 Wagner: *Siegfried-Idyll, Meistersinger*-Ouvertüre, *Walküre 1. Akt;* (Sol.: René Kollo, Eva-Maria Bundschuh, John Tomlinson)

4.+ 7. Nov. 1991 Mahler: *Sinfonie Nr. 6* + CD-Aufnahme **live;** Royal Festival Hall, London

21. Febr. 1992 Beethoven: *Sinfonie Nr. 6 „Pastorale" & Sinfonie Nr. 5*

23. Febr. 1992 Beethoven: *Coriolan*-Ouvertüre*;* Berg: *Violinkonzert* (Solist: Shlomo Mintz), Beethoven: *Sinfonie Nr. 5*

28. Febr. - 21. März 1992 **Welttournee: Japan, Mexico, USA** (Tokio, Osaka, Hitachi, Mexico City, Los Angeles, New York), Solisten: Teiko Maehashi, Young Uck Kim (Violine). Franz Welser-Möst ***ersetzt Tennstedt durchgehend***

| | |
|---|---|
| 5. Mai 1992 | Glinka: Ouvertüre *Ruslan und Ludmilla;* Prokofjew: *Klavierkonzert Nr. 2* (Solist: Dimitri Alexeev); Strawinsky: *Petrouschka* (1947) |
| 10. Mai 1992 | Schumann: *Carnaval*; Debussy: *Nocturnes;* Richard Strauss: *Till Eulenspiegel;* Strawinsky: *Feuervogel-Suite* (1919) |
| 26. Mai 1992 | Franz Welser-Möst ***ersetzt Tennstedt.*** Maurice Ravel: *La Valse;* Prokofjew: *Violinkonzert Nr. 1* (Solist: Young Uck Kim); Strawinsky: *Oedipus Rex* |
| 17. – 19. Aug. 1992 | **Lucerne Festival, Schweiz.** (Solistin: Felicity Lott, Sopran) |
| 20. Aug. 1992 | Joh. Seb. Bach: *Toccata und Fuge in d-Moll;* Liszt: *Präludium und Fuge zu B-A-C-H;* Wagner: *Tannhäuser*-Ouvertüre und *Venusberg; Rienzi*-Ouvertüre*; Siegfrieds Rheinfahrt* und *Trauermarsch,* aus Götterdämmerung; *Meistersinger*-Ouvertüre*; Walkürenritt* (Zugabe) |
| 25. Aug. 1992 | **Edinburgh Festival.** Richard Strauss: *Vier Letzte Lieder,* (Solistin: Felicity Lott); Beethoven: *Sinfonie Nr. 7* |

John Willan erinnert sich an die Italien-Tournee Ende September 1991. Erste Station ist Perugia mit der *Neunten* Beethoven. Nach dem Einchecken im Hotel schlägt Judy Grahame einen Ausflug nach Assisi vor, es sei nur eine halbe Stunde entfernt. Ob Klaus mitkommen wolle?

„Nein, ich muss meine Musik studieren." Das bringt Judy auf die Palme:

„Was soll das heißen, du musst deine Musik studieren? Das ist Beethovens *Neunte Sinfonie*, die hast du schon hundertmal gemacht."

„Ach, ich muss arbeiten, muss an meine Partitur."

„Du bist ein langweiliger alter Mann", schießt es aus ihr heraus, „du weißt nichts über Geschichte und so. Du kannst nur dasitzen und deine blöde, verdammte Partitur studieren. Fang endlich an zu leben!"

„Ach, aus!" *[wegwerfende Handbewegung]*

So fahren sie ohne Klaus nach Assisi. Als sie abends in der Kirche ankommen, in der das Konzert stattfinden soll, wundert sich Judy, dass Klaus sie unbedingt vor dem Konzert noch sehen will. Als sie ins Dirigentenzimmer kommt, sagt er: „Bitte setz dich, ich möchte dir was erzählen." Und er sprudelt los über Assisi, den heiligen Franziskus, die Geschichte der Stadt, als wäre er schon oft dort gewesen und kenne sich aus. Aber kannte er das wirklich? John hat den leisen Verdacht, dass Klaus sich am Nachmittag informiert haben könnte. Schließlich durfte er sich nicht vorwerfen lassen, er sei am Weltgeschehen nicht interessiert.

*John Willan:* Doch, war er durchaus. Sein Wissen war manchmal viel tiefer als es den Anschein hatte. Wir haben uns oft über Politik unterhalten, er hatte nicht nur Musik im Kopf.

Aber da gehen die Meinungen auseinander. Dieter Härtwig, Dramaturg aus alten Radebeuler Zeiten, widerspricht.

*Dieter Härtwig:* Sein Bildungsfundament war nicht so groß. Ein Weltmann war das nicht. Ein unglaublich genialisch begabter, begnadeter Musiker, das war er. Dem jedes Mittel recht war, seinen Willen, seine Ideen zu verwirklichen.

...im Wohnzimmer der Tennstedts Foto: Konrad Bockemühl

Wieder ein anderes Bild zeichnet Norman Lebrecht. Er meint, Tennstedt habe wenig Interesse, über den Sinn des Lebens und andere philosophische Spitzfindigkeiten nachzudenken. Norman:

Einmal rief er mich an und sagte:
„Ich lese gerade ein Buch."
„Klaus, wirklich... *[lacht].* Was ist es?"
„Es ist das Buch von Stephen Hawking, *Eine kurze Geschichte der Zeit.* Alle sagen, ich soll es lesen."

„Wie weit bist du denn schon?“
„Bis zur Mitte von Seite zwei.“ *[Norman lacht sich kaputt.]*

Es stimmt schon: Viel und gerne lesen ist seine Sache nicht, es sei denn, es hat mit Musik zu tun. Wenn Herbert Blomstedt stolz verkündet, 30.000 Bücher zu besitzen, dann sind es bei Tennstedt vielleicht ein paar hundert. Und das ist nicht nur Fachliteratur, etwa über Komponisten. Auch leichte Belletristik ist darunter, Krimis, Liebesromane.

Dafür beherrscht er, was selbst die meisten Musiker nicht können: Er liest Partituren wie andere ein Buch. Wir alle können beim Lesen den Sinn hinter den Buchstaben erkennen und unser Kopfkino laufen lassen. Tennstedt kann das auch mit einer Partitur. Er hört im Geiste, wie es klingen soll. „Bei den Noten,“ sagt er, „hat man nur schwarze Zeichen auf weißem Papier. Der Dolmetscher muss den Mut haben, sie anzuschauen und zu sagen: Ich allein kenne die Wahrheit darüber. Ich bin der Beste.“[52] Für ihn ist es eine nie endende Aufgabe, den Gehalt dieser Notenkleckse zu erkunden: Bilder, Gefühle und vielleicht Geschichten, die helfen, die Musik mit Leben zu füllen. „Um Takt zu schlagen, bin ich nicht da“, sagt er ein andermal. „Ich bin da, um das Orchester auf meine, für mich gewonnene musikalische Wahrheit einzuschwören“, ein Geheimnis, das er sich selbst nicht erklären könne. Um diese Wahrheit zu entdecken, muss er sich immer wieder neu mit dem Material auseinandersetzen. Deshalb zieht er sich lieber in sein Hotelzimmer zurück und studiert die Partituren, als irgendwelchen Touristenattraktionen nachzujagen. Weil es immer wieder Neues zu entdecken gibt. Es reicht, wenn Inge ihm hinterher erzählt, was sie alles gesehen und was er angeblich verpasst habe.

# Die letzten Jahre

Wird Tennstedt eine weitere Tournee durchstehen? Das fragen sich Orchester und Management des London Philharmonic besorgt. Es wird noch anstrengender, denn diesmal soll es rund um den Globus gehen. Die Tournee soll vom 28. Februar bis 21. März 1992 stattfinden, mit zahlreichen Konzerten in Japan (Tokio, Osaka, Hitachi), Mexiko-Stadt und den USA (Los Angeles, New York). Der junge Österreicher Franz Welser-Möst ist mittlerweile Chef des Orchesters. Er hat es nicht leicht, wird er doch ständig mit seinem Vorgänger Klaus Tennstedt verglichen. Viele der Musiker machen unmissverständlich klar, wen sie eigentlich da vorne sehen möchten. Für die Tournee ist geplant, dass Welser-Möst die ersten Konzerte dirigiert und später als Einspringer bereitsteht.

In Vorbereitung auf die Tournee kontaktiert Marketingdirektorin Judy Grahame mehrere deutsche Kritiker. Niemand zeigt Interesse, bis auf einen, Wolfgang Sandner von der *Frankfurter Allgemeinen Zeitung.*

> *Judy Grahame:* Also habe ich ihn eingeladen, zur Tournee nach Japan zu kommen, und er kam. Tennstedt sagte, er freue sich sehr, war aber hoch nervös, weil das ein wichtiger deutscher Kritiker war. Also sind wir nach Japan geflogen. Klaus und das Orchester waren da, auch Franz Welser-Möst. Sandner kam ein paar Tage später, vor dem ersten Konzert, das Klaus geben sollte. Doch Klaus ist kurz vorher abgereist. Er sagte, es gehe ihm nicht gut. Ich glaube jedoch, er hatte einfach zu viel Angst, weil Sandner da war.

Laut Norman Lebrecht ist Tennstedt wegen einer Ohrinfektion abgereist.[53] Das London Philharmonic, schreibt er, fühle sich ohne ihn wie die Rolling Stones ohne Mick Jagger. Für das Orchester ist es nur eine weitere Katastrophe, die langsam zur Gewohnheit wird. Und so müssen sie die ganze Tour mit „Franzi“ bestreiten, dem ungeliebten 31-jährigen Einspringerdirigenten.*

Nicht mehr lange, und Tennstedt muss jedes Konzert absagen. Sein immer schon schwankendes Selbstwertgefühl hängt nur noch an einem dünnen Faden. Er ist körperlich geschwächt. Die Stimme klingt

---

*Längst hat Franz Welser-Möst eine Weltkarriere durchlaufen und ist seit langem hoch angesehener Chef des Cleveland Orchestra.

kratzig. Die Hüfte schmerzt. Sein Gang ist wackelig. Als er sich erneut einer Hüftoperation unterziehen muss[54], raten ihm die Ärzte, sich nicht länger den mentalen und physischen Strapazen des Konzertbetriebs auszusetzen.

*Jeremy Cornes, Percussion, LPO:* Es war sehr, *sehr* traurig, weil er so einen enormen Einfluss auf das Orchester hatte. Er war ein großer Mann. Es war, als wenn ein großer Mann gleichsam sterben würde, nachdem er so viel gegeben hat. Ich erinnere mich, dass er am Ende eines Konzerts es gerade noch schaffte, sich zu verbeugen und dem Orchester eine Verbeugung zu geben.

*Tom Eisner, 1. Geige, LPO:* Einige Musiker haben gesagt über unsere anderen Dirigenten: Ja, er ist gut, aber er ist nicht Klaus.

*Laurie Lovelle, Kontrabass, LPO*: Diese Zeit wird nicht wiederkommen, die goldenen Tage. Auch wenn diese jungen Dirigenten es nicht mehr hören können: *Das* waren die goldenen Tage!

**Klaus Tennstedt Conductor Laureate/Ehrendirigent 1992/93** **Teil 7**

Chefdirigent Franz Welser-Möst

| | |
|---|---|
| 7.+ 8. Okt. 1992 | Jeremy Jackman ***ersetzt Tennstedt:*** Saxton: *Paraphrase on Mozarts Idomeneo*; Mendelssohn Bartholdy: *Warum toben die Heiden;* Beethoven: *Sinfonie Nr. 9* (Lucia Popp, Ann Murray, Anthony Rolfe Johnson, René Pape) |
| 13.+ 14. Okt. 1992 | Beethoven: *Violinkonzert* (Solist: Nigel Kennedy); Brahms: *Sinfonie Nr. 1* |
| 9.+ 11. Febr. 1993 | Roger Norrington ***ersetzt Tennstedt*** Josef Haydn: *Die Schöpfung* |
| 14.+ 15. Mai 1993 | Mahler: *Sinfonie Nr. 7,* + CD-Aufnahme live, **letztes Konzert** |
| 25.+ 26. Mai 1993 | Bernard Haitink ***ersetzt Tennstedt***. Schubert: *Streichquartett 14, (Der Tod und das Mädchen),* The Borodin String Quartet; Franz Schubert: *Sinfonie Nr. 9 „Große C-Dur"* |

**Klaus Tennstedt Conductor Laureate 1993/94**

| | |
|---|---|
| 2. Nov. 1993 | Bernard Haitink ***ersetzt Tennstedt.*** Mozart: Quartett in e-Moll für Klavier, Oboe, Klarinette, Horn und Fagott (5 Solisten); Haydn: Sinfonie Nr. 86; Prokofjew: Sinfonie Nr. 5 |
| 7.+ 8. Nov. 1993 | Jukka-Pekka Saraste ***ersetzt Tennstedt.*** Brahms: Schicksalslied (Solist: Jeremy Jackman); Mahler: Sinfonie Nr. 5 |
| 15. Febr. 1994 | Roger Norrington ***ersetzt Tennstedt.*** Beethoven: *Coriolan-Ouvertüre; Sinfonie Nr. 8*; Brahms: *Sinfonie Nr. 4* |

| | |
|---|---|
| 20. Febr. 1994 | Franz Welser-Möst ***ersetzt Tennstedt.*** Benjamin: *Sudden Time;* Brahms: *Ein deutsches Requiem* (Sol.: Felicity Lott, Thomas Hampson) |
| 7. April 1994 | Bernard Haitink ***ersetzt Tennstedt.*** Barber: *Adagio for Strings;* Richard Strauss: *Vier letzte Lieder* (Felicity Lott); Tschaikowsky: *Sinfonie Nr. 6* |
| 14.+16. Apr 1994 | Herbert Blomstedt ***ersetzt Tennstedt.*** Brahms: *Violinkonzert* (Solist: Kyung-Wha Chung); Beethoven: *Sinfonie Nr. 7* |
| 13. Aug. 1994 | Libor Pesek ***ersetzt Tennstedt.*** Britten: *Sinfonia da Requiem;* Beethoven: *Sinfonie Nr. 3 „Eroica".* Royal Albert Hall |
| **NEUN weitere Absagen** von Tennstedt | |

*Richard Cisek, Minneapolis:* Ich wusste, dass er eine Zeit lang im Krankenhaus war. Mir wurde gesagt, dass die Ärzte ihm sogar erlaubt haben, dort zu rauchen, weil er einfach darauf bestanden hat *[lacht].* Er konnte nicht ohne Zigarette sein.

Doch nicht nur gesundheitliche Probleme halten Tennstedt vom Weitermachen ab. Die zweite Hälfte des Jahres 1992 bringt ein Ereignis, das ihn massiv verärgert und auch verunsichert. John Willan, sein Freund und künstlerischer Weggefährte, soll entlassen werden. Nach mehr als sieben Jahren als Geschäftsführer des Orchesters rumort es hinter den Kulissen. Unter seiner Leitung hatte sich viel verändert, für manche vielleicht zu viel. Dabei ist er wohl einigen auf die Füße getreten. Jedenfalls wird ihm „grobes Fehlverhalten" vorgeworfen, er wird gefeuert. Tennstedt versteht die Welt nicht mehr.

*John Willan:* Klaus hat noch zwei Konzerte dirigiert und ist dann nie wieder aufgetreten. Nicht, weil er krank war. Sondern weil sein bester Freund und Vertrauter nicht mehr da war. Trotzdem habe ich ihn regelmäßig gesehen und unzählige Male versucht, ihn wieder zum Orchester zu holen. Aber er wollte nicht.

Denn „sein" Orchester, das London Philharmonic Orchestra, befindet sich in einem personellen Umbruch. Einer nach dem anderen verlassen die wichtigsten Stimmführer das Orchester. Den Anfang macht Gordon Hunt, sein Lieblingsoboist. Es folgen David Nolan, sein herzlich vertrauter Konzertmeister, dann Matthias Feile, Solocellist, und schließlich Jonathan Snowden, Soloflötist. Sie alle wechseln Ende 1992 zur Konkurrenz, zum Philharmonia Orchestra. Es ist wohl kaum ein Zufall, dass der Rauswurf Willans und der Abgang dieser zentral wichtigen Musiker etwa zur gleichen Zeit erfolgen. Auch dem neuen Musikdirektor Welser-Möst gelingt es nicht, die Wogen zu glätten und den Laden zusammenzuhalten.

Tennstedts ewige Baustelle, seine Hüfte, lässt ihm immer noch keine Ruhe. Die Operation am anderen Hüftgelenk ist nicht gut verlaufen. Und so zieht er bei Auftritten das Bein nach. Mehr und mehr nehmen die Schmerzen seine Konzentration in Beschlag.

Ein letztes Mal steht der Meister am 14. und 15. Mai 1993 in der Royal Festival Hall vor seinem geliebten Orchester. Auf dem Programm steht Gustav Mahlers *Siebte Sinfonie*. Vermutlich rafft er sich nur dazu auf, um sein aktuelles Lebensprojekt fortzusetzen: alle Sinfonien seines Lieblingskomponisten ein zweites Mal aufzunehmen, diesmal live. Am Ende werden ihm bei der EMI drei fehlen, die *Zweite, Dritte* und *Neunte Sinfonie*. Dafür gibt es sie bei anderen Labels.

Karikatur: Walter Bösch

Ein Jahr später. Gordon Hunt (immer noch sein Lieblings-Oboist) kommt zu Tennstedts Geburtstag am 6. Juni nach Heikendorf, eine Flasche teuren Whisky im Gepäck. „Du Verräter“, begrüßt ihn sein früherer Chef, „du hast mich im Stich gelassen“ und nimmt ihn freudestrahlend in den Arm. Natürlich geht es bald um die Frage, ob und wann Klaus wieder dirigiere. Gordon fleht ihn an, alle warteten sehnsüchtig. Doch Klaus lässt keinen Raum für Sentimentalitäten:

> „Ich glaube nicht, dass ich noch einmal dirigieren kann. Wenn ich aufstehe und es versuche, bin ich so unsicher. Meine Beine tragen mich nicht mehr. Ich habe Angst, dass ich irgendwann ohne Vorwarnung nach vorne ins Orchester falle, weil ich mich zu sehr auf die Musik konzentriere und das Gleichgewicht verliere. Ich glaube, ich werde gar nicht mehr dirigieren.“
>
> „Du bist noch keine siebzig! Du kannst dich hinsetzen.“
>
> „Nein, ich kann mich unmöglich hinsetzen.“
>
> „Viele tun es.“
>
> „Ich könnte es einfach nicht. Aber eines möchte ich sagen: Wenn ich jemals wieder nach London zurückkomme, dann zu den Londoner Philharmonikern. Ich bin ihnen gegenüber zu loyal, um ein anderes Londoner Orchester zu dirigieren.“

## AUSZEICHNUNGEN

Im Apartment der Tennstedts gibt es ein großes Zimmer. An der Wand hängen gerahmte Auszeichnungen, Preise, Fotos von illustren Persönlichkeiten. Tennstedt präsentiert sie jedem seiner Gäste, wie der Jäger seine Sammlung von Hirschgeweihen. Auf diese Galerie ist er mächtig stolz. Sind sie doch der sichtbare Ausdruck seines erfolgreichen Lebens. Jeder soll das sehen.

Eines dieser Dokumente ist von Yehudi Menuhin. Er und Tennstedt laufen in Leipzig offenbar knapp aneinander vorbei. Der berühmte Geigenvirtuose hinterlässt einen handgeschriebenen Zettel im Hotel:

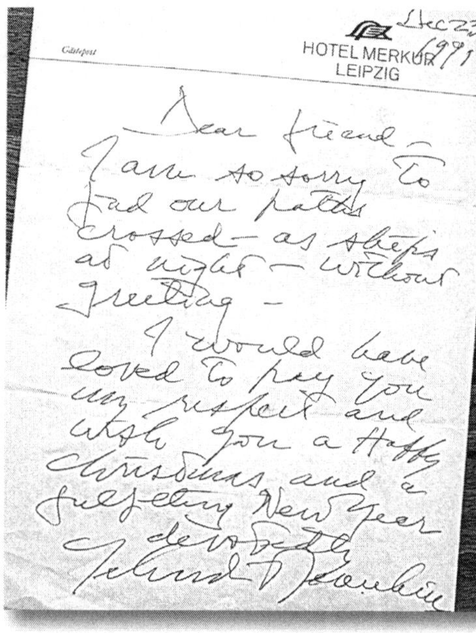
Gästepost
HOTEL MERKUR
LEIPZIG
Dec 23 1991
Dear friend – I am so sorry to find our paths crossed – as ships at night – without greeting – I would have loved to pay you my respect and wish you a Happy Christmas and a fulfilling New Year devotedly Yehudi Menuhin

Lieber Freund, 23. Dez. 1991

es tut mir so leid, dass sich unsere Wege kreuzten – wie Schiffe in der Nacht – ohne sich zu grüßen. Ich hätte Ihnen liebend gerne meinen Respekt gezollt und wünsche Ihnen Frohe Weihnachten und ein erfüllendes Neues Jahr.

Hingebungsvoll

Yehudi Menuhin

Die wenigen deutschen Ehrungen schätzt er ganz besonders. Der damalige Bundespräsident Richard von Weizsäcker, ein großer Bewunderer des Dirigenten, schickt ihm regelmäßig Glückwunschtelegramme; er überreicht ihm 1986 das Bundesverdienstkreuz Erster Klasse. Es folgen reihenweise „Beste Mahler-Interpretationen", dazu ein Dutzend Auszeichnungen von internationalen Musikzeitschriften wie *Gramophone* und *Fono Forum*. Die *New York Times* wählt ihn viermal nacheinander zum „Musiker des Jahres". Er wird Ehrenmitglied der *Royal Academy of Music* (Schirmherrin: Ihre Majestät die Queen) sowie der Bühnen Kiel.

Es ist natürlich kein Zufall, dass die meisten Auszeichnungen aus der englischen und amerikanischen Welt kommen. Dort wurde er verehrt, und das ist bis heute so geblieben. Besonders stolz ist er auf die beiden Ehrendoktorwürden von der Colgate University und vor allem von der Oxford University.

Ehrendoktor

Foto: Edith Albrecht

*Klaus Tennstedt:* Ich bin der einzige deutsche Musiker in 800 Jahren, der das bekommen hat. Der erste war Josef Haydn. Kein Deutscher natürlich *[lacht],* der zum Dank dafür seine berühmte *Oxford Symphony* geschrieben hat. Der zweite war Karajan, ein Österreicher. Der dritte war einer der besten Pianisten der Welt, Swjatoslaw Richter, der Russe.[55]

Und noch etwas, wo er einzigartig ist: Schon zu Lebzeiten hat er einen Fanclub. Sie nennen sich „Klausketeers", reisen quer durch die Vereinigten Staaten, um keines seiner Konzerte zu verpassen. Regelmäßig erscheint ein *Newsletter,* der den Mitgliedern per Post zugeschickt wird, in Zeiten ohne Internet eine besondere Leistung. Herausgeber ist ein Ingenieur aus Florida namens David Grundy. Solche Gesellschaften gibt es für viele Dirigenten, aber sie entstehen erst nach dem Tod des jeweiligen Namensgebers, wie die Toscanini Society, die Bruno Walter Society, die Fritz Reiner und Wilhelm Furtwängler Society und so weiter.

## EINE PROBE IN OXFORD, Juni 1994

Judy Grahame ist zu dieser Zeit verantwortlich für die Öffentlichkeitsarbeit *(marketing director)* des London Philharmonic Orchestra. Dadurch ist sie sehr oft mit Tennstedt zusammen. Sie ist ungefähr in dem Alter, in dem Klaus´ Tochter Heidi heute wäre, wenn sie sich nicht das Leben genommen hätte. Judy ist eine der wenigen, die von der Katastrophe wissen. Es entwickelt sich eine herzliche Vater-Tochter-Beziehung, eine emotionale Brücke, die für Klaus von großer Bedeutung ist.

Tennstedt und Judy Grahame

Die Ära Tennstedt scheint nun endgültig vorbei zu sein. Nach wie vor hoffen alle, dass der Ehrendirigent noch einmal zurückkehrt. Doch daran ist nicht zu denken, solange er nicht vollständig genesen ist. Tennstedt hat abschreckende Beispiele vor Augen: Einen Herbert von Karajan, der es zum Schluss kaum noch selbstständig aufs Podest schaffte und nur noch im Sitzen dirigieren konnte, einen Otto Klemperer, einen Karl Böhm, die sich noch als Greise vor Orchestern hielten. Auch Kurt Masur sollte später vom Rollstuhl aus dirigieren. Für Tennstedt ein unerträglicher Gedanke: „Ich muss im Stehen dirigieren", sagt er, „es gehört zu mir, dass ich mich frei bewegen kann." Alles muss fließen, ineinander strömen und doch auf den Punkt genau sein. Was der Gedanke will, muss der Körper ausführen, und der wiederum zeigt an, wie die Musik klingen soll.

Und nicht nur der Körper, denn alles hängt zusammen: Tennstedt muss eine Sinfonie auch seelisch und geistig durchstehen. Es ist jedes Mal eine Reise, die einen vollkommen wachen Geist erfordert. Einen Geist, der sich auf den Körper verlassen kann. Doch der Atem rasselt, die Hüfte schmerzt, Unsicherheit packt ihn noch mehr als sonst. Ist das Ende gekommen?

Judy Grahame hat eine Idee. Sie kennt ihren Schützling und sein unstillbares Bedürfnis nach Anerkennung, nach Preisen und Auszeichnungen. Wie wäre es mit einem Doktortitel *honoris causa,* der Ehre wegen, von der ehrwürdigen Universität Oxford? Wäre das ein Köder, groß genug, um ihm das Dirigieren wieder schmackhaft zu machen? Ihn für ein paar Konzerte zurück ans Pult zu locken? Sie streckt die Fühler aus, mobilisiert ihre Kontakte. Inge wird informiert. Als dann der Titel in greifbare Nähe rückt, wird auch Klaus eingeweiht.

...mit Judy Grahame

*Judy Grahame:* Ich habe ihm gesagt, dass eine Bedingung für den Doktortitel ist, dass er das Oxford University Orchestra für eine Probe dirigiert, und er hat mir geglaubt. Also machte er diese eine Probe.

Klaus wählt die *Oberon-Ouvertüre* von Carl Maria von Weber. Ein knapp zehnminütiges Werk, genau die richtige Länge, um mit einem Studentenorchester intensiv zu arbeiten.

Mehr als ein Jahr ist vergangen, seit er das letzte Mal vor einem Orchester stand, und Tennstedt ist immer noch krank. Vor allem die Hüfte macht ihm wieder zu schaffen. Einmal hatte er sich im Bett gedreht, und der Oberschenkelknochen war aus der Gelenkpfanne gesprungen. Neue Schmerzen, neue Operationen, wieder liegen, mit einer vagen Aussicht auf Besserung. Jetzt soll er also in Oxford dirigieren.

Es ist der 22. Juni 1994. Tennstedt, fast hilflos: „Ich bin sehr nervös", die Miene angespannt. „Ich habe regelrecht Angst. Jedes Mal, wenn ich mir vorstelle, da raufzugehen, möchte ich am liebsten weglaufen."

Das Orchester der Universität Oxford, seine jungen Studentinnen und Studenten werden unruhig. In gespannter Erwartung rutschen sie auf ihren Stühlen. Die meisten sind in Straßenkleidung gekommen, es ist ja nur eine Probe. Sie sind schon eingestimmt, gleich sollen sie vor dieser Ikone des Weltmusiklebens bestehen. Wie wollen sie mit den New Yorker oder den Londoner Philharmonikern mithalten? Wird der Meister zufrieden sein, wird er verärgert sein?

Doch nun sehen sie einen Mann mit hängenden Schultern und Gehstock auf das Podium zusteuern. Inge, seine Frau, stützt ihn. Es wird mucksmäuschenstill. Am Dirigentenpult nimmt sie ihrem Mann die Gehhilfe ab. Und sofort nimmt der Meister den jungen Musikern die Angst, mit krächzender Stimme: „Meine Hüfte ist schlecht. Meine Augen sind schlecht. Meine Stimme ist schlecht. Mein Englisch ist schlecht – aber wir machen Musik."[56]

Rechte Seite: Die letzte Probe Fotos: Tom Pilston

Die Ouvertüre beginnt mit einer langgezogenen Hornkantilene, die vom Hornisten ruhige Nerven verlangt, während die zweite Hälfte des *Oberon* den Streichern einige rasante Läufe zumutet. Tennstedt arbeitet mit den jungen Leuten, als sitze eines der berühmten Orchester vor ihm.

Doch jetzt geht es um die Musik, um jede einzelne Note. Er setzt an, bricht nach wenigen Takten ab, korrigiert, macht wohl ein paar wackelige Schritte in die Streicher hinein, erklärt die Stimmung der ersten Takte. So eine konzentrierte Probe haben die jungen Musiker und Musikerinnen noch nie erlebt. Sein Körper wiegt sich mit der Musik, drückt aus, wie es klingen soll.

David Lister ist einer der wenigen Journalisten, die zu diesem Ereignis eingeladen wurden. Er gibt Tennstedts Worte wieder:

> „Die ganze Ouvertüre handelt von einem großen Wald", sagt er, „und da ist der Mond, da sind Nymphen, da sind Glühwürmchen." Und er pfeift die Länge und das Gefühl für die Noten. „Eine Armee von Glühwürmchen" soll musikalisch glimmen.

Judy Grahame ist in banger Hoffnung. Sie wünscht sich nichts sehnlicher, als dass der Meister von hier aus wieder den Weg zu seinen Londoner Philharmonikern findet. Judy:

> Es war einfach wunderbar, ihn wieder dirigieren zu sehen. Sogar mit diesem Amateurorchester hat er es geschafft, den Tennstedt-Sound zu erreichen. Also bekam er seinen Doktortitel. Ich habe einen kleinen Brief von ihm, den er mir danach geschrieben hat. Er nannte mich immer „Darlink", mit einem „k" am Ende:
>
>> Darlink, du bist mein englischer Schutzengel die ganze Zeit, und ich möchte 1000 Mal „Danke" sagen. Alles Liebe, Klaus
>
> Tennstedt meinte hinterher zu mir: „Werde ich wieder dirigieren? Wie kann ich das sagen? Ich weiß es nicht. Meine Ärzte wissen es nicht. Niemand weiß es."

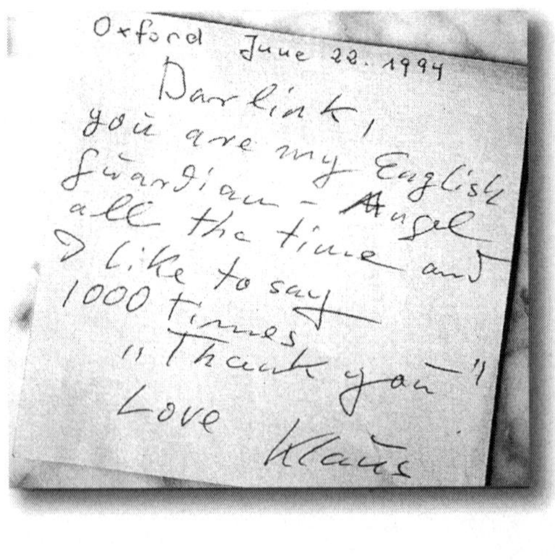
Oxford June 22. 1994
Darlink,
you are my English
Guardian – Angel
all the time and
I like to say
1000 times
"Thank you"
Love
Klaus

# „O du lieber Augustin, alles ist hin!“

London im Januar, graues Winterwetter. Judy Grahame führt mir ein privates Video von sich und Klaus Tennstedt vor. Er zeigt seine herzlichen Gefühle für sie und setzt sich immer wieder an den Flügel, um Fetzen von Musikstücken zu spielen, wie verwehte Erinnerungen, immer aus dem Gedächtnis, was ihm gerade in den Sinn kommt. Es ist die Musik in seinem Kopf, die herauswill vor ein Orchester. Da erklingt *Also sprach Zarathustra* von Richard Strauss, der aufsteigende C-Dur-Akkord. Dann ein Stück aus einer Mahler-Sinfonie. Plötzlich aus heiterem Himmel eine Melodie, die in Deutschland sehr bekannt ist: „O du lieber Augustin, alles ist hin“. Er singt es nicht, er spielt es auf dem Flügel.

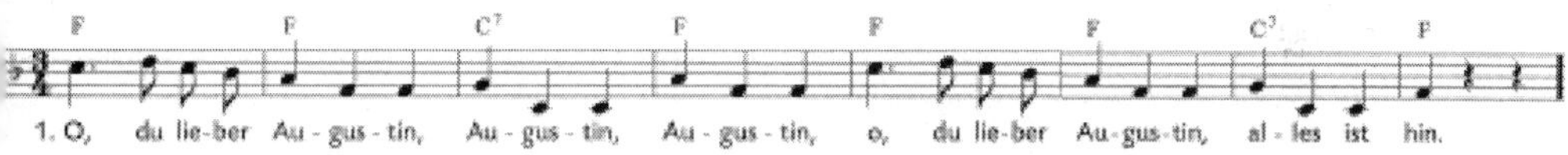


Mit diesen drei Wörtchen „alles ist hin“ öffnet Tennstedt die Tür zu seiner Seele einen Spalt weit. Da ist keine Hoffnung mehr, nur noch stilles Aufgeben, ein resignierter Abschied. Die Reise ist zu Ende. Und diese einfache, geradezu simple Melodie drückt aus, was bleibt nach all den großen Opern und weltbewegenden Sinfonien. Aber sachte, von keinem der Anwesenden bemerkt.

Für Klaus steht fest, dass er nie mehr vor einem Orchester stehen wird. Alles ist hin. Doch Judy Grahame und John Willan, seine lieben Londoner Freunde, seine Familie, sie wollen es nicht glauben. Ist Klaus nicht schon oft schwer erkrankt und immer wieder zurückgekommen? Warum nicht auch diesmal? Sein Orchester wartet sehnsüchtig auf ihn. Er ist immer noch ihr Ehrendirigent und wird es bleiben, solange er lebt. Und das Londoner Publikum würde gerne wieder Schlange stehen, um noch an Karten zu kommen.

Oxford war ein letzter, vergeblicher Versuch. Es hat in aller Brutalität gezeigt, wie ihn die Angst in die Zange nahm. Die Kräfte hätten ihn verlassen, sagt er. Er habe Angst, dass bei einer heftigen Bewegung der frisch operierte Oberschenkelkopf wieder aus der Gelenkpfanne springen könnte. Dann würde er auf der Bühne zusammenbrechen.

Ist es nicht vielmehr eine Sensibilität, die sich im Laufe der Jahre immer mehr verfeinert hat? Ein Mann, der vor einem deutschen Kritiker der *Frankfurter Allgemeinen Zeitung* davonläuft und seinen Anteil einer Welttournee absagt. „Das ist auch so einer, den die Musik kaputt macht", hören wir den Schweriner Chordirektor sagen. Es ist die mentale Erschöpfung. Eine fast übermenschliche Anstrengung, die weder Geist noch Körper mehr leisten können.

Der *Augustin* geht aber noch weiter. Tennstedt spielt den zweiten Teil nicht, aber er kennt ihn natürlich, und der geht so:

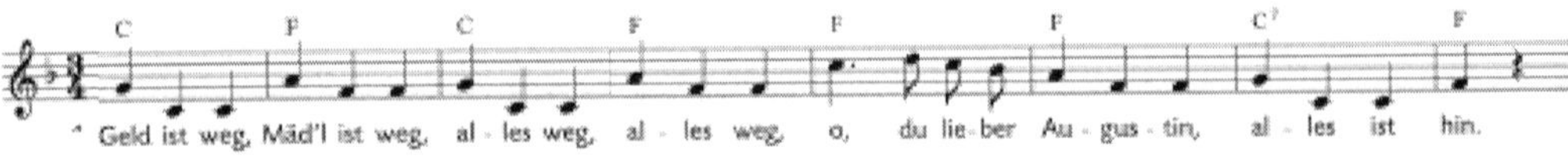


„Geld ist weg, Mäd´l ist weg, alles weg, alles weg". Natürlich liebte Tennstedt es, gutes Geld zu verdienen, der Welt seine mächtigen Rolls-Royces zu zeigen. Das war für ihn das Substitut für lobende Anerkennung. Alles weg.

Noch trostloser die zweite kurze Sequenz: „Mädel ist weg" bedeutet: Sein Lebenselixier, der Jungbrunnen, das Knistern der Verliebtheit – alles dahin. Die Katastrophe ist vollständig. Aber was hilft das Klagen, es geht weiter am Klavier: eine Zeile aus *Salome* hier, ein Thema aus einer Beethoven-Sinfonie dort, und plötzlich noch einmal, so als habe es nichts zu bedeuten: „O du lieber Augustin, alles ist hin."[57]

# Finale – Adagio lamentoso

Bei schönem Wetter liegt er im Krankensessel auf seinem Balkon in Heikendorf, lässt den Blick über die geliebte Kieler Bucht bis weit hinaus auf die Ostsee schweifen, zündet sich eine Zigarette nach der anderen an, trinkt sein Bier und zeigt jedem Besucher stolz die Trophäen an der Wand. John Willan kommt alle zwei Monate, manchmal zusammen mit Judy Grahame. Inge kocht ihre Suppe, und die Besucher schmieden Pläne für die Zukunft. Doch irgendwann ist nicht zu übersehen, dass es keine Zukunft mehr gibt. Klaus sagt es ja seit langem.

Wohl ist der Kehlkopfkrebs überstanden, aber die Hüfte schmerzt immer noch. Viel schlimmer ist, dass ein weiterer Krebs diagnostiziert wurde, ein Speiseröhrenkrebs (Oesophaguskarzinom)[58], gegen den im fortgeschrittenen Stadium kein Kraut gewachsen ist. Als Hauptursachen gelten Rauchen und Alkohol. Die Prognose: bestenfalls noch ein paar Jahre zu leben, wenn überhaupt ein Jahr.

Ob Tennstedt darüber nachdenkt, was von ihm bleiben wird? Natürlich die Orden und Preise und Goldenen Schallplatten, die sichtbaren Erfolge seines Lebens. Aber die Musikaufnahmen, die er der Welt hinterlassen hat, die bleiben sein Vermächtnis. Unwiederbringlich dahin sind seine Live-Auftritte, seine unnachahmliche Bühnenpräsenz, einmalig und nie wieder erreicht.

Die einzige Abwechslung in der Tristesse ist der gelegentliche Besuch alter Freunde. Kurt Masur schaut noch einmal mit seiner Frau Tomoko vorbei. Seine Mitstreiter aus der Oper Kiel haben ihn nicht vergessen. Wenige Tage vor Weihnachten 1997, knapp drei Wochen vor seinem Tod, besucht ihn sein alter Freund aus Radebeul und Schwerin, Dieter Härtwig:

> Das war sein letztes Krankenlager, da war ich noch einmal da. Die Wende [zur deutschen Einheit] war ja schon längst vollzogen, richtig legal.

Sie verabreden eine Mahler *Sechste Sinfonie*, seinen Liebling, *„the terrible symphony“,* mit den Dresdner Philharmonikern. Immer noch diese Hoffnung. Sie plaudern, schwelgen in alten Zeiten. „Weißt du noch? *Die Schule der Frauen,* wir waren so jung und voller Elan“. Erst recht der *Mahagonny,* „wo du zuerst an der Tür Programmhefte verkauftest und dann mit einem Satz über die Brüstung bist? Um wie ein Blitz den Einsatz zu geben, weißt du noch?"

*Dieter Härtwig:* Er lag schon meistens im Bett, konnte sich aber noch rauskrabbeln. Und dann hat er mich in das große Zimmer geführt. Überall an den Wänden hingen seine Urkunden. Das war eine Seite an ihm, die ich überhaupt nicht kannte. Wie ein Museumsführer hat er mich durch dieses Zimmer geleitet und mir jedes Detail erzählt, diese ganzen Auszeichnungen, die Ehrendoktorate, du meine Güte. Und da dachte ich wieder an Masur: Das hast du nicht geschafft, so viel! Da war der Tenno wieder voran. Oder ein großes Bild mit dem englischen Thronfolger Prinz Charles, ein anderes mit Prinzessin Diana, mit einem echten Behagen hat er mir das gezeigt. Alles ringsum, ein Bild am andern, das hat mich umgehauen, weil ich dachte, das kann nicht wahr sein. Das kann doch nicht wahr sein.

...mit Prinzessin Diana

Für mich sind diese zwei Blicke auf den späten Tennstedt, wie er da hilflos im Bett lag, dann sich aufkrabbelte, gerade noch einen Bademantel über, das ging schon sehr schlecht, und wie er mir das zeigte. Und den Blick auf die Ostsee *[hält wie ungläubig die Hände vor den Mund].*

Der 11. Januar 1998 ist ein grauer Wintertag, Reste von geschmolzenem Schnee, die See liegt ruhig. Inge macht Besorgungen, und so bittet sie ihre Freundin Annemarie Taube, kurz nach dem Kranken zu schauen.

*Annemarie Taube:* An dem Tag war ich nachmittags dort, und da schlief er ganz friedlich. Ach, dachte ich, geht´s ihm wohl besser, denn er hatte auch nicht diese Atembeschwerden. Dann wurde er wach, und wir haben uns ein bisschen unterhalten, nichts Besonderes. Bald kam auch Inge zurück. Später am Abend ruft sie mich an und sagt:

„Es geht ihm gar nicht gut."

„Inge, ich komm."

„Ja", sagt sie, „sollen wir noch den Arzt rufen?"

„Das ist wohl besser."

Und als Dr. Meißner, der Hausarzt kommt, sagt er gleich:

„Es geht zu Ende."

Er hat noch eine Spritze bekommen, damit er leichter, also zum Loslassen, dann haben wir beide nur seine Hand gehalten, und dann ist er weggeschlafen.

„Inge", sage ich, „möchtest du zu mir kommen? Bei mir schlafen?"

„Nein. Ich möchte hier bleiben."

Klaus Tennstedt stirbt am späten Abend des 11. Januar 1998 in seiner Wohnung in Heikendorf an den Folgen eines Speiseröhrenkrebses. Die Nekrologe sind, wie üblich, längst geschrieben. Noch ein letztes, weltweites Rauschen im Zeitungsblätterwald, dann wird es still.

# EPILOG

„Es gibt heute niemanden, der auch nur den Bruchteil seiner Ausstrahlung hat."
*Norman Lebrecht, London*

Schon Aristoteles behauptete, dass es kein Genie gäbe ohne ein wenig Wahnsinn.[59] Das passt zu Tennstedt. Dass er sich vom „Normalen" abhob, ist auf den vorhergehenden Seiten hinreichend belegt worden. Wir haben ihn als *Savant*, als eine Inselbegabung bezeichnet. Denn auch das passt zu Tennstedt: Er leistet auf einem Spezialgebiet Außergewöhnliches, bewegt sich ansonsten aber eher im Durchschnitt. Damit wäre er in bester Gesellschaft: Auch bei Mozart, Einstein und Sir Isaac Newton hat man den *Savant* vermutet.

Zum Ende unserer Reise blicken wir noch einmal wie durch ein Kaleidoskop auf den Gegenstand unserer Untersuchung.

Karikatur: Walter Bösch

Die Grundspannung, die das Leben dieses Mannes bestimmte, wurde von dem unerbittlich strengen Vater gelegt. Ihm verdankt er unendlich viel, eigentlich alles. Aber er musste sich auch befreien. Der Vater stellte schon früh extrem hohe Ansprüche. Der kleine Klaus hat das wohl nur ausgehalten und ist nicht daran zerbrochen, weil es die Mutter gab, die ihn mit Liebe überschüttete, mit aufopfernder Liebe, die einfach nur da war, während die Wertschätzung des Vaters immer an Leistung gebunden war. Und so kämpfte der Junge sein Leben lang darum, weiterhin gelobt und geschätzt zu werden. Er hat sich sehr angestrengt, um erfolgreich zu sein, wurde aber aufgrund seines geringen Selbstwertgefühls schnell unsicher, wie ehemalige Mitarbeiter bestätigen:

*Dieter Härtwig, Dresden:* Geduld freilich hat ihn lebenslang nicht begleitet. Vielmehr Unrast, Hektik, Nervosität, ja Getriebensein.

Ein enormer Leistungsdruck lastete auf ihm. Er wollte immer das Beste, die höchstmögliche Qualität aus einem Orchester und einem Ensemble herausholen. Zweifel über den richtigen Weg zum Ziel plagten ihn ständig.

Selbst beim Angeln und Tischtennisspielen musste er gewinnen – und konnte es nicht ertragen, wenn andere besser waren. Im Geigenspiel gehörte er ganz sicher zu den Besten. Es war die Grundlage seines Musizierens.

*Klaus Tennstedt:* Diese Erfahrung ist pures Gold, wenn ich mit meinem Orchester arbeite. Die Musiker vertrauen mir, wenn ich eine bestimmte Anweisung anbiete, und Vertrauen ist das Wichtigste. Die meisten Dirigenten kommen vom Klavier her und haben wenig Erfahrung mit Geigen-Fingersätzen und Bogenstrichen. Dabei ist das extrem wichtig.

Dirigieren lernt man am besten in der Oper. An unzähligen Abenden war Tennstedt der Mittelpunkt des Hauses. Alles war auf ihn ausgerichtet und von ihm abhängig. Hier entwickelte er die Souveränität, die seine späten Erfolge auszeichnete. Er konnte eine Atmosphäre schaffen, die alle in ihren Bann zog. Das erlebte auch Peter Manning, damals noch Konzertmeister des London Philharmonic Orchestra:

*Peter Manning:* Er schuf eine unglaubliche elektrische Spannung. Er holte etwas aus den Musikern heraus, von dem sie nicht einmal wussten, dass es in ihnen steckte. Du musstest ein echter Künstler sein! Er hat gezeigt, zu welcher Kunst jeder einzelne Musiker gelangen kann. Ich war nur drei Jahre mit Klaus zusammen, aber es waren die intensivsten Jahre meines Lebens.

Und er hatte noch so viel vor! Was wir von ihm schmerzlich vermissen, sind professionelle Aufnahmen der beiden Richard-Strauss-Opern *Salome* und *Elektra*.[60] Auch die vier Abende von Richard Wagners *Ring des Nibelungen* standen noch auf seiner Liste.

Mozart und Mahler waren für ihn die beiden großen Genies, „so unglaublich verschieden und doch verwandt“. Wenn er aber nur noch ein Konzert dirigieren dürfe, dann Beethovens „unbeschreiblich geniale *Neunte*“.[61]

Tennstedt ging in diesem wie in anderen Werken erstaunliche Risiken ein. Er neigte zu kolossalen Übertreibungen von Tempo und Dynamik. Er konnte in so banalen Dingen wie dem Zusammenhalten des Orchesters ärgerlich nachlässig sein. Man warf ihm vor, die Partituren zu missachten. Er lese Dinge heraus, die nicht drinstünden, vielleicht hier ein *Ritardando,* dort eine aufgesetzte *Fermate,* anderswo ein scharfer Akzent. Das mag sein. Es war eben, wie der Meister lakonisch bemerkte, „meine von mir gefundene Lesart".

Wie oft hat er Bruckner dirigiert? Insgesamt weit über hundert Mal – und immer nur die *Vierte, Siebte* und *Achte Sinfonie,* mit ganz wenigen Ausnahmen. Bruckners Werke sind Meditation, sie brauchen Zeit und Ruhe, sich zu entfalten. Tennstedt gab ihnen beides.

> *Laurie Lovelle, Kontrabass, LPO:* Es kann manchmal ein bisschen nervig sein, aber man muss da sitzen und warten. Je mehr man sich innerlich verlangsamt, desto besser ist es, bis plötzlich etwas geschieht. Und darin war Tennstedt unübertroffen. Für mich war er *der* Maestro des Taktstocks, alles umarmend. Immer hatte er ein Gespür für das gesamte Orchester, auch wenn er sich einzelnen Musikern zuwendete.
>
> Sein musikalisches Interesse galt in erster Linie der weiten Phrase, der ausgedehnten Phrase. Er ging nicht auf viele kleine Details ein. Manche Dirigenten tauchen in die Partitur, sie graben und finden diese kleinen Dinge. Sie kommen wieder hoch, und es klingt genau wie vorher. Aber seins war die umfassende Vision.

„Bruckner saß auf seiner Orgelbank in St. Florian und komponierte umgeben von Gott," sagt Tennstedt in einem Interview,[62] „die Sinfonien sind voll davon." Und er selbst? Es scheint, als ob der Gott und die Musik für ihn eins waren – wenn sich die Frage nach Gott überhaupt stellte. Jedenfalls suchte er ihn nicht, er hatte ja die Musik. Durch sie konnte er alles ausdrücken, was es zu sagen gab. Und wo ihm das Christlich-Religiöse zu viel wurde – wie bei Johann Sebastian Bach –, da machte er einen Bogen herum.

Es waren die Zuhörer, die in den Konzerten eine besondere Aura spürten. Manche beschrieben ihre Empfindungen mit Metaphern des Religiösen. Erinnert sei an den Kritiker des *Boston Globe,* der bei der *Achten* Bruckner den Himmel offen sah wie Händel bei seinem „Halleluja"-Chor.[63] Ein anderer, Bruce Morrow vom *Minnesota Daily,* notierte nach einem Konzert mit der *Dritten Sinfonie* von Gustav Mahler:[64]

> Das kommt einem religiösen Erlebnis so nahe, wie ich es noch nie erlebt habe.

Tennstedt gelang es immer wieder, diese Dimension in seine Interpretationen einzubringen. Auch der Fernsehproduzent Donald Sturrock beschwor die besondere Atmosphäre der Konzerte:

> *Donald Sturrock, London:* Ich war nicht der Einzige, der seinen Urlaub absagte, um eine Tennstedt-Aufführung nicht zu verpassen.

Foto: Klaus Hennch/Stadtarchiv Zürich

Es war das goldene Zeitalter der Mahler-Dirigenten wie Bernstein und andere. Selbst in dieser überwältigenden Gesellschaft waren Klaus' Aufführungen etwas ganz Besonderes und schwer zu beschreiben. Religiös ist nicht das richtige Wort, aber man kam, um ein einzigartiges Erlebnis zu haben. Man sitzt nicht einfach in einem Konzertsaal, isst dann schön zu Abend und fährt mit dem Zug nach Hause. Es war eher so: Man wartet auf etwas zutiefst Spirituelles und Aufregendes.

*William Schrickel, Minneapolis:* Es kommt einer gemeinsamen religiösen Erfahrung sehr nahe. Es ist besser als Religion. Es ist besser als Kirche, und er hat das Publikum da hineingeführt. Man konnte gar nicht anders, als in diesen unglaublichen Strudel der Musik hineingezogen zu werden. Ich glaube nicht, dass ich sowas noch einmal erleben werde.

Das Phänomen, das Tennstedt im Konzert darstellte, wird sich kaum wiederholen. Man kann es nicht in Worte fassen. Man muss einfach dabei gewesen sein. Viele, die das Privileg hatten, seine Konzerte zu erleben, wurden dadurch verändert. Das ist für immer verloren. Alles, was uns fast drei Jahrzehnte nach seinem Tod bleibt, sind wehmütige Erinnerungen – und die Aufnahmen, vor allem die Live-Produktionen. Sie geben uns eine Ahnung von der fesselnden Ausstrahlung, die von diesem Dirigenten ausging.

## Danke!

Eine unschätzbare Hilfe für dieses Buch war Judith Webb. Im Gegensatz zu mir behielt sie stets den Überblick. Sie war es, die immer wieder neue Informationen fand, mich auf Ungereimtheiten hinwies, die mich antrieb, aufmunterte und einfach für mich da war. Die Anzahl der Emails hin und her dürfte in Richtung Tausend gehen. Ohne sie hätte das Buch etliche Fehler. Und für den Rest – sofern überhaupt noch vorhanden – bin ich allein verantwortlich.

Ich verdanke es Mark Hood, dass er uns bekannt gemacht hat. Beide sind unerschütterliche Tennstedt-Fans. Mark hat mehrere der Konzerte und Opern des Meisters auf YouTube veröffentlicht.

Dr. Janos Kollmann, Inge Tennstedts Sohn, hat von Anfang an dieses Projekt unterstützt und viele Bilder aus dem Nachlass seines Stiefvaters und seiner Mutter zur Verfügung gestellt.

Es war Anita Staudt (geborene Knoch), die erste Frau von Klaus Tennstedt, die frischen Wind in meine Recherchen brachte. Sie erwies sich als hinreißende und stets gut gelaunte Erzählerin über die frühen Jahre von Klaus und überließ mir einen Schatz an Bildern. Sie ist 2018 verstorben.

Auch Dr. Hans-Jürgen Staudt, dem Sohn von Anita und Max Staudt, bin ich für wertvolle Anregungen dankbar, insbesondere zum Seelenleben seines Onkels Klaus und der weiteren Familie.

Die frühen künstlerischen Gefährten Tennstedts haben entscheidend dazu beigetragen, dass ich ein lebendiges Bild des jungen Dirigenten zeichnen konnte: Prof. Dieter Bülter-Marell, Prof. Dr. Dieter Härtwig und Prof. Dr. Reinhard Schau (gest. 2019).

Wir alle sind Rolf Oberste-Brink zu Dank verpflichtet, dass er den letzten Fluchtversuch abbrach und somit Klaus für die Nachwelt rettete.

Dem Schweriner Konzertmeister Werner Mentzel habe ich es zu verdanken, dass wir die geradezu besessenen Arbeitsmethoden seines früheren Chefs kennenlernen durften.

Besonders hervorheben möchte ich Kurt Masur. Er gab mir viele kostbare Einblicke in die künstlerische Tiefe seines Freundes Klaus. Auch wenn Masurs Licht in dieser Abhandlung nicht immer so strahlend leuchtet, wie er es vielleicht verdient hätte, so zweifle ich nicht daran, dass er Klaus als seinen besten Freund im Leben angesehen hat. Tiefe Freundschaften sind selten, und sie sind noch wertvoller, wenn sie einen Schuss Pfeffer vertragen.

Den Opernhäusern in Halle, Chemnitz, Radebeul und Schwerin verdanke ich die Überlassung von umfangreichem Bildmaterial und vielfältige Recherchemöglichkeiten in ihren Archiven. Namentlich möchte ich danken Ilka Hermann, Mecklenburgisches Staatstheater Schwerin; Johannes Frohnsdorf, Theater Chemnitz; Clara Pauline Schnee, Landesbühnen Sachsen; Dr. Boris

Kehrmann und Christiane Loertzer, Bühnen Halle.

Aus Kiel bekam ich Unterstützung von Prof. Hartmut Lange, Monika und Siegfried Römer-Jacobs, Andreas Hundt und Robert König.

Karl Henke (gest. 2021) gab mir Einblicke aus erster Hand in die teilweise dramatischen Vorgänge beim NDR. Ich denke immer noch gerne und auch wehmütig an unsere Gespräche.

Björn Groth und Volker Donandt, beide NDR-Musiker, überließen mir die unnachahmlichen Karikaturen von Walter Bösch. Sie sind eine enorme Bereicherung für dieses Buch. Walter Bösch war Erster Geiger im NDR-Orchester. Dass er in den wenigen spielfreien Minuten noch so meisterhaft skizzieren konnte, gleicht einem Wunder.

Gwen Pappas war mir eine großartige Hilfe in Minneapolis, USA.

Die beiden Londoner Judy Grahame und John Willan zeigten mir viele Licht- und ein paar Schattenseiten ihres Freundes Klaus, immer in Respekt vor dem Genie ihres früheren Chefs. An Judy ein ganz besonderer Dank für die herrlichen privaten Fotos.

Graham Wood hat mir viele Kontakte zu seinem London Philharmonic Orchestra vermittelt. Deren stets hilfreiche Musiker und Mitarbeiter würden eine ganze Seite füllen, wollte ich sie alle aufzählen. Es war beeindruckend zu sehen, wie viel Liebe zwischen ihnen und ihrem ehemaligen Chef immer noch besteht.

Ohne Norman Lebrecht gäbe es dieses Buch vielleicht nicht. Dank an ihn für ein besonderes und anregendes Gespräch.

Peter Alward gab mir wertvolle Einblicke insbesondere zu Herbert von Karajan und Jessye Norman.

Es ist nicht zuletzt Donald Sturrock zu verdanken, dass die Video-Aufnahme der *Achten* Mahler von 1991 zustande kam. Wir denken über ein Filmprojekt nach.

Edith Albrecht und Annemarie Taube, die beiden Freundinnen aus Heikendorf, wussten von den kleinen Alltagsdingen des berühmten Paares zu erzählen. Edith hat mich ihr umfangreiches Fotoalbum durchstöbern lassen.

Gerne denke ich zurück an meine Tage in Tel Aviv, Israel. Gabriel Volé hat viel Zeit darauf verwendet, mir den Zugang zum Archiv seines Israel Philharmonic Orchestra zu ermöglichen und Kontakte zu alten Kollegen herzustellen.

Ein besonderer Dank an John Lambert, North Carolina, USA, für die großzügige Unterstützung.

Meine Frau Amy war jederzeit für mich da.

## Anmerkungen

01 zitiert nach: Charles Barber, *Corresponding with Carlos,* Rowman & Littlefield, 2011, S. 211, mit freundlicher Genehmigung des Autors.

1 Es geistern etliche Versionen umher, etwa dass er mit siebeneinhalb Jahren mit dem Klavierunterricht begann, ein Jahr später mit dem Geigenunterricht. Die Immatrikulationsurkunde nennt noch einen sehr viel späteren Zeitraum (Seite 16). Die hier vorgestellte Version von Anita Knoch scheint glaubwürdig.

2 „Zu Gast bei Klaus Tennstedt", DDR-Rundfunk, Potsdam, Mai 1967

3 „Klaus ist Richard Strauss nie begegnet, aber sein Vater hat ihm viele Details der Interpretation der *Salome* erzählt, die der Komponist ihm gesagt hatte." in: Edward Greenfield: \`The Joker in the pack´, from *The Guardian,* 4. Oktober 1984

4 Interview mit Richard Stokes, für eine geplante BBC-Produktion mit Tennstedt

5 Es ist das Klavierstück „Für Nita" – unspielbar, wie Anita Knoch lakonisch bemerkt. Im Besitz des Autors.

6 „Zu Gast bei Klaus Tennstedt", DDR-Rundfunk, Potsdam, Mai 1967

7 Kathrin Hirschinger: *Der Beruf des Orchestermusikers im Spiegel sozialer und politischer Veränderungen – dargestellt an der Entwicklung des Orchesters des Opernhauses Halle von 1885 bis 1990*, Dissertation 1998

8 Kathrin Hirschinger: *Klangspuren*. 100 Jahre Orchester des Opernhauses Halle 1897-1997

9 Interview mit Kurt Masur am 10. November 2014

10 mit Robert Baxter, in der amerikanischen Zeitschrift *Opera News,* 7. Januar 1984

11 *Hamburger Abendblatt* 23./24.5.2020, Feuilleton, S. 23

12 Julia Spinola: *Herbert Blomstedt, Mission Musik,* 2017, S. 129f

13 Verdrängt hat Tennstedt wahrscheinlich, dass sein erstes eigenes Dirigat *Der lange Pfeffer* war, ein Stück, das heute kein Mensch mehr kennt.

14 http://www.chemnitzgeschichte.de/pers-kat-liste-top/263-klaus-tennstedt

15 Alma Mahler-Werfel: *Mein Leben,* 1960

16 Die Liebenden sind Katerina und Sergej.

17 Orchester in Deutschland werden nach ihrer Größe (respektive Qualität) in A, B, C und D eingeteilt, wobei A die höchste Kategorie darstellt.

18 Interview mit Kurt Masur am 10. November 2014

19 Damals war es für einen Westdeutschen problemlos möglich, für einen Tag den Ostteil von Berlin zu besuchen. Man bekam dafür ein Tagesvisum, musste 25 D-Mark West in 25 D-Mark Ost umtauschen (für die DDR ein einträgliches Devisengeschäft), konnte einkaufen, essen gehen usw.

20 Nach Auskunft von John Willan

21 Nach John Willan, wie Inge es ihm erzählte. Nach anderen Quellen fand dieses Treffen in Ostberlin statt.

22 Das meint Annemarie Taube („Täubchen"), die spätere Hauswirtschafterin der Tennstedts in Kiel-Heikendorf.

23 *Der Spiegel*, 13. Februar 1978

24 Peter Conrad: „Crazy conducting among the clouds" in *The Observer,* 20. Juni 1993

25 Eric Dawson, *Calgary Herald,* 30. Juli 1981

26 Norman Lebrecht, *Der Mythos vom Maestro,* S. 267

27 Viele Informationen stammen von Karl Henke

28 Mihaï de Brancovan von *La Vie Musicale, Nouvelle Revue des Deux Mondes,* März 1981, pp. 478-485

29 Inge Tennstedt, geb. Fischer (11.8.1924 – 3.8.2011)

30 Der israelische Orchestermusiker Menahem Breuer erklärt das präzise: Die Zahlen sind im Hebräischen mit Buchstaben verbunden, so ist A die 1, B die 2, C die 3. Die Zahl 18 besteht aus zwei Ziffern: A = 1 + H = 8 ergibt 9, welches dem Buchstaben „I" entspricht. Zusammen ergibt das „Hi" wie englisch „Hallo". Im Hebräischen bedeutet Hi „Leben". Die Zahl 18 ist also das Symbol für „Leben", und 2 mal 18 = 36, bedeutet doppelt langes Leben. Daher sind es 36 Bäume.

31 Charles Barber, *Corresponding with Carlos,* Rowman & Littlefield 2011, S. 211,

32 Charles Barber, *Corresponding with Carlos,* Rowman & Littlefield 2011, S. 232f, beide Quellen mit freundlicher Genehmigung des Autors

33 „Ich will, dass ihr mir hundert Prozent gebt, dann könnt ihr nach Hause gehen."

34 Robert Baxter, aus *Opera News*, 7 January 1984

35 Man kann diesen *Fidelio* im Archiv der Metropolitan Opera nachhören unter https://archive.org/details/Fidelio1 (mit Éva Marton). Oder auf YouTube bei Mark Hood's Kanal (mit Hildegard Behrens).

35a Lynn René Bayley: T*he Art Music Lounge, The Great Klaus Tennstedt,* 7 April 2016

36 Interview für die BBC von Michael Oliver (1987), auf YouTube

37 Jürgen Kesting: ‚Der Überlebenskünstler' (‚The survival artist') *Stern* Magazin*,* 1989

38 Edward Seckerson, *Gramophone* magazine, March 1987

39 Alma Mahler-Werfel, *Mein Leben,* 1960

40 Klaus Tennstedt auf der Legacy CD: Mahler, Symphony No. 3, ica Classics. Von einem Interview mit Michael Oliver für die BBC, 1987.

41 Peter Conrad: `Crazy conducting among the clouds', *The Observer*, 20. Juni 1993

42 CD-booklet `Klaus Tennstedt – The Great EMI Recordings'

43 Klaus Geitel: *Zum Staunen geboren: Stationen eines Musikkritikers*. S. 145

44 Klaus Geitel: daselbst, S. 143

45 Telefongespräch mit Jürgen Kesting, 16. Juni 2022

46 Sally Brampton: `Orchestrating a cure for a man of musical genius',
*The Times,* 19. März 1986

47 Tatsächlich liest Tennstedt den Roman *Doktor Faustus* von Thomas Mann. Das ist schwere Kost. Es geht um den Komponisten Adrian Leverkühn, der im Pakt mit dem Teufel eine Art Zwölftontechnik erfindet. Doch diese reklamierte Arnold Schönberg für sich und überwarf sich darüber mit Thomas Mann.

48 Norman Lebrecht: *The Maestro Myth*, p. 270

49 Jürgen Kesting: ‚Ich kann nicht mehr', *Stern* Magazin, September 1987

50 Michael Anthony, *Minneapolis Star Tribune,* 3. Nov. 1989: `Tennstedt, orchestra work musical `magic´´.

51 Peter Conrad: `Crazy conducting among the clouds', *The Observer,* 20. Juni 1993

52 *Kieler Nachrichten* Nr. 142 vom 20. Juni 1992, S. 3, Christoph Munk („Ich bin da, um das Orchester…")

53 Norman Lebrecht: `Taking on the World', *The Independent,* 11. April 1992

54 Die Grunderkrankung ist, wie erwähnt, eine sogenannte Hüftkopfdysplasie. In diesem besonders schweren Fall rutscht der Kopf des Oberschenkelknochens aus der Gelenkpfanne.

55 MDR Radio Interview mit Günter Pohlenz.

56 David Lister, *The Independent,* June 1984

57 Nebenbei: Dasselbe musikalische Zitat streut Arnold Schönberg in eines seiner ersten „atonalen" Kompositionen ein, dem 2. Streichquartett op. 10, 2. Satz

58 Brief von Prof. Dr. Heinrich Rudert an Inge Tennstedt, 14. Januar 1998

59 Michel de Montaigne, *Essais*, Anaconda Verlag 2005, S. 179

60 Es gibt beide Opern als private Audioaufzeichnungen auf YouTube (Mark Hood)

61 Konrad Bockemühl: ‚Von Mahler will er nicht lassen´, *Kieler Nachrichten* zum 70. Geburtstag, 6. Juni 1996.

62 Round Two – Klaus Tennstedt discusses Mahler with Stephen Johnson
14.+15. Mai 1993

63 Seite 140 in diesem Buch

64 Bruce Morrow: `A Religious Experience´, *Minnesota Daily,* Februar 1981

## Bildnachweis

KT = Klaus Tennstedt

Titelbild:
Minneapolis Tribune/University of Minnesota Performing Arts Archive
Rückseite: Karikatur Klaus Tennstedt    Walter Bösch

| | |
|---|---|
| Vor Impressum: KT als junger Geigensolist | Foto: Bühnen Halle/Theater, Oper und Orchester GmbH Halle |
| S. 9 Karikatur Klaus Tennstedt | Karikatur: Walter Bösch |
| S. 11 Karte vom Harz bis Leipzig/Berlin | Grafik: Georg Wübbolt |
| S. 13 Klein Kläuschen | Foto: Anita Staudt ©Georg Wübbolt |
| S. 14 Eltern Tennstedt + Klaus | Foto: Anita Staudt ©Georg Wübbolt |
| S. 17 Luftwaffenhelfer | Foto: Anita Staudt ©Georg Wübbolt |
| S. 18 Immatrikulationsurkunde | Hochschule für Musik und Theater „Felix Mendelssohn Bartholdy" Leipzig, Bibliothek/Archiv, A, I.2, 18440 |
| S. 20 KT ca. 16-jährig | Foto: Anita Staudt ©Georg Wübbolt |
| S. 21 Anita Knoch | Foto: Anita Staudt ©Georg Wübbolt |
| S. 21 Klaus geigend nach rechts | Foto: Anita Staudt ©Georg Wübbolt |
| S. 23 Stadttheater Halle zerbombt | Foto: Bühnen Halle/Theater, Oper und Orchester GmbH Halle |
| S. 25 Anita und Klaus lesend | Foto: Anita Staudt ©Georg Wübbolt |
| S. 27 Würzburg Trümmerhaufen | Foto: US Air Force |
| S. 28 Anita Klavier spielend + Klaus (1) | Foto: Anita Staudt©Georg Wübbolt |
| S. 30 Klaus und Anita „verliebt" | Foto: Anita Staudt©Georg Wübbolt |
| S. 31 Anita Klavier spielend + Klaus (2) | Foto: Anita Staudt©Georg Wübbolt |
| S. 32 Klaus mit Baby Heidi | Foto: Anita Staudt ©Georg Wübbolt |
| S. 34 Zeichnung: Schwarzmarkt | Zeichnung: Georg Wübbolt |
| S. 35 Klaus geigend, nach links | Foto: Anita Staudt ©Georg Wübbolt |
| S. 36 wiedererbautes Opernhaus Halle | Foto: Bühnen Halle/Theater, Oper und Orchester GmbH Halle |
| S. 38 Hermann Tennstedt, 2. Geigen | Foto: Bühnen Halle/Theater, Oper und Orchester GmbH Halle |
| S. 39 Kurt Masur, jung | Foto: Bühnen Halle/Theater, Oper und Orchester GmbH Halle |
| S. 41 Zeichnung: Ganglion (Hand) | Zeichnung: Georg Wübbolt |
| S. 43 Vier Urlauber Staudt-Tennstedt | Foto: Anita Staudt ©Georg Wübbolt |
| S. 44 Horst-Tanu Margraf, Portrait | Foto: Bühnen Halle/Theater, Oper und Orchester GmbH Halle |
| S. 47 Opernhaus Chemnitz | Foto: Georg Wübbolt |
| S. 50 Portrait Tennstedt (ganzseitig) | Foto: Bühnen Halle/Theater, Oper und Orchester GmbH Halle |
| S. 51 Ingeborg Kollmann, jung | Foto: privat/Janos Kollmann |

| | |
|---|---|
| S. 53 Patchwork family, mit Klaus | Foto: Anita Staudt©Georg Wübbolt |
| S. 53 Hannes, Heidi, Janschi | Foto: Anita Staudt©Georg Wübbolt |
| S. 55 Landesbühnen Sachsen Radebeul | Foto: Theaterarchiv Schwarze, Dresden |
| S. 56 Inge und Klaus Hochzeit | Foto: privat/Janos Kollmann |
| S. 57 Felsenbühne Rathen | Landesbühnen Sachsen |
| S. 59 Rolf Liebermann | Foto: Louiseville Times |
| S. 60 Portrait Klaus Tennstedt | Die Theater Chemnitz |
| S. 62 Dieter Bülter-Marell | beide Karikaturen (S. 62): Landes- |
| S. 62 Klaus Tennstedt | bühnen Sachsen |
| S. 65 Klaus Tennstedt, Probe in Radebeul | Foto: *Mahagonny*-CD Rückseite |
| S. 67 mit Ensemble der Landesbühnen | Foto: Wolfgang Müller/ Landesbühnen Sachsen |
| S. 69 Schweriner Schloss | Foto: Georg Wübbolt |
| S. 70 Oper Schwerin | Foto: Georg Wübbolt |
| S. 73 KT und Schweriner Staatskapelle | Foto: Nationaltheater Schwerin |
| S. 74 Tennstedt geigend, später | Foto: Horst Mehring |
| S. 75 Werner Mentzel | Foto: Georg Wübbolt |
| S. 77 Werner Mentzel jung | Foto: Nationaltheater Schwerin |
| S. 78 Portrait Klaus Tennstedt | Foto: Nationaltheater Schwerin |
| S. 79 Rolf Oberste-Brink, jung | Foto: privat/Rolf Oberste-Brink |
| S. 79 Fluchtfaltboot | nach Foto von Rolf Oberste-Brink Zeichnung/Bearb. Georg Wübbolt |
| S. 80 Karte Rostock und Darßer Ort: | Grafik: Georg Wübbolt |
| S. 82 KT Probe Mecklenbg. Staatskapelle | Foto: Nationaltheater Schwerin |
| S. 84 Eltern Tennstedt und Klaus | Foto: privat/Janos Kollmann |
| S. 89 KT mit Wartburg | Foto: privat/Janos Kollmann |
| S. 91 Der Operndirigent Klaus Tennstedt | 5 Fotos: Nationaltheater Schwerin |
| S. 96 KT dirigierend | Foto: Wolfgang Müller/ Landesbühnen Sachsen |
| S. 97 Heidi Tennstedt | Foto: Anita Staudt ©Georg Wübbolt |
| S. 97 Heidi | Foto: Anita Staudt ©Georg Wübbolt |
| S. 98 Tochter und Vater | Foto: Anita Staudt ©Georg Wübbolt |
| S. 102 Hoffmann und Masur | Foto: Groff |
| S. 104 Masur, Judy Grahame, Tennstedt | Foto: John Willan ©Judy Grahame |
| S. 109 ...im neuesten Rolls-Royce | Foto: Edith Albrecht |
| S. 110 Inge, Masur, Tennstedt, Tomoko | Foto: Judy Grahame |
| S. 113 KT dirigierend | Foto: Komische Oper Berlin, Archiv |
| S. 114 Dr. Joachim Klaiber | Foto: Friedrich Magnussen, Stadt-archiv Kiel |
| S. 117 Fluchthelfervertrag | Foto: G. Wübbolt/Janos Kollmann |
| S. 120 Janos Kollmann und Mutter Inge | Foto: Janos Kollmann |

| | |
|---|---|
| S. 123 Stasi-Emblem | iStock |
| S. 125 ...noch ein wenig verzagt? | Foto: Friedrich Magnussen, Stadtarchiv Kiel |
| S. 127 Klaus Tennstedt u. Joachim Klaiber | Foto: F. Magnussen, Stadtarchiv Kiel |
| S. 128 KT in der Probe | Foto: F. Magnussen, Stadtarchiv Kiel |
| S. 130 Theater und Oper Kiel | Foto: Georg Wübbolt |
| S. 132 Appartmenthaus in Heikendorf | Foto: Georg Wübbolt |
| S. 133 Blick vom Balkon auf Kieler Förde | Foto: Janos Kollmann |
| S. 135 Walter Homburger | Foto: Toronto Symphony Orchestra |
| S. 136 ...mit Chipmunk | Foto: Ursula Bülter-Marell |
| S. 137 Tennstedt und D. Bülter-Marell | Foto: Ursula Bülter-Marell |
| S. 138 Tennstedt und D. Bülter-Marell | Foto: Ursula Bülter-Marell |
| S. 138 Dietrich Albrecht mit Forellen | Foto: Edith Albrecht |
| S. 146 KT dirigierend | Foto: Louis Hood/University of Minnesota Performing Arts Archive |
| S. 150 Richard Cisek | Foto: Georg Wübbolt |
| S. 151 William Schrickel | Foto: Georg Wübbolt |
| S. 153 Klaus und Inge mit Mickey Mouse | Foto: Minnesota Star Tribune |
| S. 153 Briefauszug LLKK | Edith Albrecht |
| S. 156 Kleiber, Sawallisch, Solti, Previn, Maazel, Celibidache | Zeichnungen: Georg Wübbolt |
| S. 157 Mutter Agnes Tennstedt | Foto: Janos Kollmann |
| S. 159 Tennstedt Gesicht | Karikatur: Walter Bösch |
| S. 160 PLÖ-KT | Foto: Edith Albrecht |
| S. 162 als Skipper | Foto: Karl Henke |
| S. 163 Karikatur KT 5-fach | Karikatur: Walter Bösch |
| S. 164 KT schwitzend | Israel Philharmonic Orchestra |
| S. 165 Programmheft Paris | NDR Hamburg |
| S. 166 Albtraum eines NDR-Musikers | Karikatur: Walter Bösch |
| S. 167 Gerda Angermann, Karl Henke, KT | Foto: Karl Henke/Gerda Angermann |
| S. 168 Tennstedt und Nigel Kennedy | Foto: Georg Wübbolt |
| S. 169 John Willan und KT | Foto: privat/John Willan |
| S. 171 mit E. Albrecht am Rolls-Royce | Foto: Dietrich Albrecht |
| S. 172 mit Jessye Norman | Foto: privat/Janos Kollmann |
| S. 173 Plattencover Wagner | EMI/Warner Classics |
| S. 175 Karo-Zigaretten | DDR-Museum, Berlin |
| S. 177 Ingeborg „Inge" Tennstedt | Foto: Judy Grahame |
| S. 178 Klaus und Inge Tennstedt | Foto: Greg Helgeson/University of Minnesota Performing Arts Archive |
| S. 180 KT Rasen mähend | Foto: Judy Grahame |
| S. 182 Das perfekte Tandem | Foto: Judy Grahame |
| S. 185 Maya Weltman | Foto: privat/Weltman |

| | |
|---|---|
| S. 188 Urkunde für 36 Bäumchen | Foto: Janos Kollmann |
| S. 187 Carlos Kleiber | Foto: privat/Georg Wübbolt |
| S. 197 Tennstedt und Solti | Foto: LPO Programmheft |
| S. 203 Herbert von Karajan | Foto: Karajan-Stiftung |
| S. 205 Plattencover Bruckner | EMI/Warner Classics |
| S. 214 Gustav Mahler | Foto: Facebook |
| S. 216 Das Mahler-Gesamtpaket | Foto: Konrad Bockemühl |
| S. 219 beim Abhören | Foto: privat/Peter Alward |
| S. 225 Masur, Willan, Tennstedt | Foto: Judy Grahame |
| S. 229 Norman Lebrecht mit Tennstedt | Foto: privat/Norman Lebrecht |
| S. 232 Anstellen für ein Autogramm | Foto: Akira Kinoshita |
| S. 236 Weingut Leeuwin Estate | Leeuwin Estate, Margaret River |
| S. 236 Kookaburras | Bearbeitung: Georg Wübbolt |
| S. 240 Tennstedt mit Freund Max Staudt | Foto: Edith Albrecht |
| S. 247 Tennstedt nach der Operation | Foto: Dietrich Albrecht |
| S. 251 im Wohnzimmer der Tennstedts | Foto: Konrad Bockemühl |
| S. 256 Karikatur Tennstedt | Karikatur: Walter Bösch |
| S. 257 Notiz Yehudi Menuhin | Foto: Janos Kollmann |
| S. 258 Oxford mit Doktorhut | Foto: Edith Albrecht |
| S. 259 Tennstedt und Judy Grahame | Foto: John Willan ©Judy Grahame |
| S. 260 Tennstedt und Judy Grahame, nah | Foto: John Willan ©Judy Grahame |
| S. 261 KT bei Probe in Oxford, 3fach | Fotos: Tom Pilston |
| S. 262 Notiz „Darlink“ | Judy Grahame |
| S. 266 mit Prinzessin Diana | Foto: Janos Kollmann |
| S. 269 Karikatur KT Gesicht groß | Karikatur: Walter Bösch |

Trotz sorgfältiger Recherche konnten einige Fotografen nicht ermittelt werden. Sollte es Rechteansprüche geben, melden Sie diese bitte dem Autor, der eine branchenübliche Gebühr zahlen würde.

## Diskographie

An erster Stelle sind hier natürlich die Aufnahmen mit der EMI zu nennen, hauptsächlich von John Willan produziert. EMI gibt es schon lange nicht mehr. Die Platten sind in den Katalog von WARNER CLASSICS gewandert. Am besten informiert man sich unter www.warnerclassics.com/de. Es gibt eine Box mit sämtlichen Mahlersinfonien, meistens aufgenommen in den Abbey Road Studios und verschiedenen Londoner Konzertsälen. Als Live gibt es zusätzlich die *Sinfonien Nr. 5* von 1988, die *Nr. 6* von 1991 und die *Nr. 7* von 1993, dem letzten Konzert des Maestros, selbstverständlich alle mit „seinem" London Philharmonic Orchestra. Einige in der zweiten Box *The Great EMI Recordings* wurden auch mit den Berliner Philharmonikern aufgenommen.

Daneben gibt es eine uferlose Zahl von heimlich gemachten privaten Aufnahmen. Die gängigste Methode: Der Raubkopierer hat eine schlanke Aktentasche auf dem Schoß, darin ein Aufnahmegerät, batteriebetrieben. Das Mikro tarnt sich als Knopf irgendwo auf der oberen Seite. Wichtig ist, dass der Abstand zum Orchester nicht zu groß ist und die Aufnahmestrecke einigermaßen frei. Die Qualität würde natürlich jeden Tonmeister in den Selbstmord treiben, hätte er diese zu verantworten. Doch so wurden ein paar wertvolle Liveaufnahmen konserviert. Dazu zählen die *Salome* aus der Deutschen Oper Berlin und die *Elektra* aus der Oper Kiel. Auch das erste Boston-Konzert vom Dezember 1974 ist dabei (den darauffolgenden Bruckner findet man bei St-Laurent Studio). Mark Hood hat, in regem Austausch mit Freunden, eine beachtliche Reihe von privaten Aufnahmen gesammelt.

Das berühmt-berüchtigte Paris-Konzert mit dem NDR, wonach Tennstedt die Tournee abbrach, wurde im Archiv von Radio France gefunden. Man kann es ebenfalls derzeit auf YouTube anhören und dabei auf einige Blechbläserstellen in der *Ersten* Mahler achten. Man wird ein wenig besser verstehen, warum Tennstedt so heftig reagierte.

Das Label TESTAMENT hat die Konzerte mit den Berliner Philharmonikern übernommen: https://testament.co.uk/. Auch davon sind einige auf YouTube zu finden.

St-Laurent Studio hat eine Sammlung von 47 neu aufgelegten Tennstedt-Aufnahmen: www.78experience.com – beachtenswert! Das hat meistens Profiqualität, wie auch die *Achte* Bruckner (siehe oben), die den Beginn seiner Weltkarriere markiert.

Bei Hänssler gibt es eine Box mit acht CDs, die KLAUS TENNSTEDT EDITION (PROFIL Edition Günter Hänssler). Die Box besteht aus diversen Rundfunkaufnahmen mit den Orchestern des Bayerischen Rundfunks BR, des SWR und des NDR (mit großartiger Mahler *Fünf*). Darunter die einzige Bruckner *Dritte*, die Tennstedt jemals dirigiert hat (BR).

Die Reihe BBC LEGENDS wurde eingestellt, aber man findet sie unter anderen Labels. www.discogs.com/ hat da einiges zu bieten. Hier kommen zu den 80 gelisteten Plattenaufnahmen weitere 39 Sammelausgaben mit anderen Dirigenten hinzu. Viele BBC LEGENDS können auf YouTube angeschaut werden. Außerdem sind sie bei ica classics zu finden – https://icaclassics.com/releases/bbc-legends-vol-3.

Ein besonderes Schmankerl: Die Metropolitan Opera New York hat die professionelle Audioaufnahme von *Fidelio* auf ihrer Website, mit Éva Marton und anderen, https://archive.org/details/Fidelio1 – Die *Leonore III* findet sich unter der Nr. 17. Mark Hood präsentiert auf seinem YouTube-Kanal eine andere Vorstellung mit Hildegard Behrens.

**Tennstedt auf Video/DVD**

Fernsehkonzert des DDR-Fernsehens: 400-jähriges Jubiläum der Mecklenburgischen Staatskapelle Schwerin, live am 9. Juni 1963; Deutsches Rundfunkarchiv Potsdam-Babelsberg. Programm:
- *Bach-Variationen* von Paul Dessau, Uraufführung
- *Konzert für Solobläser, Streicher und Schlagwerk,* Hans-Georg Görner
- *La Valse* von Maurice Ravel

ZDF: Tennstedt dirigiert die Bamberger Symphoniker, Aufnahme 1977, Sendung „Das Sonntagskonzert“ am 26.03.1978, Programm:
- Carl Maria von Weber: *Oberon*-Ouvertüre
- W. A. Mozart: *Klarinetten-Konzert KV 622*, Solist: Ulf Rodenhäuser
- Johannes Brahms: *Akademische Festouvertüre*

Folgende DVDs sind bei ica classics erschienen:
- Anton Bruckner: *Sinfonie Nr. 7*, Boston Symphony Orchestra 1977
- Gustav Mahler: *Sinfonie Nr. 4* (Sängerin: Phyllis Bryn-Julson) und W.A. Mozart: *Sinfonie Nr. 35 „Haffner“*, Boston Symphony Orchestra 1977
- Gustav Mahler: *Sinfonie Nr. 5*, London Philharmonic Orchestra 1988

DVDs bei EMI CLASSICS:
- Richard Wagner: Orchester-Höhepunkte, London Philharmonic Orchestra, Aufzeichnung NHK in der Suntory Hall, Tokio 1988
- Gustav Mahler: *Sinfonie Nr. 1*, Chicago Symphony Orchestra, Symphony Hall, Chicago 1990 und *Sinfonie Nr. 8*, London Philharmonic Orchestra, Royal Festival Hall 1991

NDR-Sinfonieorchester (nicht veröffentlicht): Beethoven: *Coriolan*-Ouvertüre; Beethoven: *Violinkonzert* mit Nigel Kennedy; Brahms: *Sinfonie Nr. 1*
- Gustav Mahler: *Kindertotenlieder* mit Brigitte Fassbaender
- Richard Strauss: *Tod und Verklärung, Konzert für Oboe und kleines Orchester,* (Solist: Manfred Zeh); *Till Eulenspiegels lustige Streiche, Don Quixote* (1980). Mahler und Strauss sind derzeit auf YouTube zu erleben.

# Index

*Nicht aufgenommen sind Komponisten und Werke innerhalb der grauen Boxen im Text (Konzert- und Opernprogramme).*

Über den Autor

**Georg Wübbolt**

Nach dem Musikstudium an der Hochschule für Musik und Theater Hannover zog es ihn zunächst zur Oper, unter anderem als Spielleiter an der Hamburgischen Staatsoper und der Semperoper Dresden. Es folgten mehr als 250 Produktionen als Regisseur für deutsche und internationale Fernsehanstalten: Konzert, Oper, Ballett und Theater.

Mehrfach ausgezeichnet wurden seine Filme über Dirigenten wie Herbert von Karajan, Georg Solti, Leonard Bernstein und Carlos Kleiber.

Nun wendet er sich mit Klaus Tennstedt einem nicht minder faszinierenden Maestro zu. Dieses Buch ist das Ergebnis einer zehnjährigen Beschäftigung mit einem der tiefgründigsten und am meisten unterschätzten Dirigenten unserer Zeit.

Printed in Great Britain
by Amazon

22373230R00163